W9-CGT-626

Rowohlts Klassiker der Literatur und der Wissenschaft

Herausgegeben von
Ernesto Grassi
unter Mitarbeit von
Walter Hess

Deutsche Literatur
Band 34

TEXTE DEUTSCHER LITERATUR 1500–1800

HERAUSGEGEBEN VON KARL OTTO CONRADY

Der vorliegende Band ist Bestandteil einer in ‹Rowohlts Klassikern› erscheinenden Reihe, die für Studenten der Germanistik, für Schüler sowie für alle Freunde deutscher Literatur herausgegeben wird. Sie macht Texte aus der Zeit von 1500–1800 einem breiten Leserkreis zugänglich und vermittelt Einblicke in den Ablauf der Literaturgeschichte.

Für den Studenten entsteht aus dieser Sammlung eine preiswerte Handbibliothek. Sie bietet ihm auch Texte, die mitunter in Bibliotheken schwer erhältlich sind. Autoren, deren Gesamtwerk bereits in Taschenbuch-Ausgaben vorliegt, werden fast ausnahmslos nicht aufgenommen.

Der Edition sind nach Möglichkeit Drucke der Zeit zugrunde gelegt, die kritisch durchgesehen worden sind. Über die Textgestaltung wird in jedem Band Rechenschaft gegeben. Wenn aus einem umfangreichen Werk nur eine Auswahl geboten wird, sind Auslassungen gekennzeichnet, und die Lesbarkeit ist durch eingefügte Erläuterungen des Herausgebers gewährleistet. Jedem Band ist ein Anhang beigegeben, der auch über die wichtigste Sekundärliteratur informiert.

JAKOB MICHAEL REINHOLD LENZ

Werke und Schriften

Herausgeben von
Richard Daunicht

ROWOHLT

Redaktion: Curt Grützmacher / Sybille Claus, München
Umschlagentwurf Werner Rebhuhn
Porträt des Autors nach einer Zeichnung von Heinrich Pfenniger, um 1777

Veröffentlicht im Rowohlt Taschenbuch Verlag GmbH,
Reinbek bei Hamburg, Juni 1970
Alle Rechte dieser Ausgabe, auch die des auszugsweisen Nachdrucks
und der fotomechanischen Wiedergabe, vorbehalten
Gesetzt aus der Linotype-Aldus-Buchschrift
und der Palatino (D. Stempel AG)
Gesamtherstellung Clausen & Bosse, Leck/Schleswig
Printed in Germany
ISBN 3 499 45528 5

Der Hofmeister

oder

Vortheile der Privaterziehung

Eine Komödie

NAMEN

HERR VON BERG. *Geheimer Rath*
DER MAJOR. *Sein Bruder*
DIE MAJORIN
GUSTCHEN. *Ihre Tochter*
FRITZ VON BERG
GRAF WERMUTH
LÄUFFER. *Ein Hofmeister*
PÄTUS
BOLLWERK } *Studenten*
HERR VON SEIFFENBLASE
SEIN HOFMEISTER
FRAU HAMSTER. *Räthin*
JUNGFER HAMSTER
JUNGFER KNICKS
FRAU BLITZER
WENZESLAUS. *Ein Schulmeister*
MARTHE. *Alte Frau*
LISE
DER ALTE PÄTUS
DER ALTE LÄUFFER. *Stadtprediger*
LEOPOLD. *Junker des Majors. Ein Kind*
HERR REHAAR. *Lautenist*
JUNGFER REHAAR. *Seine Tochter*

ERSTER AKT

Zu Insterburg in Preussen

LÄUFFER. Mein Vater sagt: ich sey nicht tauglich zum Adjunkt. Ich glaube, der Fehler liegt in seinem Beutel; er will keinen bezahlen. Zum Pfaffen bin ich auch zu jung, zu gut gewachsen, habe zu viel Welt gesehn und bey der Stadtschule hat mich der geheime Rath nicht annehmen wollen. Mag's! er ist ein Pedant und dem ist freylich der Teufel selber nicht gelehrt genug. Im halben Jahr hätt' ich doch wieder eingeholt, was ich von der Schule mitgebracht, und dann wär' ich für einen Klassenpräceptor noch immer viel zu gelehrt gewesen, aber der Herr geheime Rath muß das Ding besser verstehen. Er nennt mich immer nur Monsieur Läuffer, und wenn wir von Leipzig sprechen, fragt er nach Händels Kuchengarten und Richters Kaffeehaus, ich weiß nicht: soll das Satyre seyn, oder – Ich hab' ihn doch mit unserm Konrektor bisweilen tiefsinnig genug diskuriren hören; er sieht mich vermuthlich nicht für voll an. – Da kommt er eben mit dem Major; ich weiß nicht, ich scheu ihn ärger als den Teufel. Der Kerl hat etwas in seinem Gesicht, das mir unerträglich ist. (*geht dem geheimen Rath und dem Major mit viel freundlichen Scharrfüssen vorbey.*)

GEHEIMER RATH. MAJOR

MAJOR. Was willst du denn? Ist das nicht ein ganz artiges Männichen?

GEH. RATH. Artig genug, nur zu artig. Aber was soll er Deinen Sohn lehren?

MAJOR. Ich weiß nicht, Berg, Du thust immer solche wunderliche Fragen.

GEH. RATH. Nein aufrichtig! Du must doch eine Absicht haben, wenn Du einen Hofmeister nimmst und den Beutel mit einemmahl so weit aufthust, daß dreyhundert Dukaten herausfallen. Sag mir, was meinst Du mit dem Geld auszurichten; was foderst Du dafür von Deinem Hofmeister?

MAJOR. Daß er – was ich – daß er meinen Sohn in allen Wissenschaften und Artigkeiten und Weltmanieren – Ich weiß auch nicht, was Du immer mit Deinen Fragen willst; das wird sich schon finden; das werd ich ihm alles schon zu seiner Zeit sagen.

GEH. RATH. Das heißt: Du willst Hofmeister Deines Hofmeisters seyn; bedenkst Du aber auch, was Du da auf Dich nimmst – Was soll Dein Sohn werden, sag mir einmahl?

MAJOR. Was er ... Soldat soll er werden; ein Kerl, wie ich gewesen bin.

GEH. RATH. Das letzte laß nur weg, lieber Bruder; unsere Kinder sollen und müssen das nicht werden, was wir waren: die Zeiten ändern sich, Sitten, Umstände, alles, und wenn Du nichts mehr und nichts weniger geworden wärst, als das leibhafte Kontrefey Deines Eltervaters – –

MAJOR. Potz hundert! wenn er Major wird, und ein braver Kerl wie ich, und dem König so redlich dient als ich!

GEH. RATH. Ganz gut, aber nach funfzig Jahren haben wir vielleicht einen andern König und eine andre Art ihm zu dienen. Aber ich seh schon, ich kann mich mit Dir in die Sachen nicht einlassen, ich müste zu weit ausholen und würde doch nichts ausrichten. Du siehst immer nur der graden Linie nach, die Deine Frau Dir mit Kreide über den Schnabel zieht.

MAJOR. Was willst Du damit sagen, Berg? Ich bitt Dich, misch Dich nicht in meine Hausangelegenheiten, so wie ich mich nicht in die Deinigen. – Aber sieh doch! da läuft ja eben Dein gnädiger Junker mit zwey Hollunken aus der Schule heraus. – Vortrefliche Erziehung, Herr Philosophus! Das wird einmal was rechts geben! Wer sollt' es in aller Welt glauben, daß der Gassenbengel der einzige Sohn Sr. Excellenz des königlichen geheimen Raths – –

GEH. RATH. Laß ihn nur. – Seine lustigen Spielgesellen werden ihn minder verderben als ein galonirter Müßiggänger, unterstützt von einer eiteln Patronin.

MAJOR. Du nimmst Dir Freyheiten heraus. – Adieu.

GEH. RATH. Ich bedaure Dich.

DRITTE SCENE

Der Majorin Zimmer

FRAU MAJORIN *auf einem Kanapee.* LÄUFFER *in sehr demüthiger Stellung neben ihr sitzend.* LEOPOLD *steht*

MAJORIN. Ich habe mit Ihrem Herrn Vater gesprochen und von den dreyhundert Dukaten stehenden Gehalts sind wir bis auf hundert und funfzig einig worden. Dafür verlang' ich aber auch Herr – Wie heissen Sie? – Herr Läuffer, daß Sie Sich in Kleidern sauber halten, und unserm Hause keine Schande machen. Ich weiß, daß Sie Geschmack haben; ich habe schon von Ihnen gehört, als Sie noch in Leipzig waren. Sie wissen, daß man heut zu Tage auf nichts in der Welt so sehr sieht, als ob ein Mensch sich zu führen wisse.

LÄUFFER. Ich hoff', Euer Gnaden werden mit mir zufrieden seyn. Wenigstens hab' ich in Leipzig keinen Ball ausgelassen, und wohl über die funfzehn Tanzmeister in meinem Leben gehabt.

MAJORIN. So? lassen Sie doch sehen. (*Läuffer steht auf*) Nicht furchtsam, Herr .. Läuffer! nicht furchtsam! Mein Sohn ist buschscheu genug; wenn der einen blöden Hofmeister bekommt, so ists aus mit ihm. Versuchen Sie doch einmal, mir ein Kompliment aus der Menuet zu machen; zur Probe nur, damit ich doch sehe. – Nun, nun, das geht schon an! Mein Sohn braucht vor der Hand keinen Tanzmeister! Auch einen Pas, wenn's Ihnen beliebt. – Es wird schon gehen; das wird sich alles geben, wenn Sie einmal einer unsrer Assembleen werden beygewohnt haben. ... Sind Sie musikalisch?

LÄUFFER. Ich spiele die Geige, und das Klavier zur Noth.

MAJORIN. Desto besser: wenn wir aufs Land gehn und Fräulein Milchzahn besuchen uns einmal; ich habe bisher ihnen immer was vorsingen müssen, wenn die guten Kinder Lust bekamen zu tanzen: aber besser ist besser.

LÄUFFER. Euer Gnaden setzen mich ausser mich: wo wär ein Virtuos auf der Welt, der auf seinem Instrument Euer Gnaden Stimme zu erreichen hoffen dürfte.

MAJORIN. Ha ha ha, Sie haben mich ja noch nicht gehört. ... Warten Sie; ist Ihnen die Menuet bekannt? (*singt*)

LÄUFFER. O ... o ... verzeihen Sie dem Entzücken, dem Enthusiasmus, der mich hinreißt. (*küßt ihr die Hand.*)

MAJORIN. Und ich bin doch enrhumirt dazu; ich muß heut krähen wie ein Rabe. *Vous parlez françois, sans doute?*

LÄUFFER. *Un peu, Madame.*

MAJORIN. *Avez Vous deja fait Vôtre tour de France?*

LÄUFFER. *Non Madame. ... Oui Madame.*

MAJORIN. *Vous devez donc savoir, qu'en France, on ne baise pas les mains, mon cher. ...*

BEDIENTER (*tritt herein*). Der Graf Wermuth ...

(GRAF WERMUTH *tritt herein*)

GRAF (*nach einigen stummen Komplimenten setzt sich zur Majorin aufs Kanapee. Läuffer bleibt verlegen stehen*). Haben Euer Gnaden den neuen Tanzmeister schon gesehn, der aus Dresden angekommen? Er ist ein Marchese aus Florenz, und heißt ... Aufrichtig: ich habe nur zwey auf meinen Reisen angetroffen, die ihm vorzuziehen waren.

MAJORIN. Das gesteh' ich, nur zwey! In der That, Sie machen mich neugierig; ich weiß, welchen verzärtelten Geschmack der Graf Wermuth hat.

LÄUFFER. Pintinello ... nicht wahr? ich hab' ihn in Leipzig auf dem Theater tanzen sehen; er tanzt nicht sonderlich ...

GRAF. Er tanzt – *on ne peut pas mieux.* – Wie ich Ihnen sage, gnädige Frau, in Petersburg hab' ich einen Beluzzi gesehn, der ihm vorzuziehen war: aber dieser hat eine Leichtigkeit in seinen Füssen, so etwas freyes, göttlichnachläßiges in seiner Stellung, in seinen Armen, in seinen Wendungen – –

LÄUFFER. Auf dem Kochischen Theater ward er ausgepfiffen, als er sich das letztemal sehen ließ.

MAJORIN. Merk er sich, mein Freund! daß Domestiken in Gesellschaften von Standespersonen nicht mitreden. Geh Er auf Sein Zimmer. Wer hat Ihn gefragt? (*Läuffer tritt einige Schritte zurück*)

GRAF. Vermuthlich der Hofmeister, den Sie dem jungen Herrn bestimmt?...

MAJORIN. Er kommt ganz frisch von der hohen Schule. – Geh' Er nur! Er hört ja, daß man von Ihm spricht; desto weniger schickt es sich, stehen zu bleiben. (*Läuffer geht mit einem steifen Kompliment ab*) Es ist was unerträgliches, daß man für sein Geld keinen rechtschaffenen Menschen mehr antreffen kann. Mein Mann hat wohl dreymahl an einen dasigen Professor geschrieben und dies soll doch noch der galanteste Mensch auf der ganzen Akademie gewesen seyn. Sie sehens auch wohl an seinem links bordirten Kleide. Stellen Sie sich vor, von Leipzig bis Insterburg zweyhundert Dukaten Reisegeld und jährliches Gehalt fünfhundert Dukaten, ist das nicht erschröcklich?

GRAF. Ich glaube, sein Vater ist der Prediger hier aus dem Ort...

MAJORIN. Ich weiß nicht – es kann seyn – ich habe nicht darnach gefragt, ja doch, ich glaub' es fast: er heißt ja auch Läuffer; nun denn ist er freylich noch artig genug. Denn das ist ein rechter Bär, wenigstens hat er mich ein für allemal aus der Kirche gebrüllt.

GRAF. Ists ein Katholik?

MAJORIN. Nein doch, Sie wissen ja, daß in Insterburg keine katholische Kirche ist: er ist Lutherisch, oder Protestantisch wollt' ich sagen; er ist protestantisch.

GRAF. Pintinello tanzt... Es ist wahr, ich habe mir mein Tanzen einige dreißig tausend Gulden kosten lassen, aber noch einmal so viel gäb' ich drum, wenn...

Läuffers Zimmer

LÄUFFER. LEOPOLD. *Der* MAJOR

Erstere sitzen an einem Tisch, ein Buch in der Hand,
indem sie der letztere überfällt

MAJOR. So recht; so lieb' ichs; hübsch fleißig – und wenn die Kanaille nicht behalten will, Herr Läuffer, so schlagen Sie ihm das
Buch an den Kopf, daß ers Aufstehen vergißt, oder wollt' ich sagen,
so dürfen Sie mirs nur klagen. Ich will Dir den Kopf zurecht setzen, Heyduk Du! Seht da zieht er das Maul schon wieder. Bist
empfindlich, wenn Dir Dein Vater was sagt? Wer soll Dirs denn
sagen? Du sollst mir anders werden, oder ich will Dich peitschen,
daß Dir die Eingeweide krachen sollen, Tuckmäuser! Und Sie, Herr,
seyn Sie fleißig mit ihm, das bitt' ich mir aus, und kein Feriiren
und Pausiren und Rekreiren, das leid ich nicht. Zum Plunder, vom
Arbeiten wird kein Mensch das *Malum hydropisiacum* kriegen.
Das sind nur Ausreden von euch Herren Gelehrten. – Wie stehts,
kann er seinen *Cornelio*? Lippel! ich bitt Dich um tausend Gottes
willen, den Kopf grad. Den Kopf in die Höhe, Junge! (*richtet ihn*)
Tausend Sakkerment den Kopf aus den Schultern! oder ich zer-
brech Dir Dein Rückenbein in tausendmillionen Stücken.
LÄUFFER. Der Herr Major verzeihen: er kann kaum lateinisch lesen.
MAJOR. Was? So hat der Rakker vergessen. – Der vorige Hofmeister
hat mir doch gesagt, er sey perfekt im Lateinischen, perfekt. ...
Hat ers ausgeschwitzt – aber ich will Dir – Ich will es nicht einmal
vor Gottes Gericht zu verantworten haben, daß ich Dir keinen Daumen aufs Auge gesetzt habe, und daß ein Galgendieb aus Dir geworden ist, wie der junge Hufeise oder wie Deines Onkels Friedrich, eh Du mir so ein Gassenläufferischer Taugenichts – Ich will
dich zu Tode hauen – (*giebt ihm eine Ohrfeige*) Schon wieder wie
ein Fragzeichen? Er läßt sich nicht sagen. – Fort mir aus den Augen. – Fort! Soll ich Dir Beine machen? Fort, sag' ich. (*stampft*
mit dem Fuß. Leopold geht ab. Major setzt sich auf seinen Stuhl.
Zu Läuffern) Bleiben Sie sitzen, Herr Läuffer; ich wollte mit Ihnen
ein paar Worte allein sprechen, darum schickt' ich den jungen Herrn
fort. Sie können immer sitzen bleiben; ganz, ganz. Zum Henker
Sie brechen mir ja den Stuhl entzwey, wenn Sie immer so auf einer
Ecke ... Dafür steht ja der Stuhl da, daß man drauf sitzen soll.
Sind Sie so weit gereist und wissen das noch nicht? – Hören Sie
nur: ich seh' Sie für einen hübschen artigen Mann an, der Gott
fürchtet und folgsam ist, sonst würd' ich das nimmer thun, was
ich für Sie thue. Hundert und vierzig Dukaten jährlich hab' ich

Ihnen versprochen: das machen drey – Warte – Dreymal hundert und vierzig: wieviel machen das?

LÄUFFER. Vier hundert und zwanzig.

MAJOR. Ists gewiß? Macht das soviel? Nun damit wir gerade Zahl haben, vierhundert Thaler preußisch Courant hab' ich zu Ihrem *Salarii* bestimmt. Sehen Sie, das ist mehr als das ganze Land giebt.

LÄUFFER. Aber mit Eurer Gnaden gnädigen Erlaubniß, die Frau Majorin haben mir von hundert funfzig Dukaten gesagt; das machte gerade vierhundert funfzig Thaler und auf diese Bedingungen hab' ich mich eingelassen.

MAJOR. Ey was wissen die Weiber! – Vierhundert Thaler, Monsieur; mehr kann Er mit gutem Gewissen nicht fodern. Der vorige hat zweyhundert funfzig gehabt und ist zufrieden gewesen wie ein Gott. Er war doch, mein Seel! ein gelehrter Mann auch und ein Hofmann zugleich: die ganze Welt gab' ihm das Zeugniß, und Herr, Er muß noch ganz anders werden, eh' Er so wird. Ich thu' es nur aus Freundschaft für Seinen Herrn Vater, was ich an Ihm thue und um Seinetwillen auch, wenn Er hübsch folgsam ist, und werd' auch schon einmal für Sein Glück zu sorgen wissen; das kann Er versichert seyn. – Hör Er doch einmal: ich hab' eine Tochter, das mein Ebenbild ist und die ganze Welt giebt ihr das Zeugniß, daß ihres gleichen an Schönheit im ganzen Preussenlande nichts anzutreffen. Das Mädchen hat ein ganz anders Gemüth als mein Sohn, der Buschklepper. Mit dem muß ganz anders umgegangen werden! Er weiß sein Christenthum aus dem Grunde und in dem Grunde, aber es ist denn nun doch, weil sie bald zum Nachtmahl gehen soll und ich weiß wie die Pfaffen sind, so soll er auch alle Morgen etwas aus dem Christenthum mit ihr nehmen. Alle Tage Morgens eine Stunde und da geht Er auf ihr Zimmer; angezogen, das versteht sich: denn Gott behüte, daß Er so ein Schweinigel seyn sollte wie ich einen gehabt habe, der durchaus im Schlafrock an Tisch kommen wollte. – Kann Er auch zeichnen?

LÄUFFER. Etwas, gnädiger Herr. – Ich kann Ihnen einige Proben weisen.

MAJOR (*besieht sie*). Das ist ja scharmant! – Recht schön; gut das: Er soll meine Tochter auch zeichnen lehren. – Aber hören Sie, werther Herr Läuffer, um Gottes Willen ihr nicht scharf begegnet; das Mädchen hat ein ganz ander Gemüth als der Junge. Weiß Gott! es ist als ob sie nicht Bruder und Schwester wären. Sie liegt Tag und Nacht über den Büchern und über den Trauerspielen da, und sobald man ihr nur ein Wort sagt, besonders ich, von mir kann sie nichts vertragen, gleich stehn ihr die Backen in Feuer und die Thränen lauffen ihr wie Perlen drüber herab. Ich wills Ihm nur sagen: das Mädchen ist meines Herzens einziger Trost. Meine Frau macht mir bittre Tage genug: sie will alleweil herrschen und weil sie

mehr List und Verstand hat, als ich. Und der Sohn, das ist ihr
Liebling; den will sie nach ihrer Methode erziehen; fein säuberlich
mit dem Knaben Absalom, und da wird denn einmal so ein Gal-
genstrick draus, der nicht Gott, nicht Menschen was Nutz ist. –
Das will ich nicht haben. – Sobald er was thut, oder was versieht,
oder hat seinen Lex nicht gelernt, sag' Ers mir nur und der lebendige Teuffel soll drein fahren. – Aber mit der Tochter nehm' Er
sich in Acht; die Frau wird Ihm schon zureden, daß Er ihr scharf
begegnen soll. Sie kann sie nicht leiden, das weiß ich; aber wo ich
das geringste merke. Ich bin Herr vom Hause, muß Er wissen, und
wer meiner Tochter zu nahe kommt – Es ist mein einziges Kleinod,
und wenn der König mir sein Königreich für sie geben wollt': ich
schickt' ihn fort. Alle Tage ist sie in meinem Abendgebet und Mor-
gengebet und in meinem Tischgebet, und alles in allem, und wenn
Gott mir die Gnade thun wollte, daß ich sie noch vor meinem Ende
mit einem General oder Staatsminister vom ersten Range versorgt
sähe, – denn keinen andern soll sie sein Lebtage bekommen, – so
wollt' ich gern ein zehn Jahr eher sterben. – Merk' Er sich das –
und wer meiner Tochter zu nahe kommt oder ihr worinn zu Leid
lebt – die erste beste Kugel durch den Kopf. Merk' Er Sich das. –
(*geht ab.*)

FÜNFTE SCENE

FRITZ VON BERG. AUGUSTCHEN

FRITZ. Sie werden nicht Wort halten Gustchen: Sie werden mir nicht
schreiben, wenn Sie in Heidelbrun sind, und dann werd' ich mich
zu Tode grämen.

GUSTCHEN. Glaubst Du denn, daß Deine Juliette so unbeständig seyn
kann? O nein; ich bin ein Frauenzimmer; die Mannspersonen allein sind unbeständig.

FRITZ. Nein, Gustchen, die Frauenzimmer allein sinds. Ja wenn alle
Julietten wären! – Wissen Sie was? Wenn Sie an mich schreiben,
nennen Sie mich Ihren Romeo; thun Sie mir den Gefallen: ich versichere Sie, ich werd' in allen Stücken Romeo seyn, und wenn ich
erst einen Degen trage. O ich kann mich auch erstechen, wenn's
dazu kommt.

GUSTCHEN. Gehn Sie doch! Ja Sie werden's machen, wie im Gellert
steht: er besah die Spitz' und Schneide und steckt' ihn langsam
wieder ein.

FRITZ. Sie sollen schon sehen. (*faßt sie an die Hand.*) Gustchen – Gustchen! wenn ich Sie verlieren sollte oder der Onkel wollte Sie einem
andern geben. – Der gottlose Graf Wermuth! Ich kann Ihnen den

Gedanken nicht sagen Gustchen, aber Sie könnten ihn schon in meinen Augen lesen – Er wird ein Graf Paris für uns seyn.

GUSTCHEN. Fritzchen – so mach' ichs wie Juliette.

FRITZ. Was denn? – Wie denn? – Das ist ja nur eine Erdichtung; es giebt keine solche Art Schlaftrunk.

GUSTCHEN. Ja, aber es giebt Schlaftrünke zum ewigen Schlaf.

FRITZ (*fällt ihr um den Hals*). Grausame!

GUSTCHEN. Ich hör' meinen Vater auf dem Gange. – Laß uns in den Garten lauffen. – Nein; er ist fort. – Gleich nach dem Caffee Fritzchen reisen wir und so wie der Wagen Dir aus den Augen verschwindt, werd' ich Dir auch schon aus dem Gedächtniß seyn.

FRITZ. So mag Gott sich meiner nie mehr erinnern, wenn ich Dich vergesse. Aber nimm Dich für den Grafen in Acht, er gilt soviel bey deiner Mutter und Du weißt, sie möchte Dich gern aus den Augen haben, und eh' ich meine Schulen gemacht habe und drey Jahr auf der Universität, das ist gar lange.

GUSTCHEN. Wie denn Fritzchen! Ich bin ja noch ein Kind: ich bin noch nicht zum Abendmahl gewesen, aber sag mir. – O wer weiß, ob ich Dich sobald wieder spreche! – Wart, komm in den Garten.

FRITZ. Nein, nein, der Papa ist vorbey gegangen. – Siehst Du, der Henker! er ist im Garten. – Was wolltest Du mir sagen?

GUSTCHEN. Nichts ...

FRITZ. Liebes Gustchen ...

GUSTCHEN. Du solltest mir – Nein, ich darf das nicht von Dir verlangen.

FRITZ. Verlange mein Leben, meinen letzten Tropfen Bluts.

GUSTCHEN. Wir wollten uns beyde einen Eid schwören.

FRITZ. O komm! Vortreflich! Hier laß uns niederknien; am Canapee, und heb' Du so Deinen Finger in die Höh' und ich so meinen. – Nun sag, was soll ich schwören?

GUSTCHEN. Daß Du in drey Jahren von der Universität zurückkommen willst und Dein Gustchen zu Deiner Frau machen; Dein Vater mag dazu sagen, was er will.

FRITZ. Und was willst Du mir dafür wieder schwören, mein englisches ... (*küßt sie*)

GUSTCHEN. Ich will schwören, daß ich in meinem Leben keines andern Menschen Frau werden will, als Deine und wenn der Kaiser von Rußland selber käme.

FRITZ. Ich schwör Dir hunderttausend Eide –

(*Der* GEHEIME RATH *tritt herein: beyde springen mit lautem Geschrey auf*)

SECHSTE SCENE

GEH. RATH. Was habt Ihr närrische Kinder? Was zittert Ihr? – Gleich, gesteht mir alles. Was habt Ihr hier gemacht? Ihr seyd beyde auf den Knien gelegen. – Junker Fritz, ich bitte mir eine Antwort aus; unverzüglich: – Was habt Ihr vorgehabt?

FRITZ. Ich, gnädigster Papa?

GEH. RATH. Ich? und das mit einem so verwundrungsvollen Ton? Siehst Du: ich merk' alles. Du möchtest mir itzt gern eine Lüge sagen, aber entweder bist Du zu dumm dazu, oder zu feig, und willst Dich mit Deinem Ich? heraushelfen. . . . Und Sie Mühmchen? – Ich weiß, Gustchen ver[heelt] mir nichts.

GUSTCHEN (*fällt ihm um die Füße*). Ach, mein Vater – –

GEH. RATH (*hebt sie auf und küßt sie*). Wünschst Du mich zu Deinem Vater? Zu früh, mein Kind, zu früh Gustchen, mein Kind. Du hast noch nicht communicirt. – Denn warum soll ich euch verheelen, daß ich euch zugehört habe. – Das war ein sehr einfältig Stückchen von Euch beyden; besonders von Dir, großer vernünftiger Junker Fritz, der bald einen Bart haben wird wie ich, und eine Perücke aufsetzen und einen Degen anstecken. Pfuy, ich glaubt' einen vernünftigern Sohn zu haben. Das macht Dich gleich ein Jahr jünger, und macht, daß Du länger auf der Schule bleiben mußt. Und Sie, Gustchen, auch Ihnen muß ich sagen, daß es sich für Ihr Alter gar nicht mehr schickt, so kindisch zu thun. Was sind das für Romane, die Sie da spielen? Was für Eide, die Sie sich da schwören, und die Ihr doch alle beyde so gewiß brechen werdet als ich itzt mit Euch rede. Meynt Ihr, Ihr seyd in den Jahren, Eide zu thun, oder meynt Ihr, ein Eid sey ein Kinderspiel, wie es das Versteckspiel oder die blinde Kuh ist? Lernt erst einsehen, was ein Eid ist: lernt erst zittern dafür und alsdenn wagt's, ihn zu schwören. Wißt, daß ein Meineidiger die schändlichste und unglücklichste Creatur ist, die von der Sonne angeschienen wird. Ein solcher darf weder den Himmel ansehen, den er verleugnet hat, noch andere Menschen, die sich unaufhörlich vor ihm scheuen, und seiner Gesellschaft mit mehr Sorgfalt ausweichen, als einer Schlange oder einem tückischen Hunde.

FRITZ. Aber ich denke meinen Eid zu halten.

GEH. RATH. In der That Romeo? Ha! Du kannst Dich auch erstechen, wenn's dazu kommt. Du hast geschworen, daß mir die Haare zu Berg standen. Also gedenkst Du Deinen Eid zu halten?

FRITZ. Ja Papa, bey Gott! ich denk' ihn zu halten.

GEH. RATH. Schwur mit Schwur bekräftigt! – Ich werd' es Deinem Rektor beybringen. Er soll Euch auf vierzehn Tage nach Sekunda herunter transportiren, Junker: inskünftige lernt behutsamer schwören. Und worauf? Steht das in Deiner Gewalt, was Du da

versicherst? Du willst Gustchen heyrathen! Denk doch! weißt Du
auch schon, was für ein Ding das ist, Heyrathen? Geh doch, hey-
rathe sie: nimm sie mit auf die Akademie. Nicht? Ich habe nichts
dawider, daß Ihr Euch gern seht, daß Ihr Euch lieb habt, daß Ihrs
Euch sagt, wie lieb Ihr Euch habt; aber Narrheiten müßt Ihr nicht
machen; keine Affen von uns Alten seyn, eh' Ihr so reif seyd als
wir; keine Romane spielen wollen, die nur in der ausschweifenden
Einbildungskraft eines hungrigen Poeten ausgeheckt sind und von
denen Ihr in der heutigen Welt keinen Schatten der Wirklichkeit
antrefft. Geht! ich werde keinem Menschen was davon sagen, damit ihr nicht nöthig habt roth zu werden, wenn Ihr mich seht. –
Aber von nun an sollt ihr einander nie mehr ohne Zeugen sehen.
Versteht Ihr mich? Und Euch nie andere Briefe schreiben als offene
und das auch alle Monathe, oder höchstens alle drey Wochen einmal, und sobald ein heimliches Briefchen an Junker Fritz oder Fräulein Gustchen entdeckt wird – so steckt man den Junker unter die
Soldaten und das Fräulein ins Kloster, bis sie vernünftiger werden. Versteht ihr mich? – Jetzt – nehmt Abschied, hier in meiner
Gegenwart. – Die Kutsche ist angespannt, der Major treibt fort;
die Schwägerin hat schon Caffee getrunken. – Nehmt Abschied:
Ihr braucht Euch vor mir nicht zu scheuen. Geschwind, umarmt
Euch. (*Fritz und Gustchen umarmen sich zitternd*) Und nun mein
Tochter Gustchen, weil Du doch das Wort so gern hörst, (*hebt sie
auf und küßt sie*) Leb tausendmal wohl, und begegne Deiner Mutter mit Ehrfurcht; sie mag Dir sagen was sie will. – Jetzt geh,
mach! – (*Gustchen geht einige Schritte, sieht sich um; Fritz fliegt
ihr weinend an den Hals.*) Die beyden Narren brechen mir das
Herz! Wenn doch der Major vernünftiger werden wollte, oder seine Frau weniger herrschsüchtig! –

ZWEYTER AKT

ERSTE SCENE

Pastor Läuffer. *Der* Geheime Rath

Geh. Rath. Ich bedaure ihn – und Sie noch vielmehr, Herr Pastor,
daß Sie solchen Sohn haben.

Pastor. Verzeihen Euer Gnaden, ich kann mich über meinen Sohn
nicht beschweren; er ist ein sittsamer und geschickter Mensch, die
ganze Welt und Dero Herr Bruder und Frau Schwägerin selbst
werden ihm das eingestehen müssen.

Geh. Rath. Ich sprech' ihm das all nicht ab, aber er ist ein Thor, und

hat alle sein Mißvergnügen sich selber zu danken. Er sollte den
Sternen danken, daß meinem Bruder das Geld, das er für den Hofmeister zahlt, einmal anfängt zu lieb zu werden.

PASTOR. Aber bedenken Sie doch: nichts mehr als hundert Dukaten;
hundert arme Dukätchen; und dreyhundert hatt' er ihm doch im
ersten Jahr versprochen: aber beym Schluß desselben nur hundert
und vierzig ausgezahlt, jetzt beym Beschluß des zweyten, da doch
die Arbeit meines Sohnes immer zunimmt, zahlt' er ihm hundert,
und nun beym Anfang des dritten wird ihm auch das zu viel. –
Das ist wider alle Billigkeit! Verzeihn Sie mir.

GEH. RATH. Laß es doch. – Das hätt' ich Euch Leuten voraussagen
wollen, und doch sollt' Ihr Sohn Gott danken, wenn ihn nur der
Major beym Kopf nähm' und aus dem Hause würfe. Was soll er
da, sagen Sie mir Herr? Wollen Sie ein Vater für Ihr Kind seyn
und schliessen so Augen, Mund und Ohren für seine ganze Glückseligkeit zu? Tagdieben, und sich Geld dafür bezahlen lassen? Die
edelsten Stunden des Tages bey einem jungen Herrn versitzen, der
nichts lernen mag und mit dem er's doch nicht verderben darf, und
die übrigen Stunden, die der Erhaltung seines Lebens, den Speisen
und dem Schlaf geheiligt sind, an einer Sklavenkette verseufzen;
an den Winken der gnädigen Frau hängen, und sich in die Falten
des gnädigen Herrn hineinstudiren; essen wenn er satt ist und fa-
sten, wenn er hungrig ist, Punsch trinken, wenn er p-ss-n möchte,
und Karten spielen, wenn er das Lauffen hat. Ohne Freyheit geht
das Leben bergab rückwärts, Freyheit ist das Element des Menschen wie das Wasser des Fisches, und ein Mensch der sich der
Freyheit begiebt, vergiftet die edelsten Geister seines Bluts, erstickt
seine süssesten Freuden des Lebens in der Blüthe und ermordet
sich selbst.

PASTOR. Aber – Oh! erlauben Sie mir; das muß sich ja jeder Hofmeister gefallen lassen; man kann nicht immer seinen Willen haben,
und das läßt sich mein Sohn auch gern gefallen, nur –

GEH. RATH. Desto schlimmer, wenn er sichs gefallen läßt, desto
schlimmer; er hat den Vorrechten eines Menschen entsagt, der
nach seinen Grundsätzen muß leben können, sonst bleibt er kein
Mensch. Mögen die Elenden, die ihre Ideen nicht zu höherer Glückseligkeit zu erheben wissen, als zu essen und zu trinken, mögen
die sich im Keficht zu Tode füttern lassen, aber ein Gelehrter, ein
Mensch, der den Adel seiner Seele fühlt, der den Tod nicht so
scheuen sollt' als eine Handlung, die wider seine Grundsätze
läuft ...

PASTOR. Aber was ist zu machen in der Welt? Was wollte mein Sohn
anfangen, wenn Dero Herr Bruder ihm die Condition aufsagte?

GEH. RATH. Laßt den Burschen was lernen, daß er dem Staat nützen
kann. Potz hundert Herr Pastor, Sie haben ihn doch nicht zum Be-

dienten aufgezogen, und was ist er anders als Bedienter, wenn er seine Freyheit einer Privatperson für einige Handvoll Dukaten verkauft? Sklav' ist er, über den die Herrschaft unumschränkte Gewalt hat, nur daß er so viel auf der Akademie gelernt haben muß, ihren unbesonnenen Anmuthungen von weitem zuvorzukommen und so einen Firniß über seine Dienstbarkeit zu streichen: das heißt denn ein feiner artiger Mensch, ein unvergleichlicher Mensch; ein unvergleichlicher Schurke, der, statt seine Kräfte und seinen Verstand dem allgemeinen Besten aufzuopfern, damit die Rasereyen einer dampfigten Dame und eines abgedämpften Officiers unterstützt, die denn täglich weiter um sich fressen wie ein Krebsschaden und zuletzt unheilbar werden. Und was ist der ganze Gewinnst am Ende? Alle Mittag Braten und alle Abend Punsch, und eine grosse Portion Galle, die ihm Tags über ins Maul gestiegen, Abends, wenn er zu Bett liegt, hinabgeschluckt, wie Pillen; das macht gesundes Blut, auf meine Ehr'! und muß auch ein vortrefliches Herz auf die Länge geben. Ihr beklagt Euch so viel übern Adel und über seinen Stolz, die Leute sähn Hofmeister wie Domestiken an, Narren! was sind sie denn anders? Stehn sie nicht in Lohn und Brod bey ihnen wie jene? Aber wer heißt Euch ihren Stolz nähren? Wer heißt euch Domestiken werden, wenn Ihr was gelernt habt, und einem starrköpfischen Edelmann zinsbar werden, der sein Tage von seinen Hausgenossen nichts anders gewohnt war als sklavische Unterwürfigkeit?

PASTOR. Aber Herr Geheimer Rath – Gütiger Gott! es ist in der Welt nicht anders: man muß eine Warte haben, von der man sich nach einem öffentlichen Amt umsehen kann, wenn man von Universitäten kommt; wir müssen den göttlichen Ruf erst abwarten und ein Patron ist sehr oft das Mittel zu unserer Beförderung: wenigstens ist es mir so gegangen.

GEH. RATH. Schweigen Sie, Herr Pastor, ich bitt Sie, schweigen Sie. Das gereicht Ihnen nicht zur Ehr. Man weiß ja doch, daß Ihre seelige Frau Ihr göttlicher Ruf war, sonst säßen Sie noch itzt beym Herrn von Tiesen und düngten ihm seinen Acker. Jemine! daß Ihr Herrn uns doch immer einen so ehrwürdigen schwarzen Dunst vor Augen machen wollt. Noch nie hat ein Edelmann einen Hofmeister angenommen, wo er ihm nicht hinter eine Allee von acht neun Sklavenjahren ein schön Gemählde von Beförderung gestellt hat und wenn Ihr acht Jahr gegangen waret, so macht' ers wie Laban und rückte das Bild um noch einmal so weit vorwärts. Possen! lernt etwas und seyd brave Leut. Der Staat wird Euch nicht lang am Markt stehen lassen. Brave Leut sind allenthalben zu brauchen, aber Schurken, die den Namen vom Gelehrten nur auf dem Zettel tragen und im Kopf ist leer Papier . . .

PASTOR. Das ist sehr allgemein gesprochen, Herr Rath! – Es müssen

doch, bey Gott! auch Hauslehrer in der Welt seyn; nicht jedermann kann gleich geheimer Rath werden und wenn er gleich ein
Hugo Grotius wär. Es gehören heutiges Tags andere Sachen dazu
als Gelehrsamkeit. –

GEH. RATH. Sie werden warm, Herr Pastor! – Lieber, werther Herr
Pastor, lassen Sie uns den Faden unsers Streits nicht verlieren. Ich
behaupt': es müssen keine Hauslehrer in der Welt seyn! das Ge-
schmeis taugt den Teufel zu nichts.

PASTOR. Ich bin nicht hergekommen mir Grobheiten sagen zu lassen:
ich bin auch Hauslehrer gewesen. Ich habe die Ehre – –

GEH. RATH. Warten Sie; bleiben Sie, lieber Herr Pastor! Behüte mich
der Himmel! Ich habe Sie nicht beleidigen wollen und wenn's wider meinen Willen geschehen ist, so bitt' ich Sie tausendmahl um
Verzeihung. Es ist einmal meine üble Gewohnheit, daß ich gleich
in Feuer gerathe, wenn mir ein Gespräch interessant wird: alles
übrige verschwindt mir denn aus dem Gesicht und ich sehe nur
den Gegenstand, von dem ich spreche.

PASTOR. Sie schütten, – Verzeihen Sie mir, ich bin auch ein Cholerikus,
und rede gern von der Lunge ab – Sie schütten das Kind mit dem
Bade aus. Hauslehrer taugen zu nichts. – Wie können Sie mir das
beweisen? Wer soll Euch jungen Herrn denn Verstand und gute
Sitten beybringen! Was wär aus Ihnen geworden, mein werther
Herr geheimer Rath, wenn Sie keinen Hauslehrer gehabt hätten?

GEH. RATH. Ich bin von meinem Vater zur öffentlichen Schul gehalten worden, und seegne seine Asche dafür, und so hoff' ich, wird
mein Sohn Fritz auch dereinst thun.

PASTOR. Ja, – da ist aber noch viel drüber zu sagen Herr! Ich meiner
Seits bin Ihrer Meynung nicht; ja wenn die öffentlichen Schulen
das wären, was sie seyn sollten. – Aber die nüchternen *Subjecta*,
so oft den Classen vorstehen; die pedantischen Methoden, die sie
brauchen; die unter der Jugend eingerissenen verderbten Sitten –

GEH. RATH. Wes ist die Schuld? Wer ist schuld dran, als ihr Schurken von Hauslehrern? Würde der Edelmann nicht von Euch in der
Grille gestärkt, einen kleinen Hof anzulegen, wo er als Monarch
oben auf dem Thron sitzt, und ihm Hofmeister und Mamsell und
ein ganzer Wisch von Tagdieben huldigen, so würd' er seine Jungen in die öffentliche Schule thun müssen; er würde das Geld, von
dem er jetzt seinen Sohn zum hochadligen Dummkopf aufzieht,
zum Fond der Schule schlagen: davon könnten denn gescheidte
Leute salarirt werden und alles würde seinen guten Gang gehn;
das Studentchen müste was lernen, um bey einer solchen Anstalt
brauchbar zu werden, und das junge Herrchen, anstatt seine Faul-
lenzerey vor den Augen des Papas und der Tanten, die alle keine
Argusse sind, künstlich und manierlich zu verstecken, würde seinen Kopf anstrengen müssen, um es den bürgerlichen Jungen zu-

vorzuthun, wenn es sich doch von ihnen unterscheiden will. – Was die Sitten anbetrift, das findt sich wahrhaftig. – Wenn er gleich nicht, wie seine hochadliche Vettern, die Nase von Kindesbeinen an höher tragen lernt als andere, und in einem nachläßigen Ton, von oben herab, Unsinn sagen, und Leuten ins Gesicht sehen, wenn sie den Hut vor ihm abziehen, um ihnen dadurch anzudeuten, daß sie auf kein Gegencompliment warten sollen. Die feinen Sitten hol der Teufel! Man kann dem Jungen Tanzmeister auf der Stube halten, und ihn in artige Gesellschaften führen, aber er muß durchaus nicht aus der Sphäre seiner Schulkameraden herausgehoben, und in der Meinung gestärkt werden, er sey eine bessere Kreatur als andere.

PASTOR: Ich habe nicht Zeit, (*zieht die Uhr heraus*) mich in den Disput weiter mit Ihnen einzulassen, gnädiger Herr; aber so viel weiß ich, daß der Adel überall nicht Ihrer Meinung seyn wird.

GEH. RATH. So sollten die Bürger meiner Meynung seyn. – Die Noth würde den Adel schon auf andere Gedanken bringen, und wir könnten uns bessere Zeiten versprechen. Sapperment, was kann aus unserm Adel werden, wenn ein einziger Mensch das Faktotum bey dem Kinde seyn soll, ich setz' auch den unmöglichen Fall, daß er ein Polyhistor wäre, wo will der eine Mann Feuer und Muth und Thätigkeit hernehmen, wenn er alle seine Kräfte auf einen Schaafskopf concentriren soll, besonders wenn Vater und Mutter sich kreutz und die quer immer mit in die Erziehung mengen, und dem Faß, in welches er füllt, den Boden immer wieder ausschlagen?

PASTOR. Ich bin um zehn Uhr zu einem Kranken bestellt. Sie werden mir verzeihen. – (*Im Abgehen wendt er sich um*) Aber wär's nicht möglich, gnädiger Herr, daß Sie Ihren zweyten Sohn nur auf ein halb Jährchen zum Herrn Major in die Kost thäten? Mein Sohn will gern mit achtzig Dukaten zufrieden seyn, aber mit sechzigen, die ihm der Herr Bruder geben wollen, da kann er nicht von subsistiren.

GEH. RATH. Laß ihn quittiren. – Ich thu es nicht, Herr Pastor! Davon bin ich nicht abzubringen. Ich will Ihrem Herrn Sohn die dreyßig Dukaten lieber schenken; aber meinen Sohn geb ich zu keinem Hofmeister. (*Der Pastor hält ihm einen Brief hin*) Was soll ich damit? Es ist alles umsonst, sag ich Ihnen.

PASTOR. Lesen Sie – Lesen Sie nur. –

GEH. RATH. Je nun, ihm ist nicht – (*liest*) – – wenden Sie doch alles an, den Herrn geheimen Rath dahin zu vermögen, – – Sie können Sich nicht vorstellen, wie elend es mir hier geht; nichts wird mir gehalten, was mir ist versprochen worden. Ich speise nur mit der Herrschaft, wenn keine Fremde da sind, – – das ärgste ist, daß ich gar nicht von hier komme und in einem ganzen Jahr meinen Fuß nicht aus Heidelbrunn habe setzen – – man hatte mir ein Pferd versprochen, alle Viertel Jahr einmal nach Königsberg zu reisen, als ich es foderte, fragte mich die gnädige Frau, ob ich nicht lieber zum Carneval nach Venedig wollte. – (*wirft den Brief an die Erde.*) Je nun, laß ihn quittiren; warum ist er ein Narr und bleibt da?

PASTOR. Ja das ist eben die Sache. (*hebt den Brief auf*) Belieben Sie doch nur auszulesen.

GEH. RATH. Was ist da zu lesen? – (*liest*) Dem ohngeachtet kann ich dies Haus nicht verlassen, und sollt' es mich Leben und Gesundheit kosten. So viel darf ich Ihnen sagen, daß die Aussichten in eine selige Zukunft mir alle die Mühseligkeiten meines gegenwärtigen Standes – Ja, das sind vielleicht Aussichten in die selige Ewigkeit, sonst weiß ich keine Aussichten, die mein Bruder ihm eröfnen könnte. Er betrügt sich, glauben Sie mirs; schreiben Sie ihm zurück, daß er ein Thor ist. Dreyßig Dukaten will ich ihm dies Jahr aus meinem Beutel Zulage geben, aber ihn auch zugleich gebeten haben, mich mit allen fernern Anwerbungen um meinen Karl zu verschonen: denn ihm zu Gefallen werd' ich mein Kind nicht verwahrlosen.

ZWEYTE SCENE

In Heidelbrunn

GUSTCHEN. LÄUFFER

GUSTCHEN. Was fehlt Ihnen dann?

LÄUFFER. Wie stehts mit meinem Porträt? Nicht wahr, Sie haben nicht dran gedacht? Wenn ich auch so saumselig gewesen wäre – – Hätt' ich das gewußt: ich hätt Ihren Brief so lang zurückgehalten, aber ich war ein Narr.

GUSTCHEN. Ha ha ha. Lieber Herr Hofmeister! Ich habe wahrhaftig noch nicht Zeit gehabt.

LÄUFFER. Grausame!

GUSTCHEN. Aber was fehlt Ihnen denn? Sagen Sie mir doch! So tiefsinnig sind Sie ja noch nie gewesen. Die Augen stehn Ihnen ja immer voll Wasser: ich habe gemerkt, Sie essen nichts.

LÄUFFER. Haben Sie? In der That? Sie sind ein rechtes Muster des Mitleidens.

GUSTCHEN. O Herr Hofmeister – –

LÄUFFER. Wollen Sie heut Nachmittag Zeichenstunde halten?

GUSTCHEN (*faßt ihn an die Hand*). Liebster Herr Hofmeister! verzeihen Sie, daß ich sie gestern aussetzte. Es war mir wahrhaftig unmöglich zu zeichnen; ich hatte den Schnuppen auf eine erstaunende Art.

LÄUFFER. So werden Sie ihn wohl heute noch haben. Ich denke, wir

hören ganz auf zu zeichnen. Es macht Ihnen kein Vergnügen länger.

GUSTCHEN (*halbweinend*). Wie können Sie das sagen, Herr Läuffer?
Es ist das einzige, was ich mit Lust thue.

LÄUFFER. Oder Sie versparen es bis auf den Winter in die Stadt und
nehmen einen Zeichenmeister. Ueberhaupt werd ich Ihren Herrn
Vater bitten, den Gegenstand Ihres Abscheues, Ihres Hasses, Ihrer
ganzen Grausamkeit von Ihnen zu entfernen. Ich sehe doch, daß
es Ihnen auf die Länge unausstehlich wird, von mir Unterricht anzunehmen.

GUSTCHEN. Herr Läuffer —

LÄUFFER. Lassen Sie mich — Ich muß sehen, wie ich das elende Leben
zu Ende bringe, weil mir doch der Tod verboten ist —

GUSTCHEN. Herr Läuffer —

LÄUFFER. Sie foltern mich — (*reißt sich los und geht ab.*)

GUSTCHEN. Wie dauert er mich!

DRITTE SCENE

Zu Halle in Sachsen
Pätus Zimmer

FRITZ VON BERG. PÄTUS *im Schlafrock an einem Tisch sitzend*

PÄTUS. Ey was Berg! Du bist ja kein Kind mehr, daß du nach Papa
und Mama — Pfuy Teufel! ich hab Dich allezeit für einen braven
Kerl gehalten, wenn Du nicht mein Schulkamerad wärst: ich würde mich schämen mit Dir umzugehen.

FRITZ. Pätus, auf meine Ehr, es ist nicht Heimweh, Du machst mich
bis über die Ohren roth mit dem dummen Verdacht. Ich möchte
gern Nachricht von Hause haben, das gesteh' ich, aber das hat seine Ursachen — —

PÄTUS. Gustchen — Nicht wahr? Denk doch, Du arme Seele! Hundert-
achtzig Stunden von ihr entfernt — Was für Wälder und Ströme
liegen nicht zwischen Euch? Aber warte, wir haben hier auch Mädchen; wenn ich nur besser besponnen wäre, ich wollte Dich heut in
eine Gesellschaft führen — Ich weiß nicht, wie Du auch bist; ein
Jahr in Halle und noch mit keinem Mädchen gesprochen: das muß
melancholisch machen; es kann nicht anders seyn. Warte, Du must
mir hier einziehen, daß Du lustig wirst. Was machst Du da bey
dem Pfarrer? Das ist keine Stube für Dich —

FRITZ. Was zahlst Du hier?

PÄTUS. Ich zahle — Wahrhaftig, Bruder, ich weiß es nicht. Es ist ein
guter ehrlicher Philister, bey dem ich wohne: seine Frau ist freylich bisweilen ein bischen wunderlich, aber mags. Was gehts mich

an? Wir zanken uns einmal herum und denn laß ich sie laufen: und die schreiben mir alles auf, Hausmiethe, Kaffee, Tabak; alles was ich verlange, und denn zahl' ich die Rechnung alle Jahre, wenn mein Wechsel kommt.

FRITZ. Bist du jetzt viel schuldig?

PÄTUS. Ich habe die vorige Woche bezahlt. Das ist wahr, diesmal haben Sie mirs arg gemacht: mein ganzer Wechsel hat herhalten müssen bis auf den letzten Pfennig, und mein Rock, den ich Tags vorher versetzt hatte, weil ich in der äussersten Noth war, steht noch zu Gevattern. Weiß der Himmel, wenn ich ihn wieder einlösen kann.

FRITZ. Und wie machst Dus denn itzt?

PÄTUS. Ich? – Ich bin krank. Heut morgen hat mich die Frau Räthin Hamster invitiren lassen, gleich kroch ich ins Bett . . .

FRITZ. Aber bey dem schönen Wetter immer zu Hause zu sitzen.

PÄTUS. Was macht das? des Abends geh ich im Schlafrock spatzieren, es ist ohnedem in den Hundstagen am Tage nicht auszuhalten – Aber Potz Mordio! Wo bleibt denn mein Kaffee? (*pocht mit dem Fuß*) Frau Blitzer! – Nun sollst Du sehn, wie ich [mit] meinen Leuten umspringe – Frau Blitzer! in aller Welt Frau Blitzer. (*klingelt und pocht*) – Ich habe sie kürzlich bezahlt: nun kann ich schon breiter thun – Frau . . .

(FRAU BLITZER *tritt herein mit einer Portion Kaffee*)

PÄTUS. In aller Welt, Mutter! wo bleibst Du denn? Das Wetter soll Dich regieren. Ich warte hier schon über eine Stunde –

FRAU BLITZER. Was? Du nichtsnutziger Kerl, was lärmst Du? Bist Du schon wieder nichts nutz, abgeschabte Laus? Den Augenblick trag ich meinen Kaffee wieder herunter –

PÄTUS (*gießt sich ein*). Nun, nun, nicht so böse Mutter! aber Zwieback – Wo ist denn Zwieback?

FRAU BLITZER. Ja, kleine Steine Dir! Es ist kein Zwieback im Hause. Denk doch, ob so ein kahler lausichter Kerl nun alle Nachmittag Zwieback frißt oder nicht – –

PÄTUS. Was tausend alle Welt! (*stampft mit dem Fuß*) Sie weiß, daß ich keinen Kaffee ohne Zwieback ins Maul nehme – Wofür gebe ich denn mein Geld aus –

FRAU BLITZER (*langt ihm Zwieback aus der Schürze, wobey sie ihn an den Haaren zupft*). Da siehst Du, da ist Zwieback, Posaunenkerl! Er hat eine Stimme wie ein ganzes Regiment Soldaten. Nu, ist der Kaffee gut? Ist er nicht? Gleich sag mirs, oder ich reiß Ihm das letzte Haar aus Seinem kahlen Kopf heraus.

PÄTUS (*trinkt*). Unvergleichlich – Aye! – Ich hab in meinem Leben keinen bessern getrunken.

FRAU BLITZER. Siehst Du Hundejunge! Wenn Du die Mutter nicht hättest, die sich Deiner annähme und Dir zu essen und zu trinken gäbe, Du müstest an der Strasse verhungern. Sehen Sie ihn einmal an, Herr von Berg, wie er daher geht, keinen Rock auf dem Leibe und sein Schlafrock ist auch, als ob er darin wär aufgehenkt worden und wieder vom Galgen gefallen. Sie sind doch ein hübscher Herr, ich weiß nicht wie Sie mit dem Menschen umgehen können, nun freylich unter Landsleuten da ist immer so eine kleine Blutsverwandschaft, drum sag ich immer, wenn doch der Herr von Berg zu uns einlogiren thäte. Ich weiß, daß Sie viel Gewalt über ihn haben: da könnte doch noch was ordentliches aus ihm werden, aber sonst wahrhaftig – (*geht ab*)

PÄTUS. Siehst Du, ist das nicht ein gut fidel Weib. Ich seh' ihr all etwas durch die Finger, aber potz, wenn ich auch einmal ernsthaft werde, kusch ist sie wie die Wand – Willst Du nicht eine Tasse mit trinken? (*gießt ihm ein*) Siehst Du, ich bin hier wohl bedient; ich zahle was rechts, das ist wahr, aber dafür hab' auch ich was …

FRITZ (*trinkt*). Der Kaffee schmeckt nach Gerste.

PÄTUS. Was sagst Du? – (*schmeckt gleichfalls*) Ja wahrhaftig, mit dem Zwieback hab' ichs nicht so – (*sieht in die Kanne*) Nun so hol Dich! (*wirft das Kaffeezeug zum Fenster hinaus*) Gerstenkaffee und fünfhundert Gulden jährlich! –

FRAU BLITZER (*stürzt herein*). Wie? Was zum Teufel, was ist das? Herr, ist Er rasend oder plagt Ihn gar der Teufel? –

PÄTUS. Still Mutter!

FRAU BLITZER (*mit gräßlichem Geschrey*). Aber wo ist mein Kaffeezeug? Ey! zum Henker! aus dem Fenster – Ich kratz' Ihm die Augen aus dem Kopf heraus.

PÄTUS. Es war eine Spinne darin und ich warf's in der Angst – Was kann ich dafür, daß das Fenster offen stand?

FRAU BLITZER. Daß Du verreckt wärst an der Spinne, wenn ich Dich mit Haut und Haar verkaufe, so kannst Du mir mein Kaffeezeug nicht bezahlen, nichtswürdiger Hund! Nichts als Schaden und Unglück kann Er machen. Ich will Dich verklagen; ich will Dich in Karcer werfen lassen. (*läuft heraus*)

PÄTUS (*lachend*). Was ist zu machen, Bruder! man muß sie schon ausrasen lassen.

FRITZ. Aber für Dein Geld?

PÄTUS. Ey was! – Wenn ich bis Weyhnachten warten muß, wer wird mir sogleich bis dahin kreditiren? Und denn ists ja nur ein Weib und ein närrisch Weib dazu, dem's nicht immer so von Herzen geht: wenn mirs der Mann gesagt hätte, das wär was anders, dem schlüg' ich das Leder voll – Siehst Du wohl!

FRITZ. Hast Du Feder und Tinte?

PÄTUS. Dort auf dem Fenster –

FRITZ. Ich weiß nicht, das Herz ist mir so schwer – Ich habe nie was auf Ahndungen gehalten.

PÄTUS. Ja mir auch – Die Döbblinsche Gesellschaft ist angekommen. Ich möchte gern in die Komödie gehn und habe keinen Rock anzuziehen. Der Schurke mein Wirth leyht mir keinen und ich bin eine so große dicke Bestie, daß mir keiner von all Euren Röcken passen würde.

FRITZ. Ich muß gleich nach Hause schreiben. (*setzt sich an ein Fenster nieder und schreibt*)

PÄTUS (*setzt sich einem Wolfspelz gegenüber, der an der Wand hängt*). Hm! nichts als den Pelz gerettet, von allen meinen Kleidern, die ich habe, und die ich mir noch wollte machen lassen. Grade den Pelz, den ich im Sommer nicht tragen kann, und den mir nicht einmal der Jude zum Versatz annimmt, weil sich der Wurm leicht hineinsetzt. Hanke, Hanke! das ist doch unverantwortlich, daß Du mir keinen Rock auf Pump machen willst. (*steht auf und geht herum*) Was hab' ich Dir gethan, Hanke, daß Du just mir keinen Rock machen willst? Just mir, der ich ihn am nöthigsten brauche, weil ich jetzo keinen habe, just mir! – Der Teufel muß Dich besitzen, er macht Hunz und Kunz auf Kredit und just mir nicht! (*faßt sich an den Kopf und stampft mit dem Fuß*) Just mir nicht, just mir nicht! –

BOLLWERK (*der sich mittlerweile hineingeschlichen und ihm zugehört, faßt ihn an: er kehrt sich um und bleibt stumm vor Bollwerk stehen*). Ha ha ha... Nun du armer Pätus – ha ha ha! Nicht wahr, es ist doch ein gottloser Hanke, daß er just Dir nicht – Aber, wo ist das rothe Kleid mit Gold, das Du bey ihm bestellt hast, und das blaueidne mit der silberstücknen Weste, und das rothsammetne mit schwarz Sammet gefüttert, das wär vortreflich bey dieser Jahrszeit. Sage mir! antworte mir! Der verfluchte Hanke! Wollen wir gehn und ihm die Haut vollschlagen? Wo bleibt er so lang mit Deiner Arbeit? Wollen wir?

PÄTUS (*wirft sich auf einen Stuhl*). Laß mich zufrieden.

BOLLWERK. Aber hör Pätus, Pä Pä Pä Pätus (*setzt sich zu ihm*) Döbblin ist angekommen. Hör Pä Pä Pä Pä Pätus, wie wollen wir das machen? Ich denke, Du ziehst Deinen Wolfspelz an und gehst heut Abend in die Komödie. Was schadt's, Du bist doch fremd hier – und die ganze Welt weiß, daß Du vier Paar Kleider bey Hanke bestellt hast. Ob er sie Dir machen wird, ist gleich viel! – Der verfluchte Kerl! Wollen ihm die Fenster einschlagen, wenn er sie Dir nicht macht!

PÄTUS (*heftig*). Laß mich zufrieden, sag ich Dir.

BOLLWERK. Aber hör .. aber .. aber .. hör hör hör' Pätus; nimm Dich in Acht Pätus! daß Du mir des Nachts nicht mehr im Schlafrock auf der Gasse läufst. Ich weiß, daß Du bange bist vor Hunden; es ist eben ausgetrummelt worden, daß zehn wütige Hunde in der Stadt herumlaufen sollen; sie haben schon einige Kinder gebissen:

zwey sind noch davon kommen, aber vier sind auf der Stelle gestorben. Das machen die Hundstage? Nicht wahr Pätus? Es ist gut, daß Du jetzt nicht ausgehen kannst. Nicht wahr? Du gehst itzt mit allem Fleiß nicht aus? Nicht wahr Pä Pä Pätus?

PÄTUS. Laß mich zufrieden ... oder wir verzürnen uns.

BOLLWERK. Du wirst doch kein Kind seyn – Berg, kommen Sie mit in die Komödie?

FRITZ (*zerstreut*). Was? – Was für Komödie?

BOLLWERK. Es ist eine Gesellschaft angekommen – Legen Sie die Schmieralien weg. Sie können ja auf den Abend schreiben. Man giebt heut Minna von Barnhelm.

FRITZ. O die muß ich sehen. – (*steckt seine Briefe zu sich*) Armer Pätus, daß Du keinen Rock hast. –

BOLLWERK. Ich lieh' ihm gern einen, aber es ist hol mich der Teufel mein einziger, den ich auf dem Leibe habe – (*gehn ab*)

PÄTUS (*allein*). Geht zum Teufel mit Eurem Mitleiden! Das ärgert mich mehr als wenn man mir ins Gesicht schlüge – – Ey was mach ich mir draus. (*zieht seinen Schlafrock aus*) Laß die Leute mich für wahnwitzig halten! Minna von Barnhelm muß ich sehen und wenn ich nackend hingehen sollte! (*zieht den Wolfspelz an*) Hanke, Hanke! es soll Dir zu Hause kommen! (*stampft mit dem Fuß*) Es soll dir zu Hause kommen! (*geht*)

VIERTE SCENE

FRAU HAMSTER. JUNGFER HAMSTER. JUNGFER KNICKS

JUNGFER KNICKS. Ich kanns Ihnen vor Lachen nicht erzehlen, Frau Räthin, ich muß krank vor Lachen werden. Stellen Sie Sich vor: wir gehen mit Jungfer Hamster im Gäßchen hier nah bey, so läuft uns ein Mensch im Wolfspelz vorbey, als ob er durch Spießruthen gejagt würde; drey große Hunde hinter ihm drein. Jungfer Hamster bekam einen Schubb, daß sie mit dem Kopf an die Mauer schlug und überlaut schreyen muste.

FRAU HAMSTER. Wer war es denn?

JUNGFER KNICKS. Stellen Sie Sich vor, als wir ihm nachsahen, war's Herr Pätus – Er muß rasend worden seyn.

FRAU HAMSTER. Mit einem Wolfspelz in dieser Hitze!

JUNGFER HAMSTER (*hält sich den Kopf*). Ich glaube noch immer, er ist aus dem hitzigen Fieber aufgesprungen. Er ließ uns heut Morgen sagen, er sey krank.

JUNGFER KNICKS. Und die drey Hunde hinter ihm drein, das war das lustigste. Ich hatte mir vorgenommen heut in die Komödie zu gehen, aber nun mag ich nicht, ich würde doch da nicht soviel zu la-

chen kriegen. Das vergeß ich mein Lebtag nicht. Seine Haare flo-
gen ihm nach wie der Schweif an einem Kometen, und je eyfriger
er lief, desto eyfriger schlugen die Hunde an und er hatte das Herz
nicht, sich einmal umzusehen .. Das war unvergleichlich!

FRAU HAMSTER. Schrie er nicht? Er wird gemeynt haben, die Hunde
seyn wütig.

JUNGFER KNICKS. Ich glaub, er hatte keine Zeit zum Schreyen, aber
roth war er wie ein Krebs und hielt das Maul offen, wie die Hunde hinter ihm drein – O das war nicht mit Geld zu bezahlen! Ich
gäbe nicht meine Schnur ächter Perlen darum, daß ich das nicht gesehen.

FÜNFTE SCENE

In Heidelbrunn.
Augustchens Zimmer

GUSTCHEN *liegt auf dem Bette.* LÄUFFER *sitzt am Bette*

LÄUFFER. Stell Dir vor Gustchen, der geheime Rath will nicht. Du
siehst, daß Dein Vater mir das Leben immer saurer macht: nun
will er mir gar aufs folgende Jahr nur vierzig Dukaten geben. Wie
kann ich das aushalten? Ich muß quittiren.

GUSTCHEN. Grausamer, und was werd ich denn anfangen? (*nachdem
beyde eine zeitlang sich schweigend angesehen*) Du siehst: ich bin
schwach, und krank; hier in der Einsamkeit unter einer barbari-
schen Mutter – Niemand fragt nach mir, niemand bekümmert sich
um mich: meine ganze Familie kann mich nicht mehr leiden; mein
Vater selber nicht mehr: ich weiß nicht warum.

LÄUFFER. Mach, daß Du zu meinem Vater in die Lehre kommst; nach
Insterburg.

GUSTCHEN. Da kriegen wir uns nie zu sehen. Mein Onkel leidt es
nimmer, daß mein Vater mich zu Deinem Vater ins Haus giebt.

LÄUFFER. Mit dem verfluchten Adelstolz!

GUSTCHEN (*nimmt seine Hand*). Wenn Du auch böse wirst, Herr-
mannchen! (*küßt sie*) O Tod! Tod! warum erbarmst Du Dich nicht!

LÄUFFER. Rathe mir selber – Dein Bruder ist der ungezogenste Junge
den ich kenne: neulich hat er mir eine Ohrfeige gegeben und ich
durft ihm nichts dafür thun, durft nicht einmal drüber klagen.
Dein Vater hätt ihm gleich Arm und Bein gebrochen und die gnädige Mama alle Schuld zuletzt auf mich geschoben.

GUSTCHEN. Aber um meinetwillen – Ich dachte, Du liebtest mich.

LÄUFFER (*stützt sich mit der andern Hand auf ihrem Bett, indem sie
fortfährt seine eine Hand von Zeit zu Zeit an die Lippen zu bringen*). Laß mich denken .. (*bleibt nachsinnend sitzen*)

GUSTCHEN (*in der beschriebenen Pantomime*). O Romeo! Wenn dies Deine Hand wäre. – Aber so verlässest Du mich, unedler Romeo! Siehst nicht, daß Deine Julie für Dich stirbt – von der ganzen Welt, von ihrer ganzen Familie gehaßt, verachtet, ausgespyen. (*drückt seine Hand an ihre Augen*) O unmenschlicher Romeo!

LÄUFFER (*sieht auf*). Was schwärmst Du wieder?

GUSTCHEN. Es ist ein Monolog aus einem Trauerspiel, den ich gern recitire, wenn ich Sorgen habe. (*Läuffer fällt wieder in Gedanken, nach einer Pause fängt sie wieder an*) Vielleicht bist Du nicht ganz strafbar. Deines Vaters Verbot, Briefe mit mir zu wechseln, aber die Liebe setzt über Meere und Ströme, über Verbot und Todesgefahr selbst – Du hast mich vergessen.. Vielleicht besorgtest Du für mich – Ja, ja, Dein zärtliches Herz sah, was mir drohte, für schröcklicher an, als das was ich leide. (*küßt Läuffers Hand inbrünstig*) O göttlicher Romeo!

LÄUFFER (*küßt ihre Hand lange wieder und sieht sie eine Weile stumm an*). Es könnte mir gehen wie Abälard –

GUSTCHEN (*richtet sich auf*). Du irrst Dich – Meine Krankheit liegt im Gemüth – Niemand wird Dich muthmaßen – (*fällt wieder hin*) Hast Du die neue Heloise gelesen?

LÄUFFER. Ich höre was auf dem Gang nach der Schulstube. –

GUSTCHEN. Meines Vaters – Um Gotteswillen! – Du bist drey Viertelstund zu lang hiergeblieben. (*Läuffer läuft fort*)

SECHSTE SCENE

Die MAJORIN. GRAF WERMUTH

GRAF. Aber gnädige Frau! kriegt man denn Fräulein Gustchen gar nicht mehr zu sehen? Wie befindet sie sich auf die vorgestrige Jagd?

MAJORIN. Zu Ihrem Befehl; sie hat die Nacht Zahnschmerzen gehabt, darum darf sie sich heut nicht sehen lassen. Was macht Ihr Magen, Graf! auf die Austern?

GRAF. O das bin ich gewohnt. Ich habe neulich mit meinem Bruder ganz allein auf unsre Hand sechshundert Stück aufgegessen und zwanzig Bouteillen Champagner dabey ausgetrunken.

MAJORIN. Rheinwein wollten Sie sagen.

GRAF. Champagner – Es war eine Idee, und ist uns beyden recht gut bekommen. Denselben Abend war Ball in Königsberg, mein Bruder hat bis an den andern Mittag getanzt und ich Geld verloren.

MAJORIN. Wollen wir ein Piquet machen?

GRAF. Wenn Fräulein Gustchen käme, macht' ich ein Paar Touren im Garten mit ihr. Ihnen, gnädige Frau, darf ichs nicht zumuthen; mit Ihrer Fontenelle am Fuß.

MAJORIN. Ich weiß auch nicht, wo der Major immer steckt. Er ist in seinem Leben so rasend nicht auf die Oekonomie gewesen; den ganzen ausgeschlagenen Tag auf dem Felde und wenn er nach Hause kommt, sitzt er stumm wie ein Stock. Glauben Sie, daß ich anfange mir Gedanken drüber zu machen.

GRAF. Er scheint melancholisch.

MAJORIN. Weiß es der Himmel – Neulich hatt' er wieder einmal den Einfall bey mir zu schlafen, und da ist er mitten in der Nacht aus dem Bett' aufgesprungen und hat sich – He he, ich sollt's Ihnen nicht erzehlen, aber Sie kennen ja die lächerliche Seite von meinem Mann schon.

GRAF. Und hat sich ...

MAJORIN. Auf die Knie niedergeworfen und an die Brust geschlagen und geschluchst und geheult, daß mir zu grauen anfieng. Ich hab ihn aber nicht fragen mögen, was gehen mich seine Narrheiten an? Mag er Pietist oder Quacker werden. Meinethalben! Er wird dadurch weder häßlicher noch liebenswürdiger in meinen Augen werden, als er ist. (*sieht den Grafen schalkhaft an*)

GRAF (*faßt sie ans Kinn*). Boßhafte Frau! – Aber wo ist Gustchen? Ich möchte gar zu gern mit ihr spatzieren gehn.

MAJORIN. Still da kommt ja der Major ... Sie können mit ihm gehen, Graf.

GRAF. Denk doch – Ich will nun aber mit Ihrer Tochter gehn.

MAJORIN. Sie wird noch nicht angezogen seyn: es ist was unausstehliches, wie faul das Mädchen ist –

(MAJOR VON BERG *kommt im Nachtwämmschen, einen Strohhut auf*)

MAJORIN. Nun wie stehts, Mann? Wo treiben Sie Sich denn wieder herum? Man kriegt Sie ja den ganzen Tag nicht zu sehen. Sehn Sie ihn nur an Herr Graf; sieht er doch wie der Heavtontimorumenos in meiner großen Madame Dacier abgemahlt – Ich glaube, Du hast gepflügt, Herr Major? Wir sind itzt in den Hundstagen.

GRAF. In der That, Herr Major, Sie haben noch nie so übel ausgesehen, blaß, hager, Sie müssen etwas haben, das Ihnen auf dem Gemüth liegt, was bedeuten die Thränen in Ihren Augen, sobald man Sie aufmerksam ansieht? Ich kenne Sie doch zehn Jahr schon und habe Sie nie so gesehen, selbst da nicht, als Ihr Bruder starb.

MAJORIN. Geitz, nichts als der leidige Geitz, er meynt, wir werden verhungern, wenn er nicht täglich wie ein Maulwurf auf dem Felde wühlt. Bald gräbt er, bald pflügt er, bald eggt er. Du willst doch nicht Bauer werden? Du mußt mir vorher einen andern Mann geben, der die Aufsicht über Dich führt.

MAJOR. Ich muß wohl schaffen und scharren, meiner Tochter einen Platz im Hospital auszumachen.

MAJORIN. Was sind das nun wieder für Phantasien! – Ich muß wahrhaftig den Doktor Würz noch aus Königsberg holen lassen.

MAJOR. Du siehst nimmer nichts, vornehme Frau! daß Dein Kind
von Tag zu Tag abfällt, daß sie Schönheit, Gesundheit und den ganzen Plunder verliert und dahergeht, als ob sie, hol mich der Teufel
– Gott verzeyh mir meine schwere Sünde, – als ob der arme La-
zarus sie gemacht hätte – Es frißt mir die Leber ab –

MAJORIN. Hören Sie ihn nur! Wie er mich anfährt! Bin ich schuld
daran? Bist du denn wahnwitzig?

MAJOR. Ja freylich bist Du schuld daran, oder was ist sonst schuld
daran? Ich kann's, zerschlag mich der Donner! nicht begreifen. Ich
dacht immer, ihr eine der ersten Parthien im Reich auszumachen;
denn sie hat auf der ganzen Welt an Schönheit nicht ihres gleichen
gehabt und nun sieht sie aus wie eine Kühmagd – Ja freilich bist
Du schuld daran mit Deiner Strenge und Deinen Grausamkeiten
und Deinem Neid, das hat sie sich zu Gemüth gezogen und das ist
ihr nun zum Gesicht herausgeschlagen, aber das ist Deine Freude,
gnädige Frau, denn Du bist lang schalu über sie gewesen. Das
kannst Du doch nicht leugnen? Solltst Dich in Dein Herz schämen,
wahrhaftig! (geht ab)

MAJORIN. Aber ... aber was sagen Sie dazu, Herr Graf! Haben Sie
in Ihrem Leben eine ärgere Kollektion von Sottisen gesehen?

GRAF. Kommen Sie; wir wollen Piquet spielen, bis Fräulein Gustchen angezogen ist ..

SIEBENTE SCENE

In Halle

FRITZ VON BERG *im Gefängniß.* BOLLWERK,
VON SEIFFENBLASE *und sein* HOFMEISTER *stehn um ihn*

BOLLWERK. Wenn ich doch den Jungen hier hätte, das Fell zög' ich
ihm über die Ohren. Es ist mit alledem doch infam gehandelt,
einen ehrlichen Jungen, wie Berg, ins Karcer zu bringen; da sich
keiner sein hat annehmen wollen. Denn das ist ja wahr, kein einziger Landsmann hat den Fuß vor die Thür seinethalben gesetzt.
Wenn Berg nicht gut für ihn gesagt hätte, wär' er im Gefängniß
verfault. Und in vierzehn Tagen soll das Geld hier seyn und wo er
den Berg in Verlegenheit läßt, soll man ihn für einen ausgemach-
ten Schurken halten. O du verdammter Pä Pä Pä Pä Pätus! Wart
Du verhenkerter Pätus, wart einmal! –

HOFMEISTER. Ich kann Ihnen nicht genug beschreiben, lieber Herr von
Berg, wie leyd es mir besonders um Ihres Herrn Vaters und der
Familie willen thut, Sie in einem solchen Zustande zu sehen und
noch dazu ohne Ihre Schuld, aus blosser jugendlicher Unbesonnen-
heit. Es hat schon einer von den sieben Weisen Griechenlandes ge-

sagt, für Bürgschaften sollst du dich in Acht nehmen und in der That es ist nichts unverschämter, als daß ein junger Durchbringer, der sich durch seine lüderliche Wirthschaft ins Elend gestürzt hat, auch andere mit hineinziehen will, denn vermuthlich hat er das gleich anfangs im Sinne gehabt, als er auf der Akademie Ihre Freundschaft suchte.

HERR VON SEIFFENBLASE. Ja ja, lieber Bruder Berg! nimm mir nicht übel, da hast Du einen großen Bock gemacht. Du bist selbst schuld daran; dem Kerl hättst Du's doch gleich ansehen können, daß er Dich betrügen würde. Er ist bey mir auch gewesen und hat mich angesprochen: er wär' aufs äusserste getrieben, seine Kreditores wollten ihn wegstecken lassen, wo ihn nicht Sonn noch Mond beschiene. Laß sie dich, dacht' ich, es schadt dir nichts. Das ist dafür, daß Du uns sonst kaum über die Achsel ansahst, aber wenn ihr in Noth seyd, da sind die Adelichen zu Kaventen gut genug. Er erzehlte mir Langes und Breites; er hätte seine Pistolen schon geladen, im Fall die Kreditores ihn angriffen – Und nun läßt der lüderliche Hund Dich an seiner Stelle prostituiren. Das ist wahr, wenn mir das geschehen wäre: ich könnte so ruhig nicht dabey seyn: zwischen vier Mauren der Herr von Berg und das um eines lüderlichen Studenten willen.

FRITZ. Er war mein Schulkamerad –– Laßt ihn zufrieden. Wenn ich mich nicht über ihn beklage, was geht's Euch an? Ich kenn' ihn länger als Ihr; ich weiß, daß er mich nicht mit seinem guten Willen hier sitzen läßt.

HOFMEISTER. Aber, Herr von Berg, wir müssen in der Welt mit Vernunft handeln. Sein Schade ist es gewiß nicht, daß Sie hier für ihn sitzen und seinethalben können Sie noch ein Sekulum so sitzen bleiben –

FRITZ. Ich hab' ihn von Jugend auf gekannt: wir haben uns noch niemals was abgeschlagen. Er hat mich wie seinen Bruder geliebt, ich ihn wie meinen. Als er nach Halle reißte, weint' er zum erstenmal in seinem Leben, weil er nicht mit mir reisen konnte. Ein ganzes Jahr früher hätt' er schon auf die Akademie gehn können, aber um mit mir zusammen zu reisen, stellt' er sich gegen die Präceptores dummer als er war, und doch wollt es das Schicksal und unsre Väter so, daß wir nicht zusammen reißten und das war sein Unglück. Er hat nie gewußt mit Geld umzugehen und gab jedem was er verlangte. Hätt' ihm ein Bettler das letzte Hemd vom Leibe gezogen und dabey gesagt: mit Ihrer Erlaubnis, lieber Herr Pätus, er hätt's ihm gelassen. Seine Kreditores giengen mit ihm um wie Stra[s]senräuber und sein Vater verdiente nie, einen verlornen Sohn zu haben, der bey all seinem Elend ein so gutes Herz nach Hause brachte.

HOFMEISTER. O verzeyhn Sie mir, Sie sind jung und sehen alles noch

aus dem vortheilhaftesten Gesichtspunkt an: man muß erst eine
Weile unter den Menschen gelebt haben um Charaktere beurthei-
len zu können. Der Herr Pätus, oder wie er da heißt, hat sich Ihnen bisher immer nur unter der Maske gezeigt; jetzt kommt sein
wahres Gesicht erst ans Tageslicht: er muß einer der feinsten und
abgefeimtesten Betrüger gewesen seyn, denn die treuherzigen
Spitzbuben ...

PÄTUS (*in Reisekleidern, fällt Berg um den Hals*). Bruder Berg – –

FRITZ V. BERG. Bruder Pätus – –

PÄTUS. Nein – laß – zu Deinen Füßen muß ich liegen – Dich hier –
um meinetwillen (*rauft sich das Haar mit beyden Händen und
stampft mit den Füßen*) O Schicksal! Schicksal! Schicksal!

FRITZ. Nun wie ists? Hast Du Geld mitgebracht? Ist Dein Vater versöhnt? Was bedeutet Dein Zurückkommen?

PÄTUS. Nichts, nichts – Er hat mich nicht vor sich gelassen – Hundert
Meilen umsonst gereißt! – Ihr Diener, Ihr Herren. Bollwerk wein'
nicht, Du erniedrigst mich zu tief, wenn Du gut für mich denkst –
O Himmel, Himmel!

FRITZ. So bist Du der ärgste Narr, der auf dem Erdboden wandelt.
Warum kommst Du zurück? Bist Du wahnwitzig? Haben alle Deine Sinne Dich verlassen? Willst Du, daß die Kreditores Dich gewahr werden – Fort! Bollwerk, führ ihn fort; sieh daß Du ihn sicher aus der Stadt bringst – Ich höre den Pedell – Pätus, ewig mein
Feind, wo Du nicht im Augenblick –

PÄTUS (*wirft sich ihm zu Füßen*)

FRITZ. Ich möchte rasend werden. –

BOLLWERK. So sey doch nun kein Narr, da Berg so großmüthig ist und
für Dich sitzen bleiben will; sein Vater wird ihn schon auslösen:
aber wenn Du einmal sitzest, so ist keine Hofnung mehr für Dich;
Du must im Gefängniß verfaulen.

PÄTUS. Gebt mir einen Degen her ...

FRITZ. Fort! –

BOLLWERK. Fort! –

PÄTUS. Ihr thut mir eine Barmherzigkeit, wenn ihr mir einen Degen –

SEIFFENBLASE. Da haben Sie meinen ..

BOLLWERK (*greift ihn in den Arm*). Herr – Schurke! Lassen Sie – Stek-
ken Sie nicht ein! Sie sollen nicht umsonst gezogen haben. Erst
will ich meinen Freund in Sicherheit und dann erwarten Sie mich
hier – Draußen, wohl zu verstehen; also vor der Hand zur Thür
hinaus! (*wirft ihn zur Thür hinaus*)

HOFMEISTER. Mein Herr Bollwerk –

BOLLWERK. Kein Wort, Sie – gehen Sie Ihrem Jungen nach und lehren Sie ihn, kein schlechter Kerl seyn – Sie können mich haben
wo und wie Sie wollen. (*der Hofmeister geht ab*)

PÄTUS. Bollwerk! ich will Dein Sekundant seyn.

BOLLWERK. Narr auch! Du thust als – Willst Du mir den Handschuh
vielleicht halten, wenn ich vorher eins übern Daumen pisse? –
Was brauchts da Sekundanten. Komm nur fort und sekundire Dich
zur Stadt hinaus, Hasenfuß.

PÄTUS. Aber ihrer sind zwey.

BOLLWERK. Ich wünschte, daß ihrer zehn wären und keine Seiffenbla-
sen drunter – So komm doch, und mach Dich nicht selbst unglücklich, närrischer Kerl.

PÄTUS. Berg! – (*Bollwerk reißt ihn mit sich fort*)

DRITTER AKT

ERSTE SCENE

In Heidelbrunn

Der MAJOR *im Nachtwämmschen. Der* GEHEIME RATH

MAJOR. Bruder, ich bin der alte nicht mehr. Mein Herz sieht zehnmal
toller aus als mein Gesicht – Es ist sehr gut, daß Du mich besuchst;
wer weiß, ob wir uns so lang mehr sehen.

GEH. RATH. Du bist immer ausschweifend, in allen Stücken – Dir
ein Nichts so zu Herzen gehen zu lassen! – Wenn Deiner Tochter
die Schönheit abgeht, so bleibt sie doch immer noch das gute Mädchen, das sie war; so kann sie hundert andre liebenswürdige
Eigenschaften besitzen.

MAJOR. Ihre Schönheit – Hol mich der Teufel, es ist nicht das allein,
was ihr abgeht; ich weiß nicht, ich werde noch den Verstand verlieren, wenn ich das Mädchen lang unter Augen behalte. Ihre Gesundheit ist hin, ihre Munterkeit, ihre Lieblichkeit, weiß der Teufel, wie man das Dings all nennen soll; aber obschon ichs nicht
nennen kann, so kann ichs doch sehen, so kann ichs doch fühlen
und begreifen, und Du weist, daß ich aus dem Mädchen meinen
Abgott gemacht habe. Und daß ich sie so sehn muß unter meinen
Händen hinsterben, verwesen. – (*weint*) Bruder geheimer Rath,
Du hast keine Tochter; Du weißt nicht, wie einem Vater zu Muth
seyn muß, der eine Tochter hat. Ich hab dreyzehn Bataillen beygewohnt und achtzehn Blessuren bekommen, und hab den Tod vor
Augen gesehen und bin – O laß mich zufrieden; pack Dich zu meinem Haus hinaus; laß die ganze Welt sich fortpacken. Ich will es
anstecken und die Schaufel in die Hand nehmen und Bauer werden.

GEH. RATH. Und Frau und Kinder –

MAJOR. Du beliebst zu scherzen: ich weiß von keiner Frau und Kindern, ich bin Major Berg gottseligen Andenkens und will den Pflug in die Hand nehmen und will Vater Berg werden, und wer mir zu nahe kommt, dem geb ich mit meiner Hack' über die Ohren.

GEH. RATH. So schwermerisch-schwermüthig hab ich ihn doch nie gesehen.

(Die MAJORIN stürzt herein)

MAJORIN. Zu Hülfe Mann – Wir sind verloren – Unsere Familie! unsere Familie!

GEH. RATH. Gott behüt Frau Schwester! Was stellen Sie an? Wollen Sie Ihren Mann rasend machen?

MAJORIN. Er soll rasend werden – Unsere Familie – Infamie! – – O ich kann nicht mehr – (fällt auf einen Stuhl)

MAJOR (geht auf sie zu). Willst Du mit der Sprach' heraus? – Oder ich dreh Dir den Hals um.

MAJORIN. Deine Tochter – Der Hofmeister. – Lauf! (fällt in Ohnmacht)

MAJOR. Hat er sie zur Hure gemacht? (schüttelt sie) Was fällst Du da hin; jetzt ists nicht Zeit zum hinfallen. Heraus mit, oder das Wetter soll Dich zerschlagen. Zur Hure gemacht? Ists das? – Nun so werd' denn die ganze Welt zur Hure und Du Berg nimm die Mistgabel in die Hand – (will gehen)

GEH. RATH (hält ihn zurück). Bruder, wenn Du Dein Leben lieb hast, so bleib hier – Ich will alles untersuchen – Deine Wut macht Dich unmündig. (geht ab und schließt die Thür zu)

MAJOR (arbeitet vergebens sie aufzumachen). Ich werd Dich beunmündig – (zu seiner Frau). Komm, komm, Hure, Du auch! sieh zu. (reißt die Thür auf) Ich will ein Exempel statuiren – Gott hat mich bis hieher erhalten, damit ich an Weib und Kindern Exempel statuiren kann – Verbrannt, verbrannt, verbrannt! (schleppt seine Frau ohnmächtig vom Theater)

ZWEYTE SCENE

Eine Schule im Dorf. Es ist finstrer Abend

WENZESLAUS. LÄUFFER

WENZESLAUS (sitzt an einem Tisch, die Brill auf der Nase und lineirt). Wer da? Was giebts?

LÄUFFER. Schutz! Schutz! werther Herr Schulmeister! Man steht mir nach dem Leben.

WENZESLAUS. Wer ist Er denn?

LÄUFFER. Ich bin Hofmeister im benachbarten Schloß. Der Major

Berg ist mit all seinen Bedienten hinter mir und wollen mich er-
schießen.

WENZESLAUS. Behüte – Setz' Er Sich hier nieder zu mir – Hier hat Er
meine Hand: Er soll sicher bey mir seyn – Und nun erzehl Er mir,
derweil ich diese Vorschrift hier schreibe.

LÄUFFER. Lassen Sie mich erst zu mir selber kommen.

WENZESLAUS. Gut, verschnauf' Er Sich und hernach will ich Ihm ein
Glas Wein geben lassen und wollen eins zusammen trinken. Unterdessen, sag' Er mich doch – Hofmeister – (*legt das Lineal weg,
nimmt die Brille ab und sieht ihn eine Weile an*) Nun ja, nach
dem Rock zu urtheilen. – Nun nun, ich glaubs Ihm, daß Er der
Hofmeister ist. Er sieht ja so roth und weiß drein. Nun sag Er mir
aber doch, mein lieber Freund, (*setzt die Brille wieder auf*) wie ist
Er denn zu dem Unstern gekommen, daß Sein Herr Patron so ent-
rüstet auf Ihn ist? Ich kann mirs doch nimmermehr einbilden, daß
ein Mann, wie der Herr Major von Berg – Ich kenne ihn wohl;
ich habe genug von ihm reden hören; er soll freilich von einem
hastigen Temperament seyn; viel Cholera, viel Cholera – Sehen
Sie, da muß ich meinen Buben selber die Linien ziehen, denn nichts
lernen die Bursche so schwer als das Gradeschreiben, das Gleich-
schreiben – Nicht zierlich geschrieben; nicht geschwind geschrieben; sag' ich immer, aber nur grad geschrieben, denn das hat seinen Einfluß in alles, auf die Sitten, auf die Wissenschaften, in alles, lieber Herr Hofmeister. Ein Mensch, der nicht grad schreiben
kann, sag' ich immer, der kann auch nicht grad handeln – Wo waren wir?

LÄUFFER. Dürft' ich mir ein Glas Wasser ausbitten?

WENZESLAUS. Wasser? – Sie sollen haben. Aber – ja wovon redten
wir? Vom Gradschreiben; nein vom Major – he he he – Aber wissen Sie auch Herr – Wie ist Ihr Name?

LÄUFFER. Mein – Ich heiße – Mandel.

WENZESLAUS. Herr Mandel – Und darauf mußten Sie Sich noch besinnen? Nun ja, man hat bisweilen Abwesenheiten des Geistes;
besonders die jungen Herren weiß und roth – Sie heißen unrecht
Mandel; Sie sollten Mandelblüthe heißen, denn Sie sind ja weiß
und roth wie Mandelblüthe – Nun ja freilich, der Hofmeisterstand
ist einer von denen, *unus ex his*, die alleweile mit Rosen und Lilien überstreut sind, und wo einen die Dornen des Lebens nur gar
selten stechen. Denn was hat man zu thun? Man ißt, trinkt, schläft,
hat für nichts zu sorgen; sein gut Glas Wein gewiß, seinen Braten
täglich, alle Morgen seinen Kaffee, Thee, Schokolade, oder was
man trinkt und das geht denn immer so fort – Nun ja, ich wollt
Ihnen sagen: wissen Sie auch, Herr Mandel, daß ein Glas Wasser
der Gesundheit eben so schädlich auf eine heftige Gemüthsbewe-
gung als auf eine heftige Leibesbewegung; aber freylich, was fragt

Ihr jungen Herren Hofmeister nach der Gesundheit – Denn sagt
mir doch, (*legt Brille und Lineal weg und steht auf*) wo in aller
Welt kann das der Gesundheit gut thun, wenn alle Nerven und
Adern gespannt sind und das Blut ist in der heftigsten Cirkulation
und die Lebensgeister sind alle in einer – Hitze, in einer –

LÄUFFER. Um Gotteswillen der Graf Wermuth – (*springt in eine
Kammer*)

(GRAF WERMUTH *mit ein Paar Bedienten, die Pistolen tragen*)

GRAF. Ist hier ein gewisser Läuffer – Ein Student im blauen Rock mit
Tressen?

WENZESLAUS. Herr, in unserm Dorf ists die Mode, daß man den Hut
abzieht, wenn man in die Stube tritt und mit dem Herrn vom Hause spricht.

GRAF. Die Sache pressirt – Sagt mir, ist er hier oder nicht?

WENZESLAUS. Und was soll er denn verbrochen haben, daß Ihr ihn
so mit gewafneter Hand sucht? (*Graf will in die Kammer, er stellt
sich vor die Thür*) Halt Herr! Die Kammer ist mein, und wo Ihr
nicht augenblicklich Euch aus meinem Hause packt, so zieh ich nur
an meiner Schelle und ein halb Dutzend handfester Bauerkerle
schlägt Euch zu morsch Pulver-Granatenstücken. Seyd Ihr Strassenräuber, so muß man Euch als Strassenräubern begegnen. Und
damit Ihr Euch nicht verirrt und den Weg zum Haus' hinaus so gut
findt als Ihr ihn hinein gefunden habt – (*faßt ihn an die Hand
und führt ihn zur Thür hinaus: die Bedienten folgen ihm*)

LÄUFFER (*springt aus der Kammer heraus*). Glücklicher Mann! Benei-
denswerther Mann!

WENZESLAUS (*in der obigen Attitude*). In – Die Lebensgeister sagt'
ich, sind in einer – Begeisterung, alle Passionen sind gleichsam in
einer Empörung, in einem Aufruhr – Nun wenn Ihr da Wasser
trinkt, so gehts, wie wenn man in eine mächtige Flamme Wasser
schüttet. Die starke Bewegung der Luft und der Krieg zwischen
den beyden entgegengesetzten Elementen macht eine Effervescenz,
eine Gährung, eine Unruhe, ein tumultuarisches Wesen. –

LÄUFFER. Ich bewundere Sie . .

WENZESLAUS. Gottlieb! – Jetzt können Sie schon allgemach trinken – Allgemach – und denn werden Sie auf den Abend mit einem
Sallat und Knackwurst vorlieb nehmen – Was war das für ein un-
geschliffener Kerl, der nach Ihnen suchte?

LÄUFFER. Es ist der Graf Wermuth, der künftige Schwiegersohn des
Majors; er ist eifersüchtig auf mich, weil das Fräulein ihn nicht
leiden kann –

WENZESLAUS. Aber was soll denn das auch? Was will das Mädchen
denn auch mit ihm Monsieur Jungfernknecht? Sich ihr Glück zu
verderben, um eines solchen jungen Siegfrieds willen, der nirgends Haus oder Heerd hat? Das laß Er sich aus dem Kopf und

folg' Er mir nach in die Küche. Ich seh, mein Bube ist fortgangen, mir Bratwürste zu holen. Ich will ihm selber Wasser schöpfen, denn Magd hab' ich nicht und an eine Frau hab' ich mich noch nicht unterstanden zu denken, weil ich weiß, daß ich keine ernähren kann – geschweige denn eine drauf angesehen, wie Ihr junge Herren Weiß und Roth – Aber man sagt wohl mit Recht, die Welt verändert sich.

DRITTE SCENE

In Heidelbrunn

Der GEHEIME RATH. HERR VON SEIFFENBLASE *und sein* HOFMEISTER

HOFMEISTER. Wir haben uns in Halle nur ein Jahr aufgehalten und als wir von Göttingen kamen, nahmen wir unsere Rückreise über alle berühmte Universitäten in Deutschland. Wir konnten also in Halle das zweytemal nicht lange verweilen; zudem saß Ihr Herr Sohn grade zu der Zeit in dem unglücklichen Arrest, wo ich ihn nur einigemal zu sprechen die Ehre haben konnte: also könnt ich Ihnen aufrichtig von der Führung Dero Herrn Sohns draussen keine umständliche Nachricht geben.

GEH. RATH. Der Himmel verhängt Strafen über unsre ganze Familie. Mein Bruder – Ich wills Ihnen nur nicht verheelen, denn leider ist Stadt und Land voll davon – hat das Unglück gehabt, daß seine Tochter ihm verschwunden ist, ohne daß eine Spur von ihr anzutreffen – Ich höre itzt von meinem Sohn – Wenn er sich gut geführt hätte, wie wärs möglich gewesen, ihn ins Gefängniß zu bringen? Ich hab ihm ausser seinem starken Wechsel noch alle halbe Jahr außerordentliche geschickt; auf allen Fall –

HOFMEISTER. Die bösen Gesellschaften; die erstaunenden Verführungen auf Akademien.

SEIFFENBLASE. Das seltsamste dabey ist, daß er für einen andern sitzt; ein Ausbund aller Lüderlichkeit, ein Mensch, für den ich keinen Groschen ausgäbe und [wenn] er auf meinem Misthaufen Hungers krepirte. Er ist hier gewesen, Sie werden von ihm gehört haben; er suchte Geld bey seinem Vater, unter dem Vorwand, Ihren Herrn Sohn auszulösen; vermuthlich wär' er damit auf eine andere Akademie gegangen und hätte von frischem angefangen zu wirthschaften. Ich weiß schon, wie's die lüderlichen Studenten machen, aber sein Vater hat den Braten gerochen und hat ihn nicht vor sich kommen lassen.

GEH. RATH. Doch wohl nicht der junge Pätus, des Rathsherrn Sohn?

SEIFFENBLASE. Ich glaub', es ist derselbe.

GEH. RATH. Jedermann hat dem Vater die Härte verdacht.

HOFMEISTER. Ja was ist da zu verdenken, mein gnädiger Herr geheimer Rath; wenn ein Sohn die Güte des Vaters zu sehr misbraucht,
so muß sich das Vaterherz wohl ab von ihm wenden. Der Hohepriester Eli war nicht hart und brach den Hals.

GEH. RATH. Gegen die Ausschweifungen seiner Kinder kann man
nie zu hart seyn, aber wol gegen ihr Elend. Der junge Mensch soll
hier haben betteln müssen. Und mein Sohn sitzt um seinetwillen?

SEIFFENBLASE. Was anders? Er war sein vertrautester Freund und
fand niemand würdiger, mit ihm die Komödie von D a m o n und
P y t h i a s zu spielen. Noch mehr, Herr Pätus kam zurück und
wollte seinen Platz wieder einnehmen, aber Ihr Sohn bestund
drauf, er wollte sitzen bleiben: Sie würden ihn schon auslösen,
und Pätus mit einem andern Erzrenomisten und Spieler wollten
die Flucht nehmen und sich zu helfen suchen, so gut sie könnten.
Vielleicht überfallen sie wieder so irgend einen armen Studenten
mit Masken vor den Gesichtern auf der Stube und nehmen ihm die
Uhr und Goldbörse, mit der Pistol auf der Brust, weg, wie sie's in
Halle schon einem gemacht haben.

GEH. RATH. Und mein Sohn ist der dritte aus diesem Kleeblatt?

SEIFFENBLASE. Ich weiß nicht, Herr geheimer Rath.

GEH. RATH. Kommen Sie zum Essen, meine Herren! Ich weiß schon
zuviel. Es ist ein Gericht Gottes über gewisse Familien; bey einigen sind gewisse Krankheiten erblich, bey andern arten die Kinder
aus, die Väter mögen thun was sie wollen. Essen Sie: ich will fa-
sten und bethen, vielleicht hab' ich diesen Abend durch die Ausschweifungen meiner Jugend verdient.

VIERTE SCENE

Die Schule

WENZESLAUS *und* LÄUFFER *an einem ungedeckten Tisch speisend*

WENZESLAUS. Schmeckts? Nicht wahr, es ist ein Abstand von meinem Tisch und des Majors? Aber wenn der Schulmeister Wenzeslaus seine Wurst ißt, so hilft ihm das gute Gewissen verdauen,
und wenn der Herr Mandel Kapaunenbraten mit der Schampignon-
sauce aß, so stieß ihm sein Gewissen jeden Bissen, den er hinab-
schluckte, mit der Moral wieder in Hals zurück: Du bist ein — Denn
sagt mir einmal, lieber Herr Mandel; nehmt mir nicht übel, daß
ich Euch die Wahrheit sage; das würzt das Gespräch wie Pfeffer
den Gurkensallat; sagt mir einmal, ist das nicht hundsvöttisch,
wenn ich davon überzeugt bin, daß ich ein Ignorant bin, und meine Untergebenen nichts lehren kann, und also müßig bey ihnen

gehe und sie müßig gehen lasse, und dem lieben Gott ihren Tag stehlen und doch hundert Dukaten — wars nicht soviel? Gott verzeyh mir, ich hab in meinem Leben nicht so viel Geld auf einem Haufen beysammen gesehen! — Hundert funfzig Dukaten, sag' ich, in Sack stecke, für nichts und wieder nichts!

LÄUFFER. O! und Sie haben noch nicht alles gesagt, Sie kennen Ihren Vorzug nicht ganz, oder fühlen ihn, ohn' ihn zu kennen. Haben Sie nie einen Sklaven im betreßten Rock gesehen? O Freyheit, güldene Freyheit!

WENZESLAUS. Ey was Freyheit! Ich bin auch so frey nicht; ich bin an meine Schule gebunden, und muß Gott und meinem Gewissen Rechenschaft von geben.

LÄUFFER. Eben das — Aber wie, wenn Sie den Grillen eines wunderlichen Kopfs davon Rechenschaft ablegen müsten, der mit Ihnen umgienge hundertmal ärger als Sie mit Ihren Schulknaben?

WENZESLAUS. Ja nun — dann müst' er aber auch an Verstand so weit über mich erhaben seyn, wie ich über meine Schulknaben, und das trift man selten, glaub ich wol; besonders bey unsern Edelleuten; da mögt Ihr wohl recht haben: wenigstens der Flegel da, der mir vorhin in meine Kammer wollte, ohne mich vorher um Erlaubniß zu bitten. Wenn ich zum Herrn Grafen käme und wollt ihm, mir nichts, dir nichts, die Zimmer visitiren — Aber potz Millius, so eßt doch; Ihr macht ja ein Gesicht, als ob Ihr zu laxiren einnähmt. Nicht wahr, Ihr hättet gern ein Glas Wein dazu? Ich hab Euch zwar vorhin eins versprochen, aber ich habe keinen im Hause. Morgen werd' ich wieder bekommen, und da trinken wir Sonntags und Donnerstags, und wenn der Organist Franz zu uns kommt, extra. Wasser, Wasser, mein Freund, ἄριστον μὲν τὸ ὕδωρ, das hab ich noch von der Schule mitgebracht, und da eine Pfeife dazu geraucht nach dem Essen im Mondenschein und einen Gang ums Feld gemacht; da läßt sich drauf schlafen, vergnügter als der große Mogul — Ihr raucht doch eins mit heut?

LÄUFFER. Ich wills versuchen; ich hab' in meinem Leben nicht geraucht.

WENZESLAUS. Ja freylich, Ihr Herren Weiß und Roth, das verderbt Euch die Zähne. Nicht wahr? und verderbt Euch die Farbe; nicht wahr? Ich habe geraucht, als ich kaum von meiner Mutter Brust entwöhnt war; die Warze mit dem Pfeifenmundstück verwechselt. He he he! Das ist gut wider die böse Luft und wider die bösen Begierden ebenfalls. Das ist so meine Diät: des Morgens kalt Wasser und eine Pfeife, dann Schul gehalten bis Eilfe, dann wieder eine Pfeife bis die Suppe fertig ist: die kocht mir mein Gottlieb so gut als Eure französische Köche, und da ein Stück Gebratenes und Zugemüse und dann wieder eine Pfeife, dann wieder Schul gehalten, dann Vorschriften geschrieben bis zum Abendessen; da eß' ich

denn gemeiniglich kalt etwas, eine Wurst mit Sallat, ein Stück
Käs oder was der liebe Gott gegeben hat und dann wieder eine
Pfeife vor Schlafengehen.

LÄUFFER. Gott behüte, ich bin in eine Tabagie gekommen –

WENZESLAUS. Und da werd' ich dick und fett bey und lebe vergnügt
und denke noch ans Sterben nicht.

LÄUFFER. Es ist aber doch unverantwortlich, daß die Obrigkeit nicht
dafür sorgt, Ihnen das Leben angenehmer zu machen.

WENZESLAUS. Ey was, es ist nun einmal so; und damit muß man zufrieden seyn: bin ich doch auch mein eigner Herr und hat kein
Mensch mich zu schikanieren, da ich alle Tage weiß, daß ich mehr
thu' als ich soll. Ich soll meinen Buben lesen und schreiben lehren;
ich lehre sie rechnen dazu und lateinisch dazu und mit Vernunft
lesen dazu und gute Sachen schreiben dazu.

LÄUFFER. Und was für Lohn haben Sie dafür?

WENZESLAUS. Was für Lohn? – Will Er denn das kleine Stückchen
Wurst da nicht aufessen? Er kriegt nichts bessers; wart' Er auf
nichts bessers, oder Er muß das erstemal Seines Lebens hungrig zu
Bette gehn – Was für Lohn? Das war dumm gefragt, Herr Mandel. Verzeyh Er mir; was für Lohn? Gottes Lohn hab ich dafür, ein
gutes Gewissen und wenn ich da vielen Lohn von der Obrigkeit
begehren wollte, so hätt' ich ja meinen Lohn dahin. Will Er denn
den Gurkensallat durchaus verderben lassen? So eß Er doch; so sey
Er doch nicht blöde: bey einer schmalen Mahlzeit muß man zum
Kuckuck nicht blöde seyn. Wart Er, ich will Ihm noch ein Stück
Brod abschneiden.

LÄUFFER. Ich bin satt überhörig.

WENZESLAUS. Nun so laß Ers stehen; aber es ist seine eigne Schuld
wenn's nicht wahr ist. Und wenn es wahr ist, so hat Er unrecht,
daß Er Sich überhörig satt ißt, denn das macht böse Begierden und
schläfert den Geist ein. Ihr Herren Weiß und Roth mögts glauben
oder nicht. Man sagt zwar auch vom Toback, daß er ein narkoti-
sches, schläfrigmachendes, dummmachendes Oel habe und ich hab's
bisweilen auch wol so wahrgefunden und bin versucht worden,
Pfeife und allen Henker ins Kamin zu werfen, aber unsere Nebel
hier herum beständig und die feuchte Winter- und Herbstluft alleweile und denn die vortrefliche Wirkung, die ich davon verspüre,
daß es zugleich die bösen Begierden mit einschläfert – Holla, wo
seyd Ihr denn, lieber Mann? Eben da ich vom Einschläfern rede,
nickt Ihr schon; so gehts, wenn der Kopf leer ist und faul dabei
und niemals ist angestrengt worden. Allons! frisch, eine Pfeife mit
mir geraucht! (*stopft sich und ihm*) Laßt uns noch eins mit einander plaudern. (*raucht*) Ich hab Euch schon vorhin in der Küche sagen wollen: ich sehe, daß Ihr schwach in der Latinität seyd, aber
da Ihr doch eine gute Hand schreibt, wie Ihr sagt, so könntet Ihr

mir doch so Abends an die Hand gehen, weil ich meiner Augen
muß anfangen zu schonen, und meinen Buben die Vorschriften
schreiben. Ich will Euch dabey *Corderii Colloquia* geben und *Gürt-
leri Lexicon*; wenn Ihr fleißig seyn wollt. Ihr habt ja den ganzen
Tag für Euch, so könnt Ihr Euch in der lateinischen Sprache was
umthun, und wer weiß wenn es Gott gefällt mich heute oder morgen von der Welt zu nehmen – Aber Ihr müßt fleißig seyn, das
sag' ich Euch, denn so seyd Ihr ja noch kaum zum Kollaborator
tüchtig, geschweige denn – (*trinkt*)

LÄUFFER (*legt die Pfeife weg*). Welche Demüthigung!

WENZESLAUS. Aber . . . aber . . . aber (*reißt ihm den Zahnstocher aus
dem Munde*) was ist denn das da? Habt Ihr denn noch nicht einmal so viel gelernt, großer Mensch, daß Ihr für Euren eignen Körper Sorge tragen könnt. Das Zähnestochern ist ein Selbstmord; ja
ein Selbstmord, eine muthwillige Zerstöhrung Jerusalems, die
man mit seinen Zähnen vornimmt. Da, wenn Euch was im Zahn
sitzen bleibt: (*nimmt Wasser und schwängt den Mund aus*) So
müßt Ihrs machen, wenn Ihr gesunde Zähne behalten wollt, Gott
und eurem Nebenmenschen zu Ehren, und nicht einmal im Alter
herumlaufen, wie ein alter Kettenhund, dem die Zähne in der Jugend ausgebrochen worden, und der die Kinnbacken nicht zusam-
menhalten kann. Das wird einen schönen Schulmeister abgeben,
wills Gott, wenn ihm aufs Alter die Worte ungebohren zum Munde herausfallen und er zwischen Nase und Oberlippen da was her-
ausschnarcht, das kein Hund oder Hahn versteht.

LÄUFFER. Der wird mich noch zu Tode meistern – Das unerträglichste
ist, daß er Recht hat –

WENZESLAUS. Nun wie gehts? Schmeckt Euch der Toback nicht? Ich
wette, nur ein paar Tage noch mit dem alten Wenzeslaus zusammen, so werdt Ihr rauchen wie ein Bootsknecht. Ich will Euch nach
meiner Hand ziehen, daß Ihr Euch selber nicht mehr wieder kennen sollt.

VIERTER AKT

ERSTE SCENE

Zu Insterburg

GEHEIMER RATH. MAJOR

MAJOR. Hier Bruder – Ich schweife wie Kain herum, unstät und flüch-
tig – Weißt Du was? Die Russen sollen Krieg mit den Türken haben; ich will nach Königsberg gehn, um nähere Nachrichten einzu-
ziehen: ich will mein Weib verlassen und in der Türkey sterben.

GEH. RATH. Deine Ausschweifungen schlagen mich vollends zu Boden. – O Himmel, muß es denn von allen Seiten stürmen? – Da
liß den Brief vom Professor M – r.

MAJOR. Ich kann nicht mehr lesen; ich hab meine Augen fast blind
geweint.

GEH. RATH. So will ich dir vorlesen, damit Du siehst, daß Du nicht
der einzige Vater seyst, der sich zu beklagen hat: «Ihr Sohn ist
vor einiger Zeit wegen Bürgschaft gefänglich eingezogen worden;
er hat, wie er mir vorgestern mit Thränen gestanden, nach fünf
vergeblich geschriebenen Briefen keine Hofnung mehr, von Eurer
Excellenz Verzeihung zu erhalten. Ich redte ihm zu, sich zu beruhigen, bis ich gleichfals in dieser Sache mich vermittelt hätte: er versprach es mir, ist aber ungeachtet dieses Versprechens noch in derselben Nacht heimlich aus dem Gefängniß entwischt. Die Schuld-
ner haben ihm Steckbriefe nachsenden und seinen Namen in allen
Zeitungen bekannt machen wollen; ich habe sie aber dran verhindert und für die Summe gutgesagt, weil ich viel zu sehr überzeugt
bin, daß Eure Excellenz diesen Schimpf nicht werden auf Dero Familie kommen lassen. Uebrigens habe die Ehre, in Erwartung Dero
Entschlusses mich mit vollkommenster» ...

MAJOR. Schreib ihm zurück: sie sollen ihn hängen.

GEH. RATH. Und die Familie –

MAJOR. Lächerlich! Es giebt keine Familie; wir haben keine Familie.
Narrenspossen! Die Russen sind meine Familie: ich will Griechisch
werden.

GEH. RATH. Und noch keine Spur von Deiner Tochter?

MAJOR. Was sagst Du?

GEH. RATH. Hast nicht die geringste Nachricht von Deiner Tochter?

MAJOR. Laß mich zufrieden.

GEH. RATH. Es ist doch Dein Ernst nicht, nach Königsberg zu reisen?

MAJOR. Wenn mag doch die Post abgehn von Königsberg nach War-
schau?

GEH. RATH. Ich werde Dich nicht fortlassen; es ist nur umsonst.
Meynst Du, vernünftige Leute werden sich von Deinen Phantasien
übertölpeln lassen? Ich kündige Dir hiermit Hausarrest an. Gegen
Leute, wie Du bist, muß man Ernst gebrauchen, sonst verwandelt
sich ihr Gram in Narrheit.

MAJOR (*weint*). Ein ganzes Jahr – Bruder geheimer Rath – Ein ganzes Jahr – und niemand weiß, wohin sie gestoben oder geflogen ist?

GEH. RATH. Vielleicht todt –

MAJOR. Vielleicht? – Gewiß todt – und wenn ich nur den Trost haben könnte, sie noch zu begraben – aber sie muß sich selbst umgebracht haben, weil mir niemand Anzeige von ihr geben kann. –
Eine Kugel durch den Kopf, Berg, oder einen Türkenpallasch; das
wär eine Victorie.

GEH. RATH. Es ist ja eben so wohl möglich, daß sie den Läuffer irgendwo angetroffen und mit dem aus dem Lande gegangen. Gestern hat mich Graf Wermuth besucht und hat mir gesagt, er sey denselben Abend noch in eine Schule gekommen, wo ihn der Schulmeister nicht hab' in die Kammer lassen wollen: er vermuthet immer noch, der Hofmeister habe drinn gesteckt, vielleicht Deine Tochter bey ihm.

MAJOR. Wo ist der Schulmeister? Wo ist das Dorf? Und der Schurke von Grafen ist nicht mit Gewalt in die Kammer eingedrungen? Komm: wo ist der Graf?

GEH. RATH. Er wird wohl wieder im Hecht abgestiegen seyn, wie gewöhnlich.

MAJOR. O wenn ich sie auffände — Wenn ich nur hoffen könnte, sie noch einmal wieder zu sehen — Hol mich der Kuckuk, so alt wie ich bin und abgegrämt und wahnwitzig; ja hol mich der Teufel, dann wollt' ich doch noch in meinem Leben wieder einmal lachen, das letztemal laut lachen und meinen Kopf in ihren entehrten Schooß legen und denn wieder einmal heulen und denn — Adieu Berg! Das wäre mir gestorben, das hieß mir sanft und selig im Herrn entschlafen. — Komm Bruder, Dein Junge ist nur ein Spitzbube geworden: das ist nur Kleinigkeit; an allen Höfen giebts Spitzbuben; aber meine Tochter ist eine Gassenhure, das heiß' ich einem Vater Freud machen: vielleicht hat sie schon drey Lilien auf dem Rücken. — Vivat die Hofmeister und daß der Teufel sie holt! Amen. (*gehn ab*)

ZWEITE SCENE

Eine Bettlerhütte im Walde

AUGUSTCHEN *im groben Kittel.* MARTHE *ein alt blindes Weib*

GUSTCHEN. Liebe Marthe, bleibt zu Hause und seht wohl nach dem Kinde: es ist das erstemal, daß ich Euch allein lasse in einem ganzen Jahr; also könnt Ihr mich nun wohl auch einmal einen Gang für mich thun lassen. Ihr habt Proviant für heut und Morgen; Ihr braucht also heute nicht auf der Landstraß auszustehn.

MARTHE. Aber wo wollt Ihr denn hin, Grethe; daß Gott erbarm! da Ihr noch so krank und so schwach seyd; laßt Euch doch sagen: ich hab auch Kinder bekommen und ohne viele Schmerzen, so wie Ihr, Gott sey Dank! aber einmal hab ichs versucht, den zweyten Tag nach der Niederkunft auszugehen und nimmermehr wieder; ich hatte schon meinen Geist aufgegeben, wahrlich ich könnt' Euch sagen, wie einem Todten zu Muthe ist — Laßt Euch doch lehren; wenn Ihr was im nächsten Dorf zu bestellen habt, obschon ich blind bin, ich will schon hinfinden; bleibt nur zu Hause und macht, daß Ihr zu Kräften kommt: ich will alles für Euch ausrichten, was es auch sey.

GUSTCHEN. Laßt mich nur, Mutter; ich hab Kräfte wie eine junge Bärin – und seht nach meinem Kinde.

MARTHE. Aber wie soll ich denn darnach sehen, Heilige Mutter Gottes! da ich blind bin? Wenn es wird saugen wollen, soll ichs an meine schwarze verwelkte Zitzen legen? und es mit zu nehmen, habt Ihr keine Kräfte, bleibt zu Hause, liebes Grethel, bleibt zu Hause.

GUSTCHEN. Ich darf nicht, liebe Mutter, mein Gewissen treibt mich fort von hier. Ich hab' einen Vater, der mich mehr liebt als sein Leben und seine Seele. Ich habe die vorige Nacht im Traum gesehen, daß er sich die weissen Haare ausriß und Blut in den Augen hatte: er wird meynen, ich sey todt. Ich muß ins Dorf und jemand bitten, daß er ihm Nachricht von mir giebt.

MARTHE. Aber hilf lieber Gott, wer treibt Euch denn? Wenn Ihr nun unterwegens liegen bleibt? Ihr könnt nicht fort . . .

GUSTCHEN. Ich muß – Mein Vater stand wankend; auf einmal warf er sich auf die Erde und blieb todt liegen – Er bringt sich um, wenn er keine Nachricht von mir bekommt.

MARTHE. Wißt Ihr denn nicht, daß Träume grade das Gegentheil bedeuten?

GUSTCHEN. Bey mir nicht – Laßt mich – Gott wird mit mir seyn. (*geht ab*)

DRITTE SCENE

Die Schule

WENZESLAUS. LÄUFFER *an einem Tisch sitzend*
Der MAJOR, *der* GEHEIME RATH *und* GRAF WERMUTH
treten herein mit Bedienten

WENZESLAUS (*läßt die Brille fallen*). Wer da?

MAJOR (*mit gezogenem Pistol*). Daß Dich das Wetter! da sitzt der Haas im Kohl. (*schießt und trift Läuffern in Arm, der vom Stuhl fällt*)

GEH. RATH (*der vergeblich versucht hat ihn zurückzuhalten*). Bruder – (*stößt ihn unwillig*) So hab's denn darnach, Tollhäusler!

MAJOR. Was? ist er todt? (*schlägt sich vors Gesicht*) Was hab ich gethan? Kann Er mir keine Nachricht mehr von meiner Tochter geben?

WENZESLAUS. Ihr Herren! Ist das jüngste Gericht nahe, oder sonst etwas? Was ist das? (*zieht an seiner Schelle*) Ich will Euch lehren, einen ehrlichen Mann in seinem Hause überfallen.

LÄUFFER. Ich beschwör' Euch: schellt nicht! — Es ist der Major; ich hab's an seiner Tochter verdient.

GEH. RATH. Ist kein Chirurgus im Dorf, ehrlicher Schulmeister! Er ist nur am Arm verwundet, ich will ihn kuriren lassen.

WENZESLAUS. Ey was kuriren lassen! Straßenräuber! schießt man Leute übern Haufen, weil man so viel hat, daß man sie kuriren lassen kann? Er ist mein Kollaborator; er ist eben ein Jahr in meinem Hause: ein stiller, friedfertiger, fleißiger Mensch, und sein Tage hat man nichts von ihm gehört, und Ihr kommt und erschießt mir meinen Kollaborator in meinem eignen Hause! — Das soll gerochen werden, oder ich will nicht selig sterben. Seht Ihr das!

GEH. RATH (*bemüht Läuffern zu verbinden*). Wozu das Geschwätz, lieber Mann? Es thut uns leyd genug — Aber die Wunde könnte sich verbluten, schaft uns nur einen Chirurgus.

WENZESLAUS. Ey was! Wenn Ihr Wunden macht, so mögt Ihr sie auch heilen, Strassenräuber! Ich muß doch nur zum Gevatter Schöpsen gehen. (*geht ab*)

MAJOR (*zu Läuffern*). Wo ist meine Tochter?

LÄUFFER. Ich weiß es nicht.

MAJOR. Du weißt nicht? (*zieht noch ein Pistol hervor*)

GEH. RATH (*entreißt sie ihm und schießt sie aus dem Fenster ab*). Sollen wir Dich mit Ketten binden lassen, Du —

LÄUFFER. Ich habe sie nicht gesehen, seit ich aus Ihrem Hause geflüchtet bin; das bezeug' ich vor Gott, vor dessen Gericht ich vielleicht bald erscheinen werde.

MAJOR. Also ist sie nicht mit Dir gelaufen?

LÄUFFER. Nein.

MAJOR. Nun denn; so wieder eine Ladung Pulver umsonst verschossen! Ich wollt, sie wäre Dir durch den Kopf gefahren, da Du kein gescheutes Wort zu reden weißt, Lumpenhund! Laßt ihn liegen und kommt bis ans Ende der Welt. Ich muß meine Tochter wieder haben, und wenn nicht in diesem Leben, doch in jener Welt, und da soll mein hochweiser Bruder und mein hochweiseres Weib mich wahrhaftig nicht von abhalten (*läuft fort.*)

GEH. RATH. Ich darf ihn nicht aus den Augen lassen. (*wirft Läuffern einen Beutel zu*) Lassen Sie Sich davon kuriren, und bedenken Sie, daß Sie meinen Bruder weit gefährlicher verwundet haben, als er Sie. Es ist ein Bankozettel drin, geben Sie Acht drauf und machen ihn sich zu Nutz so gut Sie können. (*gehn alle ab*)

(WENZESLAUS *kömmt mit dem* BARBIER SCHÖPSEN *und einigen Bauerkerlen*)

WENZESLAUS. Wo ist das Otterngezüchte? Redet!

LÄUFFER. Ich bitt Euch, seyd ruhig. Ich habe weit weniger bekommen, als meine Thaten werth waren. Meister Schöpsen, ist meine Wunde gefährlich? (*Schöpsen besieht sie*)

48 DER HOFMEISTER

WENZESLAUS. Was denn? Wo sind sie? Das leid ich nicht; nein, das
leid ich nicht und sollt es mich Schul und Amt und Haar und Bart
kosten. Ich will sie zu Morsch schlagen, die Hunde – Stellen Sie
Sich vor, Herr Gevatter; wo ist das in aller Welt in *iure naturae*,
und in *iure civili*, und im *iure canonico*, und im *iure gentium*, und
wo Sie wollen, wo ist das erhört, daß man einem ehrlichen Mann
in sein Haus fällt und in eine Schule dazu; an heiliger Stätte –
Gefährlich; nicht wahr? Haben Sie sondirt? Ists?
SCHÖPSEN. Es ließe sich viel drüber sagen – nun doch wir wollen sehen – am Ende wollen wir schon sehen.
WENZESLAUS. Ja Herr, he he, *in fine videbitur cuius toni*; das heißt,
wenn er wird todt seyn, oder wenn er völlig gesund seyn wird, da
wollen Sie uns erst sagen, ob die Wunde gefährlich war oder nicht:
das ist aber nicht medicinisch gesprochen; verzeyh Er mir. Ein
tüchtiger Arzt muß das Dings vorher wissen, sonst sag' ich ihm
ins Gesicht: er hat seine Pathologie oder Chirurgie nur so halb-
wege studirt und ist mehr in die Bordells gangen, als in die Kolle-
gia; denn *in amore omnia insunt vitia*, und wenn ich einen Igno-
ranten sehe, er mag seyn aus was für einer Fakultät er wolle, so
sag' ich immer: er ist ein Jungfernknecht gewesen; ein Huren-
hengst; das laß' ich mir nicht ausreden.
SCHÖPSEN (*nachdem er die Wunde noch einmal besichtigt*). Ja die
Wunde ist, nachdem man sie nimmt – Wir wollen sehen, wir wollen sehen.
LÄUFFER. Hier, Herr Schulmeister! hat mir des Majors Bruder einen
Beutel gelassen, der ganz schwer von Dukaten ist und obenein ist
ein Bankozettel drinn – Da sind wir auf viel Jahre geholfen.
WENZESLAUS (*hebt den Beutel*). Nun das ist etwas – Aber Hausgewalt bleibt doch Hausgewalt und Kirchenraub, Kirchenraub – Ich
will ihm einen Brief schreiben, dem Herrn Major, den er nicht ins
Fenster stecken soll.
SCHÖPSEN (*der sich die Weil' über vergessen und eifrig nach dem Beutel gesehen, fällt wieder über die Wunde her*). Sie wird sich endlich schon kuriren lassen, aber sehr schwer, hoff' ich, sehr schwer –
WENZESLAUS. Das hoff' ich nicht, Herr Gevatter Schöpsen; das fürcht'
ich, das fürcht' ich – aber ich will Ihm nur zum voraus sagen, daß
wenn Er die Wunde langsam kurirt, so kriegt Er auch langsame
Bezahlung; wenn Er ihn aber in zwey Tagen wieder auf frischen
Fuß stellt, so soll Er auch frisch bezahlt werden; darnach kann Er
sich richten.
SCHÖPSEN. Wir wollen sehen.

VIERTE SCENE

GUSTCHEN (*liegend, an einem Teich mit Gesträuch umgeben*). Soll ich denn hier sterben? – Mein Vater! Mein Vater! gieb mir die Schuld nicht, daß Du nicht Nachricht von mir bekömmst. Ich hab meine letzten Kräfte angewandt – sie sind erschöpft – Sein Bild, o sein Bild steht mir immer vor den Augen! Er ist todt, ja todt – und für Gram um mich – Sein Geist ist mir diese Nacht erschienen, mir Nachricht davon zu geben – mich zur Rechenschaft dafür zu fodern – Ich komme, ja ich komme. (*raft sich auf und wirft sich in Teich*.)

(MAJOR *von weitem.* GEH. RATH *und* GRAF WERMUTH
folgen ihm)

MAJOR. Hey! hoh! da giengs in Teich – Ein Weibsbild wars und wenn gleich nicht meine Tochter, doch auch ein unglücklich Weibsbild – Nach, Berg! Das ist der Weg zu Gustchen oder zur Hölle! (*springt ihr nach*)

GEH. RATH (*kommt*). Gott im Himmel! was sollen wir anfangen?

GRAF WERMUTH. Ich kann nicht schwimmen.

GEH. RATH. Auf die andere Seite! – Mich deucht, er haschte das Mädchen... Dort – dort hinten im Gebüsch – Sehen Sie nicht? Nun treibt er den Teich mit ihr hinunter – Nach!

FÜNFTE SCENE

Eine andere Seite des Teichs. Hinter der Scene Geschrey: «Hülfe! 's meine Tochter! Sackerment und all das Wetter! Graf! reicht mir doch die Stange: daß Euch die schwere Noth.»

MAJOR BERG *trägt* GUSTCHEN *aufs Theater*
GEHEIMER RATH *und* GRAF *folgen*

MAJOR. Da! – (*setzt sie nieder. Geheimer Rath und Graf suchen sie zu ermuntern*) Verfluchtes Kind! habe ich das an Dir erziehen müssen (*kniet nieder bey ihr*) Gustel! was fehlt Dir? Hast Wasser eingeschluckt? Bist noch mein Gustel? – Gottlose Kanaille! Hättst Du mir nur ein Wort vorher davon gesagt; ich hätte dem Lausejungen einen Adelbrief gekauft, da hättet ihr können zusammen kriechen. – Gott behüt! so helft ihr doch; sie ist ja ohnmächtig. (*springt auf, ringt die Hände; umhergehend*) Wenn ich nur wüst', wo der maledeyte Chirurgus vom Dorf anzutreffen wäre. – Ist sie noch nicht wach?

GUSTCHEN (*mit schwacher Stimme*). Mein Vater!

MAJOR. Was verlangst Du?

GUSTCHEN. Verzeihung.

MAJOR (*geht auf sie zu*). Ja verzeih Dirs der Teufel, ungerathenes Kind. – Nein, (*kniet wieder bey ihr*) fall nur nicht hin, mein Gustel – mein Gustel! Ich verzeih Dir; ist alles vergeben und vergessen – Gott weiß es: ich verzeih Dir – Verzeih Du mir nur! Ja aber nun ists nicht mehr zu ändern. Ich hab dem Hundsvott eine Kugel durch den Kopf geknallt.

GEH. RATH. Ich denke, wir tragen sie fort.

MAJOR. Laßt stehen! Was geht sie euch an? Ist sie doch Eure Tochter nicht. Bekümmert Euch um Euer Fleisch und Bein daheime. (*Er nimmt sie auf die Arme*) Da Mädchen – Ich sollte wohl wieder nach dem Teich mit Dir – (*schwenkt sie gegen den Teich zu*) aber wir wollen nicht eher schwimmen als bis wir's Schwimmen gelernt haben, meyn' ich. – (*drückt sie an sein Herz*) O du mein einzig theurester Schatz! Daß ich dich wieder in meinen Armen tragen kann, gottlose Kanaille! (*trägt sie fort*)

SECHSTE SCENE

In Leipzig

FRITZ VON BERG. PÄTUS

FRITZ. Das einzige, was ich an Dir auszusetzen habe, Pätus. Ich habe Dirs schon lang sagen wollen: untersuche Dich nur selbst; was ist die Ursach zu all Deinem Unglück gewesen? Ich tadle es nicht, wenn man sich verliebt. Wir sind in den Jahren; wir sind auf der See, der Wind treibt uns, aber die Vernunft muß immer am Steuerruder bleiben, sonst jagen wir auf die erste beste Klippe und scheitern. Die Hamstern war eine Kokette, die aus Dir machte, was sie wollte; sie hat Dich um Deinen letzten Rock, um Deinen guten Namen und um den guten Namen Deiner Freunde dazu gebracht: ich dächte, da hättest Du klug werden können. Die Rehaarin ist ein unverführtes unschuldiges jugendliches Lamm: wenn man gegen ein Herz, das sich nicht vertheidigen will, noch vertheidigen kann, alle mögliche Batterien spielen läßt, um es – was soll ich sagen? zu zerstören, einzuäschern, das ist unrecht, Bruder Pätus, das ist unrecht. Nimm mirs nicht übel, wir können so nicht gute Freunde zusammen bleiben. Ein Mann, der gegen ein Frauenzimmer es so weit treibt, als er nur immer kann, ist entweder ein Theekessel oder ein Bösewicht; ein Theekessel, wenn er sich selbst nicht beherrschen kann, die Ehrfurcht, die er der Unschuld und Tugend schuldig ist, aus den Augen zu setzen: oder ein Bösewicht, wenn er sich selbst nicht beherrschen will und wie der Teufel im Paradies sein einzig Glück darin setzt, ein Weib ins Verderben zu stürzen.

PÄTUS. Predige nur nicht, Bruder! Du hast Recht; es reuet mich, aber ich schwöre Dir, ich kann drauf fluchen, daß ich das Mädchen nicht angerührt habe.

FRITZ. So bist Du doch zum Fenster hineingestiegen und die Nachbarn habens gesehen, meynst Du, ihre Zunge wird so verschämt seyn, wie Deine Hand vielleicht gewesen ist? Ich kenne Dich, ich weiß, so dreust Du scheinst, bist Du doch blöde gegen's Frauenzimmer und darum lieb ich Dich: aber wenns auch nichts mehr wäre, als daß das Mädchen ihren guten Namen verliert, und eine Musikantentochter dazu, ein Mädchen, das alles von der Natur empfieng: vom Glück nichts, der ihre einzige Aussteuer, ihren guten Namen, zu rauben – Du hast sie unglücklich gemacht, Pätus. –

(HERR REHAAR *kommt, eine Laute unterm Arm.*)

REHAAR. Ergebener Diener von Ihnen; ergebener Diener, Herr von Berg, wünsche schönen guten Morgen. Wie haben Sie geschlafen und wie stehts Konzertchen? (*setzt sich und stimmt*) Haben Sie's durchgespielt? (*stimmt*) Ich habe die Nacht einen heßlichen Schrekken gehabt, aber ich wills dem eingedenk seyn. – Sie kennen ihn wohl, es ist einer von Ihren Landsleuten. Twing, twing. Das ist eine verdammte Quinte! Will sie doch mein Tage nicht recht tönen; ich will Ihnen Nachmittag eine andere bringen.

FRITZ (*setzt sich mit seiner Laute*). Ich hab das Koncert noch nicht angesehen.

REHAAR. Ey Ey, faules Herr von Bergchen, noch nicht angesehen? Twing! Nachmittag bring ich Ihnen eine andre. (*legt die Laute weg und nimmt eine Prise*) Man sagt: die Türken sind über die Donau gegangen und haben die Russen brav zurückgepeitscht, bis – Wie heißt doch nun der Ort? Bis Otschakof, glaub' ich; was weiß ich? so viel sag ich Ihnen, wenn Rehaar unter ihnen gewesen wäre, was meynen Sie? Er wäre noch weiter gelaufen. Ha ha ha! (*nimmt die Laute wieder*) Ich sag Ihnen, Herr von Berg, ich hab keine größere Freude, als wenn ich wieder einmal in der Zeitung lese, daß eine Armee gelaufen ist. Die Russen sind brave Leute, daß sie gelaufen sind; Rehaar wär auch gelaufen und alle gescheute Leute, denn wozu nützt das Stehen und sich todtschlagen lassen, ha ha ha.

FRITZ. Nicht wahr, das ist der erste Grif?

REHAAR. Ganz recht; den zweiten Finger etwas mehr übergelegt und mit dem kleinen abgerissen, so – Rund, rund den Triller, rund Herr von Bergchen – Mein seliger Vater pflegt' immer zu sagen, ein Musikus muß keine Kourage haben, und ein Musikus der Herz hat, ist ein Hundsfut. Wenn er sein Konzertchen spielen kann und seinen Marsch gut bläst – Das hab' ich auch dem Herzog von Kurland gesagt, als ich nach Petersburg gieng, das erstemal in der Suite vom Prinzen Czartorinsky, und vor ihm spielen mußte. Ich muß noch lachen; als ich in den Saal kam und wollt' ihm mein tief tief Kom-

pliment machen, sah' ich nicht, daß der Fußboden von Spiegel war
und die Wände auch von Spiegel, und fiel herunter wie ein Stück
Holz und schlug mir ein gewaltig Loch in Kopf: da kamen die Hof-
kavaliere und wollten mich drüber necken. Leidt das nicht, Rehaar,
sagte der Herzog, Ihr habt ja einen Degen an der Seite; leidt das
nicht. Ja, sagt' ich, Ew. Herzoglichen Majestät, mein Degen ist seit
Anno Dreißig nicht aus der Scheide gekommen, und ein Musikus
braucht den Degen nicht zu ziehen, denn ein Musikus, der Herz
hat und den Degen zieht, ist ein Hundsfut und kann sein Tag auf
keinem Instrument was vor sich bringen – Nein, nein, das dritte
Chors wars, *k, k,* so – Rein, rein, den Triller rund und den Daumen
unten nicht bewegt, so –

PÄTUS (*der sich die Zeit über seitwärts gehalten, tritt hervor und
bietet Rehaar die Hand*). Ihr Diener, Herr Rehaar; wie gehts?

REHAAR (*hebt sich mit der Laute*). Ergebener Die – Wie solls gehen,
Herr Pätus? *Toujours content, jamais d'argent*: das ist des alten
Rehaars Sprichwort, wissen Sie, und die Herren Studenten wissens
alle; aber darum geben sie mir doch nichts – Der Herr Pätus ist mir
auch noch schuldig, von der letzten Serenade, aber er denkt nicht
dran..

PÄTUS. Sie sollen haben, liebster Rehaar; in acht Tagen erwart' ich
unfehlbar meinen Wechsel.

REHAAR. Ja, Sie haben schon lang gewartet, Herr Pätus, und Wech-
selchen ist doch nicht kommen. Was ist zu thun, man muß Geduld
haben, ich sag immer, ich begegne keinem Menschen mit so viel
Ehrfurcht als einem Studenten: denn ein Student ist nichts, das ist
wahr, aber es kann doch alles aus ihm werden. (*er legt die Laute
auf den Tisch und nimmt eine Prise*) Aber was haben Sie mir
denn gemacht, Herr Pätus? Ist das recht; ist das auch honett gehandelt? Sind mir gestern zum Fenster hineingestiegen, in meiner
Tochter Schlafkammer.

PÄTUS. Was denn, Vaterchen? ich?...

REHAAR (*läßt die Dose fallen*). Ja ich will Dich bevaterchen und ich
werd' es gehörigen Orts zu melden wissen, Herr, das seyn Sie versichert. Meiner Tochter Ehr' ist mir lieb und es ist ein honettes
Mädchen, hol's der Henker! und wenn ichs nur gestern gemerkt
hätte oder wär' aufgewacht, ich hätt Euch zum Fenster hinausge-
henselt, daß Ihr das Unterste zu Oberst – Ist das honett, ist das
ehrlich? Pfuy Teufel, wenn ich Student bin, muß ich mich auch als
Student aufführen, nicht als ein Schlingel – Da haben mirs die
Nachbarn heut gesagt: ich dacht ich sollte den Schlag drüber kriegen, augenblicks hat mir das Mädchen auf den Postwagen müssen
und das nach Kurland zu ihrer Tante; ja nach Kurland, Herr, denn
hier ist ihre Ehr' hin und wer zahlt mir nun die Reisekosten? Ich
habe warhaftig den ganzen Tag keine Laut' anrühren können

und über die funfzehn Quinten sind mir heut gesprungen. Ja Herr,
ich zittere noch am ganzen Leibe und Herr Pätus, ich will ein Hühn-
chen mit Ihnen pflücken. Es soll nicht so bleiben; ich will Euch
Schlingeln lehren ehrlicher Leute Kinder verführen.

PÄTUS. Herr, schimpf Er nicht, oder –

REHAAR. Sehen Sie nur an, Herr von Berg! sehn Sie einmal an – wenn
ich nun Herz hätte, ich fodert' ihn augenblicklich vor die Klinge –
Sehen Sie, da steht er und lacht mir noch in die Zähne obenein.
Sind wir denn unter Türken und Heiden, daß ein Vater nicht mehr
mit seiner Tochter sicher ist? Herr Pätus, Sie sollen mirs nicht umsonst gethan haben, ich sags Ihnen und sollts bis an den Kuhrfürsten selber kommen. Unter die Soldaten mit solchen lüderlichen
Hunden! Dem Kalbsfell folgen, das ist gescheidter! Schlingel seyd
ihr und keine Studenten!

PÄTUS (*giebt ihm eine Ohrfeige*). Schimpf Er nicht; ich habs Ihm
fünfmal gesagt!

REHAAR (*springt auf, das Schnupftuch vorm Gesicht*). So? Wart –
Wenn ich doch nur den rothen Fleck behalten könnte, bis ich vorn
Magnifikus komme – Wenn ich ihn doch nur acht Tage behalten
könnte, daß ich nach Dresden reise und ihn dem Kuhrfürsten zeige
– Wart, es soll Dir zu Hause kommen, wart, wart – Ist das erlaubt? (*weint*) Einen Lautenisten zu schlagen? weil er Dir seine
Tochter nicht geben will, daß Du Lautchen auf ihr spielen kannst?
– Wart, ich wills seiner Kuhrfürstlichen Majestät sagen, daß Du
mich ins Gesicht geschlagen hast. Die Hand soll Dir abgehauen
werden – Schlingel! (*läuft ab, Pätus will ihm nach; Fritz hält ihn
zurück*.)

FRITZ. Pätus! Du hast schlecht gehandelt. Er war beleidigter Vater,
Du hättest ihn schonen sollen.

PÄTUS. Was schimpfte der Schurke?

FRITZ. Schimpfliche Handlungen verdienen Schimpf. Er konnte die
Ehre seiner Tochter auf keine andere Weise rächen, aber es möchten sich Leute finden –

PÄTUS. Was? Was für Leute?

FRITZ. Du hast sie entehrt, Du hast ihren Vater entehrt. Ein schlechter
Kerl, der sich an Weiber und Musikanten wagt, die noch weniger
als Weiber sind.

PÄTUS. Ein schlechter Kerl?

FRITZ. Du sollst ihm öffentlich abbitten.

PÄTUS. Mit meinem Stock.

FRITZ. So werd ich Dir in seinem Namen antworten.

PÄTUS (*schreyt*). Was willst Du von mir?

FRITZ. Genugthuung für Rehaarn.

PÄTUS. Du wirst mich doch nicht zwingen wollen; einfältiger Mensch –

FRITZ. Ja, ich will Dich zwingen, kein Schurke zu seyn.

PÄTUS. Du bist einer – Du mußt Dich mit mir schlagen.

FRITZ. Herzlich gern – wenn Du Rehaarn nicht Satisfaktion giebst.

PÄTUS. Nimmermehr.

FRITZ. Es wird sich zeigen.

FÜNFTER AKT

ERSTE SCENE

Die Schule

LÄUFFER. MARTHE *ein Kind auf dem Arm*

MARTHE. Um Gotteswillen! helft einer armen blinden Frau und einem unschuldigen Kinde, das seine Mutter verloren hat.

LÄUFFER (*giebt ihr was*). Wie seyd Ihr denn hergekommen, da Ihr nicht sehen könnt?

MARTHE. Mühselig genug. Die Mutter dieses Kindes war meine Leiterin; sie gieng eines Tags aus dem Hause, zwey Tage nach ihrer Niederkunft, Mittags gieng sie fort und wollt' auf den Abend wiederkommen, sie soll noch wiederkommen. Gott schenk ihr die ewige Freud und Herrlichkeit!

LÄUFFER. Warum thut Ihr den Wunsch?

MARTHE. Weil sie todt ist, das gute Weib; sonst hätte sie ihr Wort nicht gebrochen. Ein Arbeitsmann vom Hügel ist mir begegnet, der hat sie sich in Teich stürzen sehen. Ein alter Mann ist hinter ihr drein gewesen und hat sich nachgestürzt; das muß wohl ihr Vater gewest seyn.

LÄUFFER. O Himmel! Welch ein Zittern – Ist das ihr Kind?

MARTHE. Das ist es; sehen Sie nur, wie rund es ist, von lauter Kohl und Rüben aufgefüttert. Was sollt' ich Arme machen; ich konnt' es nicht stillen, und da mein Vorrath auf war, macht' ichs wie Hagar, nahm das Kind auf die Schulter und gieng auf Gottes Barmherzigkeit.

LÄUFFER. Gebt es mir auf den Arm – O mein Herz! – Daß ichs an mein Herz drücken kann – Du gehst mir auf, furchtbares Rätzel! (*nimmt das Kind auf den Arm und tritt damit vor den Spiegel*) Wie? dies wären nicht meine Züge? (*fällt in Ohnmacht; das Kind fängt an zu schreyen*)

MARTHE. Fallt Ihr hin? (*hebt das Kind vom Boden auf*) Sußchen, mein liebes Sußchen! (*das Kind beruhigt sich*) Hört! was habt Ihr gemacht? Er antwortet nicht: Ich muß doch um Hülfe rufen; ich glaube, ihm ist weh worden. (*geht hinaus*)

ZWEITE SCENE

Ein Wäldchen vor Leipzig

FRITZ VON BERG *und* PÄTUS *stehn mit gezogenem Degen.* REHAAR

FRITZ. Wird es bald?

PÄTUS. Willst Du anfangen?

FRITZ. Stoß Du zuerst.

PÄTUS (*wirft den Degen weg*). Ich kann mich mit Dir nicht schlagen.

FRITZ. Warum nicht? Nimm ihn auf. Hab ich Dich beleidigt, so muß ich Dir Genugthuung geben.

PÄTUS. Du magst mich beleidigen wie Du willst, ich brauch keine Genugthuung von Dir.

FRITZ. Du beleidigst mich.

PÄTUS (*rennt auf ihn zu und umarmt ihn*). Liebster Berg! Nimm es für keine Beleidigung, wenn ich Dir sage, Du bist nicht im Stande mich zu beleidigen. Ich kenne Dein Gemüth – und ein Gedanke daran macht mich zur feigsten Memme auf dem Erdboden. Laß uns gute Freunde bleiben, ich will mich gegen den Teufel selber schlagen, aber nicht gegen Dich.

FRITZ. So gieb Rehaarn Satisfaktion, eh zieh' ich nicht ab von hier.

PÄTUS. Das will ich herzlich gern, wenn er's verlangt.

FRITZ. Er ist immatrikulirt, wie Du; Du hast ihn ins Gesicht geschlagen – Frisch Rehaar, zieht!

REHAAR (*zieht*). Ja, aber er muß seinen Degen da nicht aufheben.

FRITZ. Sie sind nicht gescheidt. Wollen Sie gegen einen Menschen ziehen, der sich nicht wehren kann?

REHAAR. Ey laß die gegen bewehrte Leute ziehen, die Kourage haben. Ein Musikus muß keine Kourage haben, und Herr Pätus, Er soll mir Satisfaktion geben – (*stößt auf ihn zu. Pätus weicht zurück*) Satisfaktion geben. (*stößt Pätus in den Arm. Fritz legirt ihm den Degen*)

FRITZ. Jetzt seh' ich, daß Sie Ohrfeigen verdienen, Rehaar. Pfuy!

REHAAR. Ja was soll ich denn machen, wenn ich kein Herz habe?

FRITZ. Ohrfeigen einstecken und das Maul halten.

PÄTUS. Still Berg! ich bin nur geschrammt. Herr Rehaar, ich bitt Sie um Verzeyhung. Ich hätte Sie nicht schlagen sollen, da ich wußte, daß Sie nicht im Stande waren, Genugthuung zu fodern; vielweniger hätt' ich Ihnen Ursache geben sollen, mich zu schimpfen. Ich gesteh's, diese Rache ist noch viel zu gering für die Beleidigungen, die ich Ihrem Hause angethan: ich will sehen, sie auf eine bessere Weise gut zu machen, wenn das Schicksal meinen guten Vorsätzen beysteht. Ich will Ihrer Tochter nachreisen; ich will sie heyrathen. In meinem Vaterlande wird sich schon eine Stelle für mich finden, und wenn auch mein Vater bey seinen Lebzeiten sich nicht besänf-

tigen ließe, so ist mir doch eine Erbschaft von funfzehntausend
Gulden gewiß. (*umarmt ihn.*) Wollen Sie mir Ihre Tochter bewil-
ligen?

REHAAR. Ey was! ich hab nichts dawider, wenn Ihr ordentlich und
ehrlich um sie anhaltet, und im Stand seyd, sie zu versorgen – Ha
ha ha, hab' ichs doch mein Tag gesagt: mit den Studenten ist gut
auskommen. Die haben doch noch Honnettetät im Leibe, aber mit
den Officiers – Die machen einem Mädchen ein Kind und kräht
nicht Hund oder Hahn nach: das macht, weil sie alle kuraschöse
Leute seyn, und sich müssen todtschlagen lassen. Denn wer Kourage hat, der ist zu allen Lastern fähig.

FRITZ. Sie sind ja auch Student. Kommen Sie; wir haben lange keinen
Punsch zusammen gemacht; wir wollen auf die Gesundheit Ihrer
Tochter trinken.

REHAAR. Ja und Ihr Lautenkonzertchen dazu, Herr von Bergchen. Ich
hab Ihnen jetzt drey Stund nach einander geschwänzt, und weil ich
auch honett denke, so will ich heute dafür drey Stunden nach einander auf Ihrem Zimmerchen bleiben und wollen Lautchen spielen, bis dunkel wird.

PÄTUS. Und ich will die Violin dazu streichen.

DRITTE SCENE

Die Schule

LÄUFFER *liegt zu Bette.* WENZESLAUS

WENZESLAUS. Daß Gott! was giebts schon wieder, daß Ihr mich von
der Arbeit abrufen laßt? Seyd Ihr schon wieder schwach? Ich glaube, das alte Weib war eine Hexe. – Seit der Zeit habt Ihr keine
gesunde Stunde mehr.

LÄUFFER. Ich werd' es wohl nicht lange mehr machen.

WENZESLAUS. Soll ich Gevatter Schöpsen rufen lassen?

LÄUFFER. Nein.

WENZESLAUS. Liegt Euch was auf dem Gewissen? Sagt mirs, entdeckt
mirs, unverholen. – Ihr blickt so scheu umher, daß es einem ein
Grauen einjagt; *frigidus per ossa* – Sagt mir, was ists? – Als ob
er jemand todt geschlagen hätte – Was verzerrt Ihr denn die Li-
neamenten so – Behüt Gott, ich muß doch nur zu Schöpsen –

LÄUFFER. Bleibt – Ich weiß nicht, ob ich recht gethan – Ich habe mich
kastrirt . .

WENZESLAUS. Wa – Kastrir – Da mach ich Euch meinen herzlichen
Glückwunsch drüber, vortreflich, junger Mann, zweiter Origenes!
Laß Dich umarmen, theures, auserwähltes Rüstzeug! Ich kann's

Euch nicht verheelen, fast – fast kann ich dem Heldenvorsatz nicht widerstehen, Euch nachzuahmen. So recht, werther Freund! Das ist die Bahn, auf der Ihr eine Leuchte der Kirche, ein Stern erster Größe, ein Kirchenvater selber werden könnt. Ich glückwünsche euch, ich ruf Euch ein *Iubilate* und *Evoë* zu, mein geistlicher Sohn – Wär' ich nicht über die Jahre hinaus, wo der Teufel unsern ersten und besten Kräften sein arglistiges Netz ausstellt, gewiß ich würde mich keinen Augenblick bedenken.

LÄUFFER. Bey alle dem, Herr Schulmeister, gereut es mich.

WENZESLAUS. Wie, es gereut Ihn? Das sey ferne, werther Herr Mitbruder! Er wird eine so edle That doch nicht mit thörichter Reue verdunkeln und mit sündlichen Thränen besudeln? Ich seh schon welche über Sein Augenlied hervorquellen. Schluck' Er sie wieder hinunter und sing' Er mit Freudigkeit: ich bin der Nichtigkeit entbunden, nun Flügel, Flügel, Flügel her. Er wird es doch nicht machen wie Lots Weib und sich wieder nach Sodom umsehen, nachdem Er einmal das friedfertige stille Zoar erreicht hat? Nein, Herr Kollega; ich muß Ihm auch nur sagen, daß Er nicht der einzige ist, der den Gedanken gehabt hat. Schon unter den blinden Juden war eine Sekte, zu der ich mich gern öffentlich bekannt hätte, wenn ich nicht befürchtet, meine Nachbarn und meine armen Lämmer in der Schule damit zu ärgern: auch hatten sie freilich einige Schlacken und Thorheiten dabey, die ich nun eben nicht mitmachen möchte. Zum Exempel, daß sie des Sonntags nicht einmal ihre Nothdurft verrichteten, welches doch wider alle Regeln einer vernünftigen Diät ist, und halt' ichs da lieber mit unserm seligen Doktor Luther: was hinaufsteigt, das ist für meinen lieben Gott, aber was hinunter geht, Teufel, das ist für Dich – Ja wo war ich?

LÄUFFER. Ich fürchte, meine Bewegungsgründe waren von andrer Art . . Reue, Verzweiflung –

WENZESLAUS. Ja, nun hab ichs – Die Essäer, sag' ich, haben auch nie Weiber genommen; es war eins von ihren Grundgesetzen und dabey sind sie zu hohem Alter kommen, wie solches im Josephus zu lesen. Wie die es nun angefangen, ihr Fleisch so zu bezähmen; ob sie es gemacht, wie ich, nüchtern und mässig gelebt und brav Toback geraucht, oder ob sie Euren Weg eingeschlagen – So viel ist gewiß, *in amore, in amore omnia insunt vitia* und ein Jüngling, der diese Klippe vorbeyschifft, Heil, Heil ihm, ich will ihm Lorbeern zuwerfen; *lauro tempora cingam et sublimi fronte sidera pulsabit.*

LÄUFFER. Ich fürcht', ich werd' an dem Schnitt sterben müssen.

WENZESLAUS. Mit nichten, da sey Gott für. Ich will gleich zu Gevatter Schöpsen. Der Fall wird ihm freylich noch nie vorgekommen seyn, aber hat er Euch euren Arm kurirt, welches doch eine Wunde war, die nicht zu eurer Wohlfarth diente, so wird ja Gott auch

ihm Gnade zu einer Kur geben, die Euer ewiges Seelenheil befördern wird. (*geht ab*)

LÄUFFER. Sein Frohlocken verwundet mich mehr als mein Messer. O
Unschuld, welch' eine Perle bist du! Seit ich dich verloren, that ich
Schritt auf Schritt in der Leidenschaft und endigte mit Verzweiflung. Möchte dieser Letzte mich nicht zum Tode führen, vielleicht
könnt' ich itzt wieder anfangen zu leben und zum Wenzeslaus
wiedergeboren werden.

VIERTE SCENE

In Leipzig

FRITZ VON BERG *und* REHAAR *begegnen sich auf der Straße*

REHAAR. Herr von Bergchen, ein Briefchen, unter meinem Kuvert gekommen. Herr von Seiffenblase hat an mich geschrieben; hat auch
Lautchen bey mir gelernt vormals. Er bittet mich, ich soll diesen
Brief einem gewissen Herrn von Berg in Leipzig abgeben, wenn er
anders noch da wäre – O wie bin ich gesprungen!

FRITZ. Wo hält er sich denn itzt auf, Seiffenblase?

REHAAR. Soll es dem Herrn von Berg abgeben, schreibt er, wenn Sie
anders diesen würdigen Mann kennen. O wie bin ich gesprungen
– Er ist in Königsberg, der Herr von Seiffenblase. Was meynen
Sie, und meine Tochter ist auch da, und logirt ihm grad gegenüber. Sie schreibt mir, die Kathrinchen, daß sie nicht genug rühmen kann, was er ihr für Höflichkeit erzeigt, alles um meinetwillen; hat sieben Monath bey mir gelernt.

FRITZ (*zieht die Uhr aus*). Liebster Rehaar, ich muß ins Kollegium –
Sagen Sie Pätus nichts davon, ich bitte Sie – (*geht ab*)

REHAAR (*ruft ihm nach*). Auf den Nachmittag – Konzertchen! –

FÜNFTE SCENE

Zu Königsberg in Preußen

GEH. RATH. GUSTCHEN. MAJOR
stehn in ihrem Hause am Fenster

GEH. RATH. Ist ers?

GUSTCHEN. Ja, er ist's.

GEH. RATH. Ich sehe doch, die Tante muß ein lüderliches Mensch seyn,
oder sie hat einen Haß auf ihre Nichte geworfen und will sie mit
Fleiß ins Verderben stürzen.

GUSTCHEN. Aber Onkel, sie kann ihm doch das Haus nicht verbieten.

GEH. RATH. Auf das, was ich ihr gesagt? – Wer will's ihr übel nehmen, wenn sie zu ihm sagte: Herr von Seiffenblase, Sie haben sich
auf einem Kaffeehause verlauten lassen, Sie wollten meine Nichte
zu Ihrer Mätresse machen, suchen Sie sich andre Bekanntschaften
in der Stadt; bey mir kommen Sie unrecht: meine Nichte ist eine
Ausländerin, die meiner Aufsicht anvertraut ist; die sonst keine
Stütze hat; wenn sie verführt würde, fiel' alle Rechenschaft auf
mich. Gott und Menschen müßten mich verdammen.

MAJOR. Still Bruder! Er kommt heraus und läßt die Nase erbärmlich
hängen. Ho, ho, ho, daß Du die Krepanz! Wie blaß er ist.

GEH. RATH. Ich will doch gleich hinüber, und sehn was es gegeben
hat.

SECHSTE SCENE

In Leipzig

PÄTUS *an einem Tisch und schreibt.* BERG *tritt herein einen Brief
in der Hand*

PÄTUS (*sieht auf und schreibt fort*)

FRITZ. Pätus! – Hast zu thun?

PÄTUS. Gleich – (*Fritz spaziert auf und ab*) Jetzt – (*legt das Schreib-
zeug weg*)

FRITZ. Pätus! ich hab' einen Brief bekommen – und hab nicht das
Herz, ihn aufzumachen.

PÄTUS. Von wo kommt er? Ists Deines Vaters Hand?

FRITZ. Nein, von Seiffenblase – aber die Hand zittert mir, so bald ich
erbrechen will. Brich doch auf, Bruder, und ließ mir vor. (*wirft sich
auf einen Lehnstuhl*)

PÄTUS (*liest*). «Die Erinnerung so mancher angenehmen Stunden,
deren ich mich noch mit Ihnen genossen zu haben erinnere, verpflichtet mich, Ihnen zu schreiben und Sie an diese angenehme
Stunden zu erinnern» – Was der Junge für eine rasende Ortho-
graphie hat.

FRITZ. Lies doch nur –

PÄTUS. «Und weil ich mich verpflichtet hielt, Ihnen Nachrichten von
meiner Ankunft und den Neuigkeiten, die allhier vorgefallen, als
melde Ihnen von Dero werthesten Familie, welche leider sehr viele
Unglücksfälle in diesem Jahre erlebt hat, und wegen der Freundschaft, welche ich in Dero Eltern ihrem Hause genossen, sehe mich
verpflichtet, weil ich weiß, daß Sie mit Ihrem Herrn Vater in Mis-
verständniß und er Ihnen lange wohl nicht wird geschrieben haben, so werden Sie auch wohl den Unglücksfall nicht wissen mit
dem Hofmeister, welcher aus Ihres gnädigen Onkels Hause ist gejagt worden, weil er Ihre Kusine genothzüchtigt, worüber sie sich

so zu Gemüth gezogen, daß sie in einen Teich gesprungen, durch
welchen Trauerfall Ihre ganze Familie in den höchsten Schröcken»
– Berg! was ist Dir – (*begießt ihn mit Lavendel*) Wie nun Berg?
Rede, wird Dir weh – Hätt ich Dir doch den verdammten Brief
nicht – Ganz gewiß ists eine Erdichtung – Berg! Berg!

FRITZ. Laß mich – Es wird schon übergehn.

PÄTUS. Soll ich jemand holen, der Dir die Ader schlägt.

FRITZ. O pfuy doch – thu doch so französisch nicht – Ließ mirs noch
einmal vor.

PÄTUS. Ja, ich werde Dir – ich will den hun[d]svöttischen malitiösen
Brief den Augenblick – (*zerreißt ihn*)

FRITZ. Genothzüchtigt – ersäuft. (*schlägt sich an die Stirn*) Meine
Schuld! (*steht auf*) meine Schuld einzig und allein –

PÄTUS. Du bist wohl nicht klug – Willst Dir die Schuld geben, daß
sie sich vom Hofmeister verführen läßt –

FRITZ. Pätus, ich schwur ihr, zurückzukommen, ich schwur ihr – Die
drey Jahr sind verflossen, ich bin nicht gekommen, ich bin aus
Halle fortgangen, mein Vater hat keine Nachrichten von mir gehabt. Mein Vater hat mich aufgeben, sie hat es erfahren, Gram –
Du kennst ihren Hang zur Melancholey – die Strenge ihrer Mutter obenein, Einsamkeit, auf dem Lande, betrogne Liebe – Siehst
Du das nicht ein, Pätus; siehst Du das nicht ein? Ich bin ein Bösewicht: ich bin schuld an ihrem Tode. (*wirft sich wieder in den Stuhl
und verhüllt sein Gesicht*)

PÄTUS. Einbildungen! – Es ist nicht wahr, es ist so nicht gegangen.
(*stampft mit dem Fuß*) Tausend Sapperment, daß Du so dumm
bist, und alles glaubst, der Spitzbube, der Hundsfut, der Bären-
häuter, der Seiffenblase, will Dir einen Streich spielen – Laß mich
ihn einmal zu sehen kriegen. – Es ist nicht wahr, daß sie todt ist,
und wenn sie todt ist, so hat sie sich nicht selbst umgebracht..

FRITZ. Er kann doch das nicht aus der Luft saugen – Selbst umgebracht – (*springt auf*) O das ist entsetzlich!

PÄTUS (*stampft abermal mit dem Fuß*). Nein, sie hat sich selbst nicht
umgebracht. Seiffenblase lügt; wir müssen mehr Bestätigung haben. Du weißt, daß Du ihm einmal im Rausch erzehlt hast, daß Du
in Deine Kusine verliebt wärst; siehst Du, das hat die malitiöse
Kanaille aufgefangen – aber weißt Du was; weißt Du, was Du
thust? Hust ihm was; pfeif ihm was; pfuy ihm was, schreib ihm,
Ew. Edlen danke dienstfreundlichst für Dero Neuigkeiten, und
bitte, Sie wollen mich im – Das ist der beste Rath, schreib ihm zurück: Ihr seyd ein Hundsfut. Das ist das vernünftigste, was Du
bey der Sache thun kannst.

FRITZ. Ich will nach Hause reisen.

PÄTUS. So reis' ich mit Dir – Berg, ich laß Dich keinen Augenblick
allein.

FRITZ. Aber wovon? Reisen ist bald ausgesprochen — Wenn ich keine abschlägige Antwort befürchtete, so wollt' ich es bey Leichtfuß *et Compagnie* versuchen, aber ich bin ihnen schon hundertfunfzig Dukaten schuldig —

PÄTUS. Wir wollen beyde zusammen hingehen — Wart, wir müssen die Lotterie vorbey. Heut ist die Post aus Hamburg angekommen, ich will doch unterwegs nachfragen; zum Spaß nur —

SIEBENTE SCENE

In Königsberg

GEH. RATH *führt* JUNGFER REHAAR *an der Hand.*
AUGUSTCHEN. MAJOR

GEH. RATH. Hier, Gustchen, bring ich Dir eine Gespielin. Ihr seyd in e i n e m Alter, e i n e m Verhältnisse — Gebt Euch die Hand, und seyd Freundinnen.

GUSTCHEN. Das bin ich lange gewesen, liebe Mamsell! Ich weiß nicht, was es war, das in meinem Busen auf- und abstieg, wenn ich Sie aus dem Fenster sah; aber Sie waren in so viel Zerstreuungen verwickelt, so mit Kutschenbesuchen und Serenaden belästigt, daß ich mit meinem Besuch zu unrechter Zeit zu kommen fürchtete.

JUNGFER REHAAR. Ich wäre Ihnen zuvorgekommen, gnädiges Fräulein, wenn ich das Herz gehabt. Allein in ein so vornehmes Haus mich einzudrängen, hielt' ich für unbesonnen, und mußte dem Zug meines Herzens, das mich schon oft bis vor Ihre Thür geführt hat, allemal mit Gewalt widerstehen.

GEH. RATH. Stell Dir vor, Major; der Seiffenblase hat auf die Warnung, die ich der Frau Dutzend that, und die sie ihm wieder erzehlt hat und zwar, wie ichs verlangt, unter meinem Namen, geantwortet: er werde sich schon an mir zu rächen wissen. Er hat alles das so gut von sich abzulehnen gewußt, und ist gleich Tags drauf mit dem Minister Deichsel hingefahren kommen, daß die arme Frau das Herz nicht gehabt, sich seine Besuche zu verbitten. Gestern Nacht hat er zwey Wagen in diese Straße bestellt und einen am Brandenburger Thor, das wegen des Feuerwerks offen blieb, das erfährt die Madam gestern Vormittag schon. Den Nachmittag will er für Henkers Gewalt die Mamsell überreden, mit ihm zum Minister auf die Assemblee zu fahren, aber Madam Dutzend traute dem Frieden nicht, und hat's ihm rund abgeschlagen. Zweymal ist er vor die Thür gefahren, aber hat wieder umkehren müssen; da seine Karte also verzettelt war, wollt' ers heut probiren. Madam Dutzend hat ihm nicht allein das Haus verbothen, sondern zugleich angedeutet: sie sehe sich genöthigt, sich vom

Gouverneur Wache vor ihrem Hause auszubitten. Da hat er Flammen gespyen, hat mit dem Minister gedroht – Um die Madam
völlig zu beruhigen, hab' ich ihr angetragen: die Mamsell in unser
Haus zu nehmen. Wir wollen sie auf ein halb Jahr nach Insterburg
mitnehmen, bis Seiffenblase sie vergessen hat, oder so lang als es
ihr selber nur da gefallen kann –

MAJOR. Ich hab schon anspannen lassen. Wenn wir nach Heidelbrunn
fahren, Mamsell, so laß ich Sie nicht los. Sie müssen mit, oder meine Tochter bleibt mit Ihnen in Insterburg.

GEH. RATH. Das wär wohl am besten. Ohnehin taugt das Land für
Gustchen nicht und Mamsel Rehaar laß ich nicht von mir.

MAJOR. Gut, daß Deine Frau Dich nicht hört – oder hast Du Absichten auf Deinen Sohn?

GEH. RATH. Mach das gute Kind nicht roth. Sie werden ihn in Leipzig
oft genug müssen gesehen haben, den bösen Buben. Gustchen, Du
wirst zur Gesellschaft mit roth? Er verdient's nicht.

GUSTCHEN. Da mein Vater mir vergeben hat, sollte Ihr Sohn ein minder gütiges Herz bey Ihnen finden?

GEH. RATH. Er ist auch noch in keinen Teich gesprungen.

MAJOR. Wenn wir nur das blinde Weib mit dem Kinde ausfündig
gemacht hätten, von dem mir der Schulmeister schreibt; eh kann
ich nicht ruhig werden – Kommt! ich muß noch heut auf mein Gut.

GEH. RATH. Daraus wird nichts. Du mußt die Nacht in Insterburg
schlafen.

ACHTE SCENE

Leipzig. Bergs Zimmer

FRITZ VON BERG *sitzt, die Hand untern Kopf gestützt.*
PÄTUS *stürzt herein*

PÄTUS. Triumpf Berg! Was kalmeuserst Du? – Gott! Gott! (*greift
sich an den Kopf und fällt auf die Knie*) Schicksal! Schicksal! –
Nicht wahr, Leichtfuß hat Dir nicht vorschießen wollen? Laß ihn
Dich – Ich hab Geld, ich hab' alles – Dreyhundert achtzig Friedrichd'or gewonnen auf einem Zug! (*springt auf und schreyt*) Hey-
dideldum, nach Insterburg! Pack ein!

FRITZ. Bist Du närrisch worden?

PÄTUS (*zieht einen Beutel mit Gold hervor und wirft alles auf die
Erde*). Da ist meine Narrheit. Du bist ein Narr mit Deinem Unglauben – Nun hilf auflesen; buck Dich etwas – und heut noch
nach Insterburg, Juchhe! (*lesen auf*) Ich will meinem Vater die
achtzig Friedrichsd'or schenken, so viel betrug grad mein letzter
Wechsel, und zu ihm sagen: nun Herr Papa, wie gefall' ich Ihnen

itzt? All Deine Schulden können wir bezahlen, und meine obenein, und denn reisen wir wie die Prinzen. Juchhe!

NEUNTE SCENE

Die Schule

WENZESLAUS. LÄUFFER, *beyde in schwarzen Kleidern*

WENZESLAUS. Wie hat Ihm die Predigt gefallen, Kollege! Wie hat Er sich erbaut?

LÄUFFER. Gut, recht gut. (*seufzt*)

WENZESLAUS (*nimmt seine Perücke ab und setzt eine Nachtmütze auf*). Damit ist's nicht ausgemacht. Er soll mir sagen, welche Stelle aus der Predigt vorzüglich gesegnet an seinem Herzen gewesen. Hör' Er – setz' Er sich. Ich muß Ihm was sagen; ich hab' eine Anmerkung in der Kirche gemacht, die mich gebeugt hat. Er hat mir da so wetterwendisch gesessen, daß ich mich Seiner, die Warheit zu sagen, vor der ganzen Gemeine geschämt habe und dadurch oft fast aus meinem Koncept kommen bin. Wie, dacht' ich, dieser junge Kämpfer, der so ritterlich durchgebrochen und den schwersten Strauß schon gewissermaßen überwunden hat – Ich muß es Ihm bekennen: Er hat mich geärgert, σκάνδαλον ἐδίδους, ἕταιρε ! Ich habs wohl gemerkt, wohin es gieng, ich habs wohl gemerkt; immer nach der mittlern Thür zu, da nach der Orgel hinunter.

LÄUFFER. Ich muß bekennen, es hieng ein Gemälde dort, das mich ganz zerstreut hat. Der Evangelist Markus mit einem Gesicht, das um kein Haar menschlicher aussah, als der Löwe, der bey ihm saß, und der Engel beym Evangelisten Matthäus eher einer geflügelten Schlange ähnlich.

WENZESLAUS. Es war nicht das, mein Freund! Bild' Er mir's nicht ein; es war nicht das. Sag' Er mir doch, ein Bild sieht man an und sieht wieder weg, und dann ist's alles. Hat Er denn gehört, was ich gesagt habe? Weiß Er mir Ein Wort aus meiner Predigt wieder anzuführen? Und sie war doch ganz für Ihn gehalten; ganz kasuistisch – O! o! o!

LÄUFFER. Der Gedanke gefiel mir vorzüglich, daß zwischen unsrer Seele und ihrer Wiedergeburt und zwischen dem Flachs- und Hanfbau eine große Aehnlichkeit herrsche, und so wie der Hanf im Schneidebrett durch heftige Stöße und Klopfen von seiner alten Hülse befreyt werden müsse, so müsse unser Geist auch durch allerley Kreutz und Leiden und Ertödtung der Sinnlichkeit für den Himmel zubereitet werden.

WENZESLAUS. Er war kasuistisch, mein Freund –

LÄUFFER. Doch kann ich Ihnen auch nicht bergen, daß Ihre Liste von

Teufeln, die aus dem Himmel gejagt worden, und die Geschichte
der ganzen Revolution da, daß Lucifer sich für den schönsten gehalten – Die heutige Welt ist über den Aberglauben längst hinweg; warum will man ihn wieder aufwärmen. In der ganzen heutigen vernünftigen Welt wird kein Teufel mehr statuirt –

WENZESLAUS. Darum wird auch die ganze heutige vernünftige Welt
zum Teufel fahren. Ich mag nicht verdammen, lieber Herr Mandel; aber das ist wahr, wir leben in seelenverderblichen Zeiten: es
ist die letzte böse Zeit. Ich mag mich drüber weiter nicht auslas-
sen: ich seh wohl, Er ist ein Zweifler auch, und auch solche Leute
muß man tragen. Es wird schon kommen; Er ist noch jung – aber
gesetzt auch, *posito* auch, aber nicht zugestanden, unsere Glau-
benslehren wären all Aberglauben, über Geister, über Höll, über
Teufel, da – Was thut's Euch, was beißts Euch, daß Ihr Euch so
mit Händen und Füßen dagegen wehrt? Thut nichts Böses, thut
recht und denn so braucht Ihr die Teufel nicht zu scheuen, und
wenn ihrer mehr wären wie Ziegel auf dem Dach, wie der selige
Lutherus sagt. Und Aberglauben – O schweigt still, schweigt
still, lieben Leut'. Erwägt erst mit reifem Nachdenken, was der
Aberglaube bisher für Nutzen gestiftet hat, und denn habt mir
noch das Herz, mit Euren nüchternen Spötteleyen gegen mich anzuziehen. Reutet mir den Aberglauben aus; ja warhaftig der rechte Glaub wird mit drauf gehn, und ein nacktes Feld da bleiben.
Aber ich weiß jemand, der gesagt hat, man soll beydes wachsen
lassen, es wird schon die Zeit kommen, da Kraut sich von dem
Unkraut scheiden wird. Aberglauben – Nehmt dem Pöbel seinen
Aberglauben, er wird freygeistern, wie Ihr und Euch vor den Kopf
schlagen. Nehmt dem Bauer seinen Teufel, und er wird ein Teufel
gegen seine Herrschaft werden und ihr beweisen, daß es welche
giebt. Aber wir wollen das bey Seite setzen – Wovon redt' ich
doch? – Recht, sag' Er mir, wen hat Er angesehen in der ganzen
Predigt? Verheel' Er mir nichts. Ich war es nicht, denn sonst müst'
Er schielen, daß es eine Schande wäre.

LÄUFFER. Das Bild.

WENZESLAUS. Es war nicht das Bild – Dort unten, wo die Mädchen
sitzen, die bey ihm in die Kinderlehre gehen – Lieber Freund! es
wird doch nichts vom alten Sauerteig in seinem Herzen geblieben
seyn – Ey, ey! wer einmal geschmeckt hat die Kräfte der zukünf-
tigen Welt – Ich bitt Ihn, mir stehn die Haare zu Berge – Nicht
wahr, die eine da mit dem gelben Haar so nachläßig unter das rothe Häubchen gesteckt und mit den lichtbraunen Augen, die allemal unter den schwarzen Augbraunen so schalkhaft hervorblin-
zen, wie die Sterne hinter Regenwolken – Es ist wahr, das Mädchen ist gefährlich; ich hab's nur einmal von der Kanzel angesehn,
und muste hernach allemal die Augen platt zudrücken, wenn sie

auf sie fielen, sonst wär' mirs gegangen, wie den weisen Männern im Areopagus, die Recht und Gerechtigkeit vergaßen um einer schnöden Phryne willen. – Aber sag' Er mir doch, wo will Er hin, daß Er Sich noch bösen Begierden überläßt, da's Ihm sogar an Mitteln fehlt, sie zu befriedigen? Will Er Sich dem Teufel ohne Sold dahingeben? Ist das das Gelübd, das er dem Herrn gethan – Ich rede als Sein geistlicher Vater mit Ihm – Er, der itzt mit so wenig Mühe über alle Sinnlichkeit triumphiren, über die Erde sich hinausschwingen und bessern Revieren zufliegen könnte. (*umarmt ihn*) Ach mein lieber Sohn, bey diesen Thränen, die ich aus wahrer herzlicher Sorgfalt für Ihn vergieße; kehr' Er nicht zu den Fleischtöpfen Egyptens zurück, da Er Kanaan so nahe war! Eile, eile! rette Deine unsterbliche Seele! Du hast auf der Welt nichts, das Dich mehr zurückhalten könnte. Die Welt hat nichts mehr für Dich, womit sie Deine Untreu Dir einmal belohnen könnte; nicht einmal eine sinnliche Freude, geschweige denn Ruhe der Seelen – Ich geh und überlasse Dich Deinen Entschließungen. (*geht ab*)
(LÄUFFER *bleibt in tiefen Gedanken sitzen*)

ZEHNTE SCENE

LISE *tritt herein, ein Gesangbuch in der Hand, ohne daß er sie gewahr wird. Sie sieht ihm lang stillschweigend zu. Er springt auf, will knien; wird sie gewahr und sieht sie eine Weile verwirrt an*

LÄUFFER (*nähert sich ihr*). Du hast eine Seele dem Himmel gestolen. (*faßt sie an die Hand*) Was führt Dich hieher, Lise?

LISE. Ich komme, Herr Mandel – Ich komme, weil Sie gesagt haben, es würd' morgen keine Kinderlehr – weil Sie – so komm' ich – gesagt haben – ich komme, zu fragen, ob morgen Kinderlehre seyn wird.

LÄUFFER. Ach! – – Seht diese Wangen, ihr Engel! Wie sie in unschuldigem Feuer brennen und denn verdammt mich, wenn ihr könnt – – Lise, warum zittert Deine Hand? Warum sind Dir die Lippen so bleich und die Wangen so roth? Was willst Du?

LISE. Ob morgen Kinderlehr seyn wird?

LÄUFFER. Setz Dich zu mir nieder – Leg Dein Gesangbuch weg – Wer steckt Dir das Haar auf, wenn Du nach der Kirche gehst? (*setzt sie auf einen Stuhl neben seinem*)

LISE (*will aufstehn*). Verzeyh' Er mir; die Haube wird wohl nicht recht gesteckt seyn; es macht' einen so erschrecklichen Wind, als ich zur Kirche kam.

LÄUFFER (*nimmt ihre beyden Hände in seine Hand*). O Du bist – Wie alt bist Du, Lise? – Hast Du niemals – Was wollt' ich doch fragen – Hast Du nie Freyer gehabt?

LISE (*munter*). O ja einen, noch die vorige Woche; und des Schaaf-
wirths Grethe war so neidisch auf mich und hat immer gesagt: ich
weiß nicht was er sich um das einfältige Mädchen so viel Mühe
macht, und denn hab' ich auch noch einen Officier gehabt; es ist
noch kein Vierteljahr.

LÄUFFER. Einen Officier?

LISE. Ja doch, und einer von den recht Vornehmen. Ich sag' Ihnen,
er hat drey Tressen auf dem Arm gehabt: aber ich war noch zu
jung und mein Vater wollt mich ihm nicht geben, wegen des solda-
tischen Wesens und Ziehens.

LÄUFFER. Würdest Du – O ich weiß nicht, was ich rede – Würdest
Du wohl – Ich Elender!

LISE. O ja, von ganzem Herzen.

LÄUFFER. Bezaubernde! – (*will ihr die Hand küssen*) Du weißt ja
noch nicht, was ich fragen wollte.

LISE (*zieht sie weg*). O lassen Sie, meine Hand ist ja so schwarz –
O pfuy doch! Was machen Sie? Sehen Sie, einen geistlichen Herrn
hätt' ich allewege gern: von meiner ersten Jugend an hab ich die
studierte Herren immer gern gehabt; sie sind alleweil so artig, so
manierlich, nicht so puf paf, wie die Soldaten, obschon ich eine-
wege die auch gern habe, das leugn' ich nicht, wegen ihrer bunten
Röcke; ganz gewiß, wenn die geistlichen Herren in so bunten Rök-
ken giengen, wie die Soldaten, das wäre zum Sterben.

LÄUFFER. Laß mich Deinen muthwilligen Mund mit meinen Lippen
zuschließen. (*küßt sie*) O Lise! Wenn Du wüstest, wie unglücklich
ich bin.

LISE. O pfuy, Herr, was machen Sie?

LÄUFFER. Noch einmal und denn ewig nicht wieder! (*küßt sie*)
(WENZESLAUS *tritt herein*)

WENZESLAUS. Was ist das? *Proh deum atque hominum fidem!* Wie
nun, falscher, falscher, falscher Prophet! Reißender Wolf in Schaafskleidern! Ist das die Sorgfalt, die Du Deiner Heerde schuldig bist?
Die Unschuld selber verführen, die Du vor Verführung bewahren
sollst? Es muß ja Aergerniß kommen, doch wehe dem Menschen,
durch welchen Aergerniß kommt!

LÄUFFER. Herr Wenzeslaus!

WENZESLAUS. Nichts mehr! Kein Wort mehr! Ihr habt Euch in Eurer
wahren Gestalt gezeigt. Aus meinem Hause, Verführer!

LISE (*kniet vor Wenzeslaus*). Lieber Herr Schulmeister, er hat mir
nichts böses gethan.

WENZESLAUS. Er hat Dir mehr böses gethan, als Dir Dein ärgster
Feind thun könnte. Er hat Dein unschuldiges Herz verführt.

LÄUFFER. Ich bekenne mich schuldig – Aber kann man so vielen Reit-
zungen widerstehen? Wenn man mir dies Herz aus dem Leibe
risse und mich Glied vor Glied verstümmelte und ich behielt nur

eine Ader von Blut noch übrig, so würde diese verrätherische Ader doch für Lisen schlagen.

LISE. Er hat mir nichts Leides gethan.

WENZESLAUS. Dir nichts Leides gethan – Himmlischer Vater!

LÄUFFER. Ich hab ihr gesagt, daß sie die liebenswürdigste Kreatur sey, die jemals die Schöpfung beglückt hat; ich hab' ihr das auf ihre Lippen gedrückt; ich hab diesen unschuldigen Mund mit meinen Küssen versiegelt, welcher mich sonst durch seine Zaubersprache zu noch weit größeren Verbrechen würde hingerissen haben.

WENZESLAUS. Ist das kein Verbrechen? Was nennt Ihr jungen Herrn heut zu Tage Verbrechen? *O tempora, o mores!* Habt Ihr den Valerius Maximus gelesen? Habt Ihr den Artikel gelesen *de pudicitia*? Da führt er einen Mänius an, der seinen Freygelassenen todtgeschlagen hat, weil er seine Tochter einmal küßte und die Raison: *ut etiam oscula ad maritum sincera perferret.* Riecht Ihr das? Schmeckt Ihr das? *Etiam oscula, non solum virginitatem, etiam oscula.* Und Mänius war doch nur ein Heyde: was soll ein Christ thun, der weiß, daß der Ehstand von Gott eingesetzt ist und daß die Glückseligkeit eines solchen Standes an der Wurzel vergiften, einem künftigen Gatten in seiner Gattin sein Freud und Trost verderben; seinen Himmel profaniren – Fort, aus meinen Augen, Ihr Bösewicht! Ich mag mit Euch nichts zu thun haben! Geht zu einem Sultan und laßt Euch zum Aufseher über ein Serail dingen, aber nicht zum Hirten meiner Schaafe. Ihr Miethling. Ihr reissender Wolf in Schaafskleidern!

LÄUFFER. Ich will Lisen heyrathen.

WENZESLAUS. Heyrathen – Ey ja doch – als ob sie mit einem Eunuch zufrieden?

LISE. O ja, ich bins herzlich wohl zufrieden, Herr Schulmeister.

LÄUFFER. Ich unglücklicher!

LISE. Glauben Sie mir, lieber Herr Schulmeister, ich laß einmal nicht von ihm ab. Nehmen Sie mir das Leben; ich lasse nicht ab von ihm. Ich hab ihn gern und mein Herz sagt mir, daß ich niemand auf der Welt so gern haben kann als ihn.

WENZESLAUS. So – daß doch – Lise, Du verstehst das Ding nicht – Lise, es läßt sich Dir so nicht sagen, aber Du kannst ihn nicht heyrathen; es ist unmöglich.

LISE. Warum soll es denn unmöglich seyn, Herr Schulmeister? Wie kann's unmöglich seyn, wenn ich will und wenn er will, und mein Vater auch es will? Denn mein Vater hat mir immer gesagt, wenn ich einmal einen geistlichen Herrn bekommen könnte –

WENZESLAUS. Aber daß dich der Kuckuk, er kann ja nichts – Gott verzeih mir meine Sünde, so laß Dir doch sagen.

LÄUFFER. Vielleicht fodert sie das nicht – Lise, ich kann bey Dir nicht schlafen.

LISE. So kann Er doch wachen bey mir, wenn wir nur den Tag über beysammen sind und uns so anlachen und uns einsweilen die Hände küssen – Denn bey Gott! ich hab' ihn gern. Gott weiß es, ich hab' Ihn gern.

LÄUFFER. Sehn Sie, Herr Wenzeslaus! Sie verlangt nur Liebe von mir. Und ist's denn nothwendig zum Glück der Ehe, daß man thierische Triebe stillt?

WENZESLAUS. Ey was – *Connubium sine prole, est quasi dies sine sole.* ... Seyd fruchtbar und mehret euch, steht in Gottes Wort. Wo Eh' ist, müssen auch Kinder seyn.

LISE. Nein Herr Schulmeister, ich schwör's Ihm, in meinem Leben möcht' ich keine Kinder haben. Ey ja doch, Kinder! Was Sie nicht meynen! Damit wär mir auch wol groß gedient, wenn ich noch Kinder dazu bekäme. Mein Vater hat Enten und Hüner genug, die ich alle Tage füttern muß, wenn ich noch Kinder obenein füttern müste.

LÄUFFER (*küßt sie*). Göttliche Lise!

WENZESLAUS (*reißt sie von einander*). Ey was denn! Was denn! Vor meinen Augen? – So kriecht denn zusammen; meinetwegen; weil doch Heyrathen besser ist als Brunst leiden – Aber mit uns, Herr Mandel, ist es aus: alle grosse Hofnungen, die ich mir von Ihm gemacht, alle grosse Erwartungen, die mir Sein Heldenmuth einflößte. – Gütiger Himmel! wie weit ist doch noch die Kluft, die zwischen einem Kirchenvater und zwischen einem Kapaun befestigt ist. Ich dacht', er sollte Origenes der zweyte – *O homuncio, homuncio!* Das müßt' ein ganz andrer Mann seyn, der aus Absicht und Grundsätzen den Weg einschlüge, um ein Pfeiler unsrer sinkenden Kirche zu werden. Ein ganz anderer Mann! Wer weiß, was noch einmal geschicht! (*geht ab*)

LÄUFFER. Komm zu Deinem Vater, Lise, Seine Einwilligung noch und ich bin der glücklichste Mensch auf dem Erdboden!

EILFTE SCENE

Zu Insterburg

GEHEIMER RATH. FRITZ VON BERG. PÄTUS. GUSTCHEN.
JUNGFER REHAAR. *Gustchen und Jungfer Rehaar verstecken sich bey der Ankunft der erstern in die Kammer*

(GEHEIMER RATH *und* FRITZ *laufen sich entgegen*)

FRITZ (*fällt vor ihm auf die Knie*). Mein Vater!

GEH. RATH (*hebt ihn auf und umarmt ihn*). Mein Sohn!

FRITZ. Haben Sie mir vergeben?

GEH. RATH. Mein Sohn!

FRITZ. Ich bin nicht werth, daß ich Ihr Sohn heiße.

GEH. RATH. Setz Dich; denk mir nicht mehr dran. Aber, wie hast Du Dich in Leipzig erhalten? Wieder Schulden auf meine Rechnung gemacht? Nicht? und wie bist Du fortkommen?

FRITZ. Dieser großmüthige Junge hat alles für mich bezahlt.

GEH. RATH. Wie denn?

PÄTUS. Dieser noch großmüthigere – O ich kann nicht reden.

GEH. RATH. Setzt euch Kinder; sprecht deutlicher. Hat Ihr Vater sich mit Ihnen ausgesöhnt, Herr Pätus?

PÄTUS. Keine Zeile von ihm gesehen.

GEH. RATH. Und wie habt Ihrs denn beyde gemacht?

PÄTUS. In der Lotterie gewonnen, eine Kleinigkeit – aber es kam uns zu statten, da wir herreisen wollten.

GEH. RATH. Ich seh, Ihr wilde Bursche denkt besser als Eure Väter. Was hast Du wohl von mir gedacht, Fritz? Aber man hat Dich auch bey mir verleumdet.

PÄTUS. Seiffenblase gewiß?

GEH. RATH. Ich mag ihn nicht nennen; das gäbe Katzbalgereyen, die hier am unrechten Ort wären.

PÄTUS. Seiffenblase! Ich laß mich hängen.

GEH. RATH. Aber was führt Dich denn nach Hause zurück, eben jetzt da? –

FRITZ. Fahren Sie fort – O das e b e n j e t z t, mein Vater! das e b e n j e t z t ists, was ich wissen wollte.

GEH. RATH. Was denn? was denn?

FRITZ. Ist Gustchen todt?

GEH. RATH. Holla, der Liebhaber! – Was veranlaßt Dich, so zu fragen?

FRITZ. Ein Brief von Seiffenblase.

GEH. RATH. Er hat Dir geschrieben: sie wäre todt?

FRITZ. Und entehrt dazu.

PÄTUS. Es ist ein verleumderscher Schurke!

GEH. RATH. Kennst Du eine Jungfer Rehaar in Leipzig?

FRITZ. O ja, ihr Vater war mein Lautenmeister.

GEH. RATH. Die hat er entehren wollen; ich hab sie von seinen Nachstellungen errettet: das hat ihn uns feind gemacht.

PÄTUS (*steht auf*). Jungfer Rehaar – Der Teufel soll ihn holen.

GEH. RATH. Wo wollen Sie hin?

PÄTUS. Ist er in Insterburg?

GEH. RATH. Nein doch – Nehmen Sie sich der Prinzessinnen nicht zu eifrig an, Herr Ritter von der runden Tafel! Oder haben Sie Jungfer Rehaar auch gekannt?

PÄTUS. Ich? Nein, ich habe sie nicht gekannt – Ja, ich habe sie gekannt.

GEH. RATH. Ich merke — — Wollen Sie nicht auf einen Augenblick in die Kammer spatzieren? (*führt ihn an die Thür*)

PÄTUS (*macht auf und fährt zurück, sich mit beyden Händen an den Kopf greiffend*). Jungfer Rehaar — Zu Ihren Füssen — (*hinter der Scene*) Bin ich so glücklich? oder ist's nur ein Traum? Ein Rausch? — Eine Bezauberung? — —

GEH. RATH. Lassen wir ihn! — (*kehrt zu Fritz*) Und Du denkst noch an Gustchen?

FRITZ. Sie haben mir das furchtbare Rätzel noch nicht aufgelöst. Hat Seiffenblase gelogen?

GEH. RATH. Ich denke, wir reden hernach davon: wir wollen uns die Freud' itzt nicht verderben.

FRITZ (*kniend*). O mein Vater, wenn Sie noch Zärtlichkeit für mich haben, lassen Sie mich nicht zwischen Himmel und Erde, zwischen Hofnung und Verzweiflung schweben. Darum bin ich gereist; ich konnte die quaalvolle Ungewißheit nicht länger aushalten. Lebt Gustchen? Ists wahr, daß sie entehrt ist?

GEH. RATH. Es ist leider nur eine zu traurige Wahrheit.

FRITZ. Und hat sich in einen Teich gestürzt?

GEH. RATH. Und ihr Vater hat sich ihr nachgestürzt.

FRITZ. So falle denn Henkers Beil — Ich bin der Unglücklichste unter den Menschen!

GEH. RATH. Steh' auf! Du bist unschuldig dran.

FRITZ. Nie will ich aufstehn. (*schlägt sich an die Brust*) Schuldig war ich; einzig und allein schuldig. Gustchen, seliger Geist, verzeihe mir!

GEH. RATH. Und was hast Du Dir vorzuwerfen?

FRITZ. Ich habe geschworen, falsch geschworen — Gustchen! wär' es erlaubt, Dir nachzuspringen! (*steht hastig auf*) Wo ist der Teich?

GEH. RATH. Hier! (*führt ihn in die Kammer*)

FRITZ (*hinter der Scene mit lautem Geschrey*). Gustchen! — Seh' ich ein Schattenbild? — Himmel! Himmel welche Freude! — Laß mich sterben! laß mich an Deinem Halse sterben.

GEH. RATH (*wischt sich die Augen*). Eine zärtliche Gruppe! — Wenn doch der Major hier wäre! (*geht hinein.*)

LETZTE SCENE

Der MAJOR *ein Kind auf dem Arm.* DER ALTE PÄTUS

MAJOR. Kommen Sie, Herr Pätus. Sie haben mir das Leben wiedergegeben. Das war der einzige Wurm, der mir noch dran nagte. Ich muß Sie meinem Bruder präsentiren, und Ihre alte blinde Mutter will ich in Gold einfassen lassen.

DER ALTE PÄTUS. O meine Mutter hat mich durch ihren unvermuthe-

ten Besuch weit glücklicher gemacht, als Sie. Sie haben nur einen
Enkel wiedererhalten, der Sie an traurige Geschichten erinnert; ich
aber eine Mutter, die mich an die angenehmsten Scenen meines
Lebens erinnert, und deren mütterliche Zärtlichkeit ich leider noch
durch nichts habe erwiedern können, als Haß und Undankbarkeit.
Ich habe sie aus dem Hause gestoßen, nachdem sie mir den ganzen
Nachlaß meines Vaters und ihr Vermögen mit übergeben hatte;
ich habe ärger gegen sie gehandelt als ein Tyger – Welche Gnade
von Gott ist es, daß sie noch lebt, daß sie mir noch verzeihen kann,
die großmüthige Heilige! daß es noch in meine Gewalt gestellt ist,
meine verfluchte Verbrechen wieder gut zu machen.

MAJOR. Bruder Berg! wo bist Du? He!

(GEH. RATH *kömmt*)

Hier ist mein Kind, mein Großsohn. Wo ist Gustchen? Mein allerliebstes Großsöhnchen! (*schmeichelt ihm*) meine allerliebste närrische Puppe!

GEH. RATH. Das ist vortreflich! – und Sie, Herr Pätus?

MAJOR. Sie Herr Pätus hat's mir verschaft – – Seine Mutter war
das alte blinde Weib, die Bettlerin, von der uns Gustchen so viel
erzählt hat.

DER ALTE PÄTUS. Und durch mich Bettlerin – – O die Schaam bindt
mir die Zunge. Aber ich wills der ganzen Welt erzehlen, was ich
für ein Ungeheuer war –

GEH. RATH. Weißt Du was neues, Major? Es finden sich Freyer für
Deine Tochter – aber dring nicht in mich, Dir den Namen zu sagen.

MAJOR. Freyer für meine Tochter! – (*wirft das Kind ins Kanapee*)
Wo ist sie?

GEH. RATH. Sacht! ihr Freyer ist bey ihr – Willst Du Deine Einwilligung geben?

MAJOR. Ists ein Mensch von gutem Hause? Ist er von Adel?

GEH. RATH. Ich zweifle.

MAJOR. Doch keiner zu weit unter ihrem Stande? O sie sollte die erste Parthie im Königreich werden. Das ist ein vermaledeyter Gedanke! wenn ich doch den erst fort hätte; er wird mich noch ins
Irrhaus bringen.

(GEH. RATH öfnet die Kammer; auf seinen Wink tritt FRITZ mit
GUSTCHEN heraus)

MAJOR (*fällt ihm um den Hals*). Fritz! (*zum geh. Rath*) Ists Dein
Fritz? Willst Du meine Tochter heyrathen? – Gott segne Dich.
Weißt Du noch nichts, oder weißt Du alles? Siehst Du, wie mein
Haar grau geworden ist vor der Zeit! (*führt ihn ans Kanapee*)
Siehst Du, dort ist das Kind. Bist ein Philosoph? Kannst alles ver-
gessen? Ist Gustchen Dir noch schön genug? O sie hat bereut. Jung,

ich schwöre Dir, sie hat bereut, wie keine Nonne und kein Heiliger. Aber was ist zu machen? Sind doch die Engel aus dem Himmel gefallen – Aber Gustchen ist wieder aufgestanden.

FRITZ. Lassen Sie mich zum Wort kommen.

MAJOR (*drückt ihn immer an die Brust*). Nein Junge – Ich möchte
Dich todt drücken – Daß Du so großmüthig bist, daß Du so edel
denkst – daß Du – – mein Junge bist –

FRITZ. In Gustchens Armen beneid' ich keinen König.

MAJOR. So recht; das ist recht. – Sie wird Dir schon gestanden haben; sie wird Dir alles erzählt haben –

FRITZ. Dieser Fehltritt macht sie mir nur noch theurer – macht ihr
Herz nur noch englischer. – Sie darf nur in den Spiegel sehn, um
überzeugt zu seyn, daß sie mein ganzes Glück machen werde und
doch zittert sie immer vor dem, wie sie sagt, ihr unerträglichen
Gedanken: sie werde mich unglücklich machen. O was hab ich
von einer solchen Frau anders zu gewarten, als einen Himmel?

MAJOR. Ja wohl einen Himmel; wenn's wahr ist, daß die Gerechten
nicht allein hineinkommen, sondern auch die Sünder, die Busse
thun. Meine Tochter hat Busse gethan und ich hab für meine Thorheiten und daß ich einem Bruder nicht folgen wollte, der das Ding
besser verstund, auch Busse gethan; ihr zur Gesellschaft: und darum macht mich der liebe Gott auch ihr zur Gesellschaft mit glücklich.

GEH. RATH (*ruft zur Kammer hinein*). Herr Pätus, kommen Sie doch
hervor. Ihr Vater ist hier.

DER ALTE PÄTUS. Was hör' ich – Mein Sohn?

PÄTUS (*fällt ihm um den Hals*). Ihr unglücklicher verstossener Sohn.
Aber Gott hat sich meiner als eines armen Wäysen angenommen.
Hier, Papa, ist das Geld, das Sie zu meiner Erziehung in der Fremde angewandt; hier ist's zurück und mein Dank dazu: es hat doppelte Zinsen getragen, das Kapital hat sich vermehrt und Ihr Sohn
ist ein rechtschaffener Kerl worden.

DER ALTE PÄTUS. Muß denn alles heute wetteifern, mich durch Großmuth zu beschämen. Mein Sohn, erkenne Deinen Vater wieder,
der eine Weile seine menschliche Natur ausgezogen und in ein wildes Thier ausgeartet war. Es gieng Deiner Großmutter wie Dir:
sie ist auch wiedergekommen und hat mir verziehen und hat mich
wieder zum Sohn gemacht, so wie Du mich wieder zum Vater
machst. Nimm mein ganzes Vermögen, Gustav! schalte damit nach
Deinem Gefallen, nur laß mich die Undankbarkeit nicht entgelten, die ich bey einem ähnlichen Geschenk gegen Deine Großmutter äußerte.

PÄTUS. Erlauben Sie mir, das tugendhafteste süsseste Mädchen glücklich damit zu machen –

DER ALTE PÄTUS. Was denn? Du auch verliebt? Mit Freuden erlaub' ich

Dir alles. Ich bin alt und möchte vor meinem Tode gern Enkel sehen, denen ich die Treue beweisen könnte, die Eure Großmutter
für Euch bewiesen hat.

FRITZ (*umarmt das Kind auf dem Kanapee, küßt's und trägts zu
Gustchen*). Dies Kind ist jetzt auch das meinige; ein trauriges
Pfand der Schwachheit Deines Geschlechts und der Thorheiten des
unsrigen: am meisten aber der vortheilhaften Erziehung junger
Frauenzimmer durch Hofmeister.

MAJOR. Ja mein lieber Sohn, wie sollen sie denn erzogen werden?

GEH. RATH. Giebts für sie keine Anstalten, keine Nähschulen, keine
Klöster, keine Erziehungshäuser? — — Doch davon wollen wir ein
andermal sprechen.

FRITZ (*küßt's abermal*). Und dennoch mir unendlich schätzbar, weil's
das Bild seiner Mutter trägt. Wenigstens, mein süsser Junge!
werd' ich Dich nie durch Hofmeister erziehen lassen.

Das Väterchen

PERSONEN

HERR SCHLINGE, *Negociant*
LUDWIG, *sein Sohn*
FRAU GERVAS
CLÄRCHEN, *ihre Tochter*
JOHANN,
BERTRAND, } *Bediente des Herrn Schlinge*
HERR REICH
EIN BAKKALAUREUS, *dessen Klient*
FRAU SCHLINGE
HERR KOLLER, *Hofmeister bey ihren Kindern,*
  wird nicht gesehen
BEDIENTE

ERSTER ACKT

ERSTE SCENE

Herr Schlinge. Johann

Johann. Bey allem was Ihnen heilig ist, bey Ihrer Ehre, bey Ihren Kindern, bey Ihrer Frau.

Herr Schlinge. Ich bitte dich hör' auf — was hast du?

Johann. Bey Ihrer Frau, bey Ihren Kindern.

Herr Schlinge. Hör auf, hör auf — was verlangst du?

Johann. Bey Ihrer Frau.

Herr Schlinge. Sackerlot hör' auf — was willst du von mir?

Johann. Daß Sies uns nicht wollen entgelten lassen.

Herr Schlinge. Was denn? Daß mein Sohn verliebt ist? Nun, nun, sey nur ohne Furcht, ich bin nicht von der gewöhnlichen Art Väter. Ich weiß alles, daß ihr mit ihm unter einer Decke steckt, daß ihr ihm des Nachts allemal die Haußthür aufmacht und ihn neulich gar über die Hofmauer geholfen habt, als ich den Schlüssel unter mein Kopfküssen gesteckt hatte — hoho, wofür haltet ihr mich, aber — ich weiß alles und doch weiß ich nur soviel als ich wissen will, ich seh alles, aber ich seh es immer nur durch die Finger.

Johann. Liebster Herr Schlinge, das macht die Liebe die wir für den jungen Herrn tragen. Wir können uns unmöglich so lange bitten lassen. Ich wenigstens habe noch in meinem Leben niemanden was abschlagen können, wenn er mich so ernstlich und nachdrücklich darum gebeten hat als der junge Herr. Aber jetzt ist er freylich übel daran, er hat keinen Groschen Geld mehr.

Herr Schlinge. Hör einmal Johann — du weißt, was ich für ein Weib habe.

Johann. Ich denke Sie wissens am besten.

Herr Schlinge. Wenn's auf mich ankäme! Wollte Gott alle Väter dächten wie ich, so würden sie mit ihren Kindern nicht anders umgehn als mit ihren guten Freunden. Das ist mein einziger Ehrgeiz, hör' einmal, mein seliger Vater hats mir eben so gemacht. Es ist kein Schelmstück gewesen, wo er mir nicht mit Rath und That an die Hand gieng, wenn ichs ihm entdeckte. Damit gewann er mir denn das Herz ab, ich hätte mich viertheln für ihn lassen und das möcht ich von meinem Sohn auch gern. Seine Mutter hält ihn scharf genug den armen Jungen, sie ist Vater, ich will Mutter seyn. Er hat mich heut um Geld gebeten, es der Jungfer Clärchen hier auf der Nachbarschaft zu bringen, er sagt die alte Mutter quäl' ihn so sehr, sie habe für zweyhundert Gulden Haußzinse abzutragen, und wenn er ihr das Geld nicht schaffen kann, soll er ihr den Fuß nicht mehr ins Hauß setzen, siehst du, das hat er mir alles so ganz offenherzig gebeichtet, für das gute Zutrauen muß er belohnt werden. Ueberdas wär' es ewig Schade, Jungfer Clärchen ist ein feines feines zierliches Närrchen, ich wollt um alles in der Welt nicht, daß mein Sohn die Bekanntschaft mit ihr abbräche, er sagt immer er will sie heyrathen, so bald er die Notariatsstelle erhalten hat, die der alte Herr Thiermann nun bald mit dem Himmel verwechseln wird – siehst du alles das – wenn meine Frau mir nur nicht alles unter Schloß hielte –

JOHANN. Wahr ist wahr, der Herr Hofmeister Koller hat ja mehr unter Händen als Sie. Man sollte ja beynahe glauben, die Frau Schlinge habe ihn zu ihrem Schatzmeister angenommen.

HERR SCHLINGE. Die verdammte Aussteuer mit der sie mir ehmals die Finger jucken machte! ich habe meine Hosen dafür verkauft. – Hör einmal Johann, du mußt meinem Sohn sehn dreyhundert Gulden zu verschaffen, so viel ungefähr braucht er.

JOHANN. Das war's eben warum ich Sie bitten wollte. Wo hernehmen, Herr?

HERR SCHLINGE. Du magst mich darum betrügen, ich erlaub es dir.

JOHANN. Du magst dem Nackenden die Kleider ausziehn. Sie haben ja selbst nichts, als worum Sie Ihre Frau betrügen.

HERR SCHLINGE. Hör' einmal, du magst meine Frau auch betrügen, ihren Hofmeister auch, ich erlaube dir mich und mein ganzes Hauß zu bestehlen, wenn du meinem Buben das Geld nur schaffst.

JOHANN. Sie erlauben mir in der Luft zu fischen und im Meer zu jagen.

HERR SCHLINGE. Besinne dich nur – du hast ja sonst Ränke genug im Kopf.

JOHANN. Aber meine sechs sieben Procent zieh ich ab.

HERR SCHLINGE. Sechs Procent, ja freylich, die sollst du haben.

JOHANN. Und stehn Sie mir für alle Folgen?

HERR SCHLINGE. Für alle.

JOHANN. Was auch daraus entstehen mag.

HERR SCHLINGE. Ich sage dir ja, ich nehm alles auf mich. Du triffst mich auf der Börse, wenn du mich sprechen willt.

JOHANN. Wenn Sie mir nur für die Folgen stehn, so fürcht ich mich für den Teufel nicht – auch für Ihre Frau nicht, hören Sie einmal. Aber so lange mein Rücken noch in Gefahr schwebt, so lange kann auch mein Kopf nichts zur Welt bringen. In einer Stunde soll Ihr Sohn das Geld haben. (*Geht ab.*)

HERR SCHLINGE (*ruft ihm nach*). Du triffst mich auf dem Weinhause, hör' einmal, bey Trillern. Hörst? – Das ist ein ausgemachter Spitzkopf, ich glaube er krepirte eher als einen Streich nicht zu vollführen, zu dem er ausgeholt hat. Jetzt bin ich meiner Sachen so gewiß, als daß zweymal zwey fünfe ist – auf deine Gesundheit Johann – (*geht.*)

ZWEYTE SCENE

LUDWIG. FRAU GERVAS

LUDWIG. So? Ist das mein Dank? Mir die Thür – ist das mein Dank? Wart nur! ich will euch angeben, ich will euch – Pest der jungen Leute, Ruin der jungen Leute! Das Meer ist nicht so falsch als ihr, jenes hat meinem Vater Geld gebracht, ihr habts verschlungen. Wart nur! ich will euch wieder so weit bringen, als ihr gewesen seyd, als ihr Gott danktet, wenn man euch ein Stück. Brod von weitem zeigte. Ich will dich mit Hunger dreßiren wilde Bestie! von deiner Tochter sag ich nicht, sie kann nichts dafür, sie ist Tochter, sie muß gehorsam seyn, aber du, aber du – (*schlägt die Fäuste übereinander.*)

FRAU GERVAS (*kommt vor die Thür*). Wer lärmt hier mir unter dem Fenster? Wie Monsieur – was fehlt Ihnen, was fangen Sie an? Warum seegeln Sie denn nicht ab? Sie sagten ja, wir sollten Sie in Ihrem Leben nicht wieder zu sehn kriegen. Aber ich glaube der Sturm jägt Sie wieder in Hafen zurück, eh Sie noch vom Stapel abgelassen sind.

LUDWIG (*vor sich*). Ich glaube, sie bittet mir ab. (*Laut.*) Hab ich das um euch verdient Undankbare? Ist das der Dank für die Wohlthaten?

FRAU GERVAS. Wohlthaten! Närrchen, was für Wohlthaten?

LUDWIG. So? Hab ich dich nicht allein aus der bittersten Armuth gezogen? Hast du nicht mir alles zu danken? Ist das erlaubt? Mir das Hauß zu verbieten! Ist das erlaubt? Da ich allein ein Recht habe, dieses Hauß zu betreten.

FRAU GERVAS. Ja wenn du mir die Haußzinse abtragen hilfst. Ich verspreche dir es soll niemand in mein Hauß kommen, wenn du mir allein alle meine Foderungen erfüllst.

LUDWIG. Wenn kannst du denn genug haben, Unersättliche? Kaum hab ich gegeben, so foderst du schon wieder.

FRAU GERVAS. Und wenn kannst du denn genug haben, Vielfraß! Kaum bist du bey meinem Mädgen gewesen, so kommst du schon wieder.

LUDWIG. Ich habe dir alles gegeben was ich hatte.

FRAU GERVAS. Ich auch, wir sind quitt, du Geld und ich Plesir.

LUDWIG. Das ist schlecht gehandelt.

FRAU GERVAS. Was pochen Sie Herr? Wo steht es geschrieben, daß das schlecht handeln heißt, wenn man leben will.

LUDWIG. Sie sollten mich doch nicht bis aufs Blut aussaugen wollen, Frau Gervas.

FRAU GERVAS. Und mich selber saugen, nicht wahr? Wie der Bär an seinen Pfoten? Ihr seyd mir saubere Herren, ihr Herren Liebha-

ber! Nein, nein, ich sehe schon, es geht mit euch wie mit den Fischen, die frischen allein taugen was, die alten sind weder zum
Kochen noch zum Braten, wie die Stockfische. Daß dich! ein fri-
scher Liebhaber, der siehts gern, wenn man etwas von ihm heischt,
der nimmt alleweile aus dem Vollen und weiß selber nicht was er
giebt und wie viel er giebt, seine einzige Freude ist, wenn er nur
recht viel geben kann, er will purplatt von jedermann im Hause
freundlich angesehen seyn und wenns auch vom kleinen Hunde
wäre, allezeit hat er etwas für ihn im Sack damit er ihm nur
schmeicheln soll.

LUDWIG. Da machen Sie mein Conterfeit, da erkenn' ich mich vollkommen.

FRAU GERVAS. Ja es sieht dir so ähnlich als der Himmel dem Dudel-
sack — Hör' einmal, daß du siehst, wie gut ich für dich denke, wenn
du mir vier Dukaten giebst, sollst du diesen Abend noch die Erlaubniß haben bey meiner Tochter zuzubringen.

LUDWIG. Wo ist das, was ich dir gestern gab.

FRAU GERVAS. Gestern gab? Gestern gab? Wo ist der vorjährige
Schnee? Meynest du, wir leben von der Luft?

LUDWIG. Aber — ich verspreche dir morgen —

FRAU GERVAS. Aber — der Tod ist umsonst. Der Becker will sein Brod
bezahlt haben, der Weinhändler seinen Wein, kein Mensch giebt
uns was für Versprechungen und wir sollen dir geben? Nein, nein,
unsere Hände sind unsere Augen, wir sehn nichts als was wir begreifen —

LUDWIG. Hast du vor auch so mit mir gesprochen? Da war in der
ganzen Stadt kein so artiger feiner junger Herr als ich. Das ganze
Hauß lächelte mir entgegen, eure ganze Beschäftigung war, meinen Geschmack auszukundschaften, was ich nur von weitem wollte, thatet ihr schon.

FRAU GERVAS. Nun? Wer wird den Vögeln noch Futter hinstreun,
wenn man sie einmal gefangen hat. Jetzt machen wir die Lock-
speise für andere zurecht. (Will gehn.)

LUDWIG. Wart, bleib, höre doch — wie viel verlangtest du von mir,
wenn dieses Jahr keine andere Mannsperson in dein Hauß kommen dürfte als ich.

FRAU GERVAS. Wie viel — vierhundert Gulden, wie ich dir gesagt
habe.

LUDWIG. Dreyhundert — ich bitte dich Gevatterin, dreyhundert waren es.

FRAU GERVAS. Gut weil ich in der Verlegenheit bin, so will ich das
nicht ansehn, ich muß mirs schon gefallen lassen — aber die Sache
leidet keinen Aufschub und wenn Herr Reich, der mir alles schon
versprochen hat, eher kömmt, so — (will gehn.)

LUDWIG (hält sie zurück). Aber unter der Bedingung daß im ganzen

Jahr keine andere Mannsperson über deine Schwelle gehen darf
als ich –

FRAU GERVAS. So werd ich unsern Haußknecht wohl müssen kastri-
ren lassen, kurz ich verspreche dir was du willst, nur dreyhundert
Gulden mir geschafft junger Herr, und das heut Abend noch, oder
– (*geht ab.*)

LUDWIG. Ich bin verlohren wenn ich das Geld nicht irgendwo auf-
treibe. Ich will zu allen meinen Freunden gehn – ich will – ich will
ihnen Zinsen versprechen und wenns neun und neunzig Procent
wären.

ZWEYTER ACKT

ERSTE SCENE

JOHANN

JOHANN (*dehnt sich und gähnt*). In der That, Bursche! es ist Zeit, daß
du aufwachst: die Sonne wird bald schlafen gehn und noch hab ich
nicht an mein Versprechen gedacht. Mein alter Herr wird sich beym
Herrn Triller noch zu Tode warten und sauffen. Das war doch
recht unchristlich eingeschlafen, mittlerweil Vater und Sohn auf
meinen Verstand paßt. Wo find ich nun auf den Stutz was? Die
Schelmenstreiche machen einem ehrlichen Mann freilich nicht viel
Mühe, aber es geht damit wie meiner Herrschaft mit mir, wenn sie
mich just am nöthigsten braucht, bin ich eingeschlafen. Ich muß
mich doch besinnen – ja dreyhundert Gulden in einem Husch so
auf eine honette Art zusammen zu stehlen – das Ding hält schwe-
rer als ich glaubte – holla, wornach rennt sich denn der außer
Athem?

ZWEYTE SCENE

BERTRAND. JOHANN

BERTRAND (*sieht ihn nicht*). Juch, wo find ich den verzweifelten Jungen – das ist ein Triumf, eine Beute – Johann – wo Henker steckt
er dann – Johann – wenn die Gelegenheit entwischt ist, dann können wir ihr mit Postpferden nach – Johann – Sapperment, wir wären alle auf einmal geholfen – Johann –

JOHANN (*hat sich von hinten leise hinangeschlichen und schreyt ihm
aus aller Macht in die Ohren*). Sachte – er steht hier.

BERTRAND. Höllenhund –

JOHANN. Was bringst du neues? Geschwind, kram aus –

BERTRAND. Etwas unaussprechliches – ein Streich – ein Streich – jetzt nur Courage, und den Verstand in die Hand genommen –

JOHANN. An mir solls nicht liegen – so rede doch –

BERTRAND. Gemach – laß mich doch zu Athem kommen.

JOHANN. Daß du ersticken magst – rede!

BERTRAND. Wo ist der Herr?

JOHANN. Welcher? Herr Schlinge oder Herr Koller.

BERTRAND. Beyde – wo ist der?

JOHANN. Der? Bey Trillers und der drinne bey der Madame.

BERTRAND. Es ist schon gut.

JOHANN. Schon gut? Also hast du Geld? Und willsts allein für dich behalten? Gleich geh ich hinein und schicke dir den Herrn Koller auf den Hals.

BERTRAND. Warte doch, du läßt einen ja gar nicht zu Athem kommen. Hör, erinnerst du dich noch ans Reitpferd, das Herr Koller dem Amtmann aus Dillhofen verkaufte.

JOHANN. Das Reitpferd – ja freylich –

BERTRAND. Der hat das Geld dafür durch einen Bauren herein ge-schickt und da ich weiß, daß unser junge Herr Geld braucht –

JOHANN. Wo ist der Baur?

BERTRAND. Ta ta ta, nicht wahr du möchtest ihn fressen – Ich saß da vorhin bey unserm Barbier im Laden, so tritt er auch hinein und fragt mich aufs erste Wort, ob ich den Herrn Schlinge kenne, ey ja wohl, sag ich, ich bin sein Haußgenoß. Er erzehlt mir drauf ganz treuherzig, er habe seinem Hofmeister Geld abzugeben.

JOHANN. Und was sagtest du dazu, d mmer Teufel –

BERTRAND. Höre nur! Auf einmal g t ch mir eine majestätische Mie-ne, Haußgenoß und Hofmeister e ers nehmen will, aber der Pin-sel antwortet, ich möchts ihr ncht übel nehmen, er kenne den Herrn Koller nicht von Person, aber den Herrn Schlinge kenn' er ganz wohl, ich möchte unbeschwert den Herrn Schlinge nach Hau-se bestellen, er habe nur noch ein paar Commißionen zu machen, alsdann wolle er zu uns kommen und mir das Geld in seiner Ge-genwart auszahlen. Was war zu thun, ich beschrieb ihm unser Hauß – ich denke, wir werden unsern Herrn Schlinge leicht über-reden, seinem Hofmeister so einen kleinen Schneller vor der Nase zu schlagen –

JOHANN. Stille, er weiß von allem – er hat eben vor einer halben Stunde mit mir gesprochen, ob sich der alte Esel verstellte, oder ob's ihm Ernst war – genug er ist nicht allein nicht böse über un-sere Historien gewesen, sondern er hat mich auch noch himmel-hoch gebeten, seinem Sohn noch heut Abend dreyhundert Gulden zu verschaffen.

BERTRAND. Bist du rasend, das ist ja auf ein Haar so viel, als der Baur mit sich hat.

JOHANN. Vortreflich, vortreflich, höre nur – er hat mich gebeten, ihn und sein ganzes Hauß auszuplündern, zu bestehlen, zu nothzüchtigen, wenn ich seinem Sohn nur das Geld schaffen kann. Also denk ich du gehst gleich zu Trillers und hohlst ihn und spude dich zurück, ich will derweil unsern Mann hier an der Thür aufhalten, damit ihn nicht der Teufel zum wahren Herrn Koller hinein führt.

BERTRAND. Gut – wenn ich also wiederkomme, daß du's weiß'st, spiel ich die Rolle des Herrn Hofmeisters.

JOHANN. Das versteht sich –

BERTRAND. Dann mußt du mirs also auch nicht übel nehmen, wenn ich dich zuweilen ein wenig hart anfahre und dir von Zeit zu Zeit einen zärtlichen Rippenstoß gebe.

JOHANN. Bey leibe nicht – aber du wirst mirs auch nicht übel nehmen, wenn ich dir nach geendigter Tragödie alles mit Interesse wieder bezahle – Geh nur, zum Henker, dort seh ich jemand aus der Queergasse kommen, – (*Bertrand läuft*) ich will mich hinter die Thür zurückziehn und zuschließen, damit wir Zeit gewinnen.

DRITTE SCENE

Der BAUR. JOHANN

BAUR. Nach der Beschreibung muß dies das Hauß seyn – ich will nur herzhaft anklopfen.

JOHANN (*hinter der Thür*). Wer schmeißt uns das Hauß ein –

BAUR (*fährt zurück*). Herr ich habe ja noch nicht geklop[f]t – wohnt hier der Herr Schlinge?

JOHANN (*kommt hervor*). So habt ihr doch die Hand darnach ausgestreckt – ich leid es nicht, daß man der Thür übel begegnet, die mit mir Lohn und Brod ißt, ich bin ein guter Freund von unsrer Thür daß ihrs wißt.

BAUR. Mit den Leuten in der Stadt! – ich bin ja noch nicht dran gewesen.

JOHANN. So seyd ihr doch unterwegs gewesen, unsere Thür ist noch Jungfer, so bald sie nur jemand auf sich zukommen sieht, so giebt sie mir ein Zeichen und Gott sey dem gnädig, der sie anrührt.

BAUR (*besieht die Thür*). Das muß doch eine schnackische Thür seyn – hat der Herr wo ein Uhrwerk drinne – Aber hör' er doch, guter Freund! wohnt hier der Herr Schlinge, sag er mir einmahl.

JOHANN. Wenn er zu Hause ist, ja –

BAUR. So? He he he, ist denn sein Herr Hofmeister auch nicht daheime?

JOHANN. Wenn er nicht zu Hause ist, nein – er ist vor zum Barbier

gegangen, ich denke, er wird wol bald wieder da seyn – was sucht
er bey ihm?

BAUR. Also bin ich doch recht – nun nun, er wird denn wol nicht so
lange aussenbleiben.

JOHANN. Was begehrt er von ihm.

BAUR. Nichts nichts, ich wollte nur – nehmen Sie mirs nicht übel,
Herr, könnten Sie mir nicht so ungefähr eine kleine Beschreibung
machen, wie er ungefähr aussieht, der Herr Koller?

JOHANN. Wie er drein sieht? Der Herr Koller? Ich wills euch sagen,
er hat rothes Haar, eingefallene Backen, boßhafte Augen, eine
niedrige Stirn.

BAUR. Ich dank ihm, ich dank ihm – kein Mahler hätte ihn besser
conterfeyen können, ich denke ich sehe ihn vor mir, ich habe vorhin
dort einen Herrn beym Barbier angetroffen, dem ichs so gleich anfangs auf sein Wort nicht glauben wollte, weil er sich immerfort
mit dem Meister Rebhun zuwinkte – aber meine Treu, ich glaube,
da kommt er selber.

JOHANN. Ja das ist er, was Henker muß ihm wieder im Kopf stecken,
seht nur, wie er mit dem Kopf schüttelt, es ist ein rechter Sadrach
unter uns gesagt, er schlägt um sich wie ein Sardanapalus, wenn
er zornig wird.

VIERTE SCENE

BERTRAND. *Die vorigen*

BERTRAND (*vor sich*). Daß das Wetter den alten Weinschmecker –
kann ihn doch kein Henker von seinem Stuhl wegbekommen – ich
muß nun schon sehen, wie ich meinen Part allein spiele – (*zu Johann*) Was ist denn das für eine Wirthschaft hier im Hause, daß
mir niemand auf meinen Befehl mehr horchen will – hab ich euch
nicht gesagt, daß ihr mir den Regenschirm zum Barbier nachbrin-
gen solltet.

JOHANN (*leise zum Baur, der schüchtern zurückweicht*). Weh mir – das
hatt ich vergessen.

BERTRAND. Antwortet Lumpenhund, was hat euch abgehalten.

JOHANN. Verzeihen Sie, dieser Herr hat mich –

BERTRAND (*stößt ihn*). Fort und wenn's der König gewesen wäre –
(*hebt den Stock*) Niedergekniet –

BAUR (*vor sich*). Wie wird mirs gehen?

JOHANN. Herr Koller, es soll das letztemal seyn –

BAUR. Gnädiger Herr, ich bitte Sie, verzeihen Sie ihm diesmal, ich
bin Schuld dran gewesen –

BERTRAND. Fort – ich kenne den Taugenichts, es ist nicht das erstemal, er ärgert mich alle Tage, in meinem ganzen Leben habe ich

ihm noch nicht einmal befehlen können, hunderttausendmal muß
man's ihm vorbellen – wie lange hab ich dir nicht schon gesagt, du
solltest machen, daß der Schutthaufen unter meinem Fenster weg-
kommt, hast du's gethan? Und die Spinnweben von meinem Rari-
tätencabinet abzufegen oben, hast du's gethan? Und mein Silber-
geschirr, ist's polirt? Nichtswürdige Bestie! Immer fort muß ich
auf den Füßen seyn, immer den Stock in der Hand als ob ich lahm
wäre, drey Tage lauf ich schon herum, Kaufleute zu finden denen
ich mein Geld auf Zinsen austhun kann, toll daß ich dich wozu
brauchen könnte, unbeholfener Schlingel, er schläft derweile hinterm Ofen, derweile sein Herr nicht weiß, ob er in seinem Hause
wohnt oder auf der Straße, Prügel dem Tagdieb. (*Hebt den Stock,
der Baur fällt ihm in den Arm.*)

BAUR. Herr für diesmal – lassen Sie's so gut seyn –

BERTRAND. Rede! Hast du dem Materialisten das Geld abgegeben.

JOHANN (*zitternd*). Ja Herr.

BERTRAND. Und die zehn Ohmen Wein, die ich gestern dem Postmei-
ster überließ, sind sie bezahlt?

BAUR. Daß dich – ganzer zehn Ohmen –

JOHANN. Ja Herr – ich glaube die Madame hat das Geld empfangen.

BERTRAND. Spät genug – ein ganzes Jahr hab ich warten müssen.

JOHANN (*heimlich zu ihm*). Verrede dich nicht – (*laut.*) Auf des Juwe-
liers seine Schuld, meynen Sie –

BERTRAND. Hast du den Demantring zurückgebracht, den ich dem
Herrn Heip zu seiner Tochter Hochzeit lieh?

JOHANN. Mein Herr.

BERTRAND. Nein? (*Hebt den Stock.*)

BAUR (*fällt ihm nochmals in den Arm*). Wo Sie mich nicht anhören
Herr – ich muß nur gehen. (*Geht einige Schritte.*)

JOHANN (*zu Bertrand*). Jetzt ums Himmels willen, laß genug seyn.

BERTRAND. Was fangen wir an? Zurückruffen möcht ich ihn nicht.

BAUR (*kehrt wieder*). Jetzt ist er ruhig, nu will ich an der Glocke ziehen, meyn' ich, da sie ausgeklungen hat. (*Nähert sich.*) Wollen
Sie mich anhören, gnädiger Herr.

BERTRAND. Ach sind Sie schon da mein lieber Freund? Seht doch, der
verwünschte Kerl hat mir kein Wort davon gesagt. Schon lange
hier? Nehmen Sie's doch nicht übel, der Zorn hatte mich ganz
blind gemacht.

BAUR. Hat nichts zu sagen – ja wohl bin ich hier, ich habe ja mit dem
Herrn schon gesprochen, nehm' ers doch nicht übel, hat er den
Herrn Schlinge angetroffen.

BERTRAND. Nein warhaftig, aber es schadt nichts, ihr könnt mir das
Geld nur auszahlen, ich will euch sogleich quittiren.

BAUR. Verzeih er mir, ich möcht ihm das Geld gern in Gegenwart des
Herrn Schlinge geben.

JOHANN (*zupft ihn*). Mensch, der Herr Koller und der Herr Schlinge, das ist all eins, sie kennen sich seit länger als gestern.

BAUR. In Gegenwart des Herrn Schlinge.

JOHANN. Geb ers dem Herrn nur, auf meine Gefahr, ich steh ihm gut dafür. Wenn der Herr Schlinge erführe, daß er seinem Herrn Hofmeister nicht getraut hätte, daß dich der Tausend, was meynt er wohl, daß er dazu sagen würde.

BERTRAND. Mir gilts endlich gleich, wenn er nicht will, laß ihn stehen.

JOHANN. Geb er's ihm, zum Kuckuck, ich bin in tausend Aengsten, daß er nicht etwa gar meynt, ich hab ihm abgerathen. Wofür fürchtet er sich, Schock Wetter, sey er doch kein Kind, ich bin ihm Caution dafür, er soll gut aufgehoben seyn.

BAUR. In meiner Hand ist's am besten aufgehoben, ich bin fremd, ich kenne den Herrn Koller nicht.

JOHANN. Da steht er, seh er ihn doch an, nun er kennt ihn ja.

BAUR. Er kanns seyn, er kanns auch nicht seyn: ich gebe mein Geld nicht aus den Händen.

BERTRAND. Du bist rasend, was kapitulirst du mit ihm? Der Kerl ist keck, weil er mein Geld in Händen hat. Pack er sich nach Hause, wenn er rechtschaffnen Leuten nicht trauen will.

JOHANN. Hört er wohl? Zum Henker was zögert er? Er sieht ja daß er zornig wird. (*Faßt ihn an den Armen.*)

BAUR. Laß er mich gehen – Nasenweis.

JOHANN. Ist er nicht gescheidt? Er macht sich unglücklich, wenn er ihm das Geld nicht giebt.

BERTRAND. Ich will dir Arm und Bein entzwey schlagen, wo du mir noch ein Wort an ihn verlierst. Mir nicht dreyhundert Gulden zuzutrauen.

JOHANN (*stößt ihn*). Sieht er, nun muß ich um seinetwillen leiden. Flegel – ich bitt ihn, heraus mit dem Gelde, mir zu Liebe, sieht er nicht wie bleich der Herr für Zorn wird.

BAUR. Wenn ihr mich nicht gehn laßt –

BERTRAND. Lumpichte dreyhundert Gulden – das ist eine Injurie, Kerl, ihr sollt mir Satisfacktion geben und sollt es mein halbes Vermögen kosten.

BAUR. Herr ich bitt ihn – nur bis der Herr Schlinge nach Hause kommt: er kann ja doch nicht mehr so lange haussen bleiben.

BERTRAND. Mord und Todschlag, das hat sich doch niemand unterstanden mir merken zu lassen – lumpichte dreyhundert Gulden – ich möchte doch den sehen, der in der ganzen Stadt mehr Credit hat, als ich –

BAUR. Das kann möglich seyn, aber wenn ich einen Menschen nicht kenne so fürcht ich ihn ärger als Wölfe und Bären.

BERTRAND. Das ist die zwote Injurie – wart er nur, es soll ihm zu Hause kommen, ich will es durchsetzen und wenn – Meynt er, weil ich so einfältig daher gehe? Ich habe mehr Geld als er zählen kann.

BAUR. Das kann möglich seyn.

BERTRAND. Der Herr Commerzienrath Bitter, er kennt ihn wohl, hat mir noch vorgestern in Abwesenheit des Herrn Schlinge baare zweytausend Thaler ausgezahlt und ist doch nicht betrogen worden.

BAUR. Das kann möglich seyn.

BERTRAND. Wenn er sich nur nach mir erkundigt hätte – die ganze Stadt kennt mich –

BAUR. Das kann möglich seyn.

BERTRAND (*faßt ihn an die Hand*). So komm' er ins drey – komm er zu Herrn Triller aufs Weinhauß, dort werden wir den Herrn Schlinge wohl antreffen, da soll er erfahren wer ich bin.

DRITTER ACKT

ERSTE SCENE

FRAU GERVAS. CLÄRCHEN

FRAU GERVAS. Kann dich nichts mehr zahm machen, widerspänstige Creatur? – Meynst du, du seyst meiner Herrschaft schon entwachsen?

CLÄRCHEN. Sie befehlen mir mehr, als der strengste Gehorsam leisten kann.

FRAU GERVAS. Also widersetzest du dich meinem Befehl?

CLÄRCHEN. Ich bin Ihnen immer gehorsam gewesen.

FRAU GERVAS. Heißt das gehorsam seyn, wenn man seiner Mutter widerspricht?

CLÄRCHEN. Was recht ist dazu schweig ich still, aber was unrecht ist, das kann ich nicht billigen Mama.

FRAU GERVAS. Nein, sie muß das letzte Wort behalten, die beredte verliebte Närrin.

CLÄRCHEN. Das Reden ist mein Capital Mama, Sie haben mirs wol hundertmal gesagt, wenn ich meine Zunge nicht übte, so würden wir zuletzt verhungern müssen.

FRAU GERVAS. Seht doch – ich will sie ausschelten und sie schilt mich.

CLÄRCHEN. Ich schelte Sie nicht, das würde sich auch übel für mich schicken, ich schelte nur auf mein Unglück, das mich von dem trennt, was ich auf der Welt am meisten liebe.

FRAU GERVAS. Wird sie mich anhören? Wird sie mich zum Wort kommen lassen?

CLÄRCHEN. Von Herzen gern, liebe Mutter, reden Sie so viel Sie wollen.

FRAU GERVAS. So sag ich dir denn einmal für tausendmal, wahnwitziges Ding, daß du mir mit dem Ludwig Schlinge nichts mehr sollst zu schaffen haben. Rede, was hat er dir gegeben? Schöne Worte, Complimente, meynst du die können in Münze eingewechselt werden? Da liebt sie ihn, da guckt sie nach ihm, da giebt sie ihm Rendezvous. Wer dir was gibt den lachst du aus und wer dich auslacht, für den stirbst du. Närrin, meynst, es sey ein Present, wenn dir jemand sagt, er wolle dich reich machen, wenn seine Mutter werde gestorben seyn? Willst du darauf warten bis sie der Teuffel holt! Sollen wir unterdessen Hungers sterben? Ich weiß nicht was der Kerl sich einbildt, ich sag es dir noch einmal und noch einmal, wo er mir heut nicht die dreyhundert Gulden bringt die er mir versprochen hat, so wird kein Wort mehr für ihn eingelegt, ich stoß ihn zum Hauß hinaus und wenn er eine See vor unsere Thür weinen sollte. Heute schon auf Borg Fleisch holen lassen, bedenke Affengesicht, wo das hinaus will, nein, heut Abend um sieben, das ist der letzte Termin, da hat Herr Reich versprochen zu mir zu kommen, wenn dein Ludwig nicht eher bey der Hand ist, so – ich werde das Elend und die Dürftigkeit keine Stunde länger im Hauß dulden.

CLÄRCHEN. Mama! ich will heut Abend ungegessen bleiben.

FRAU GERVAS. Thor, was hilft mir das – ich verbiete dir ja nicht zu lieben, nur liebe die so es gut mit uns meynen.

CLÄRCHEN. Wenn nun aber dieser mir das Herz genommen hat, was soll ich thun Mama? Rathen Sie mir –

FRAU GERVAS. Sieh mein graues Haar an, du Abart – sage mir, soll deine Mutter in ihren alten Tagen um deinetwillen Hunger leiden.

CLÄRCHEN. Liebste Mama, der Schäfer der fremde Schaafe weidt, hat doch bisweilen für sich unter dem Haufen eines, das ihm die Mühe versüßt. Soll ich den[n] Niemand haben, den ich für mich lieben kann? Lassen Sie mich den einzigen Ludwig für mich lieben.

FRAU GERVAS. Geh mir aus den Augen – es kann kein leichtfertigeres Mädchen unter der Sonne gefunden werden als du. Fort – (*Clärchen geht hinein.*) Ich habe doch auch in meiner Jugend geliebt, aber so wahnwitzig nicht. Noch kommt er nicht, der dumme Teufel, es thut mir selber fast leyd um sie, da sie einmal den Narren an ihm gesehen hat. (*Geht gleichfalls hinein.*)

ZWEYTE SCENE

BERTRAND. JOHANN

JOHANN. Nun, wie ists gegangen? So erzehl mir doch! Was sagte der alte Herr? Hast du das Geld empfangen?

BERTRAND. Der wird für lauter Freuden noch zum Weinfaß werden.

warhaftig ich hatte Lust ihm einen Zapfen in den Hals zu stecken,
er hat so viel getrunken, daß ers unmöglich alles im Bauch behalten kann. Er lallte mir zu, ich sollte nur stracks die dreyhundert
Gulden seinem Sohn überbringen, es war ein Glück daß der Bauer
da schon seiner Wege gegangen war, und sollte ihm dabey sagen
– doch was geht dich das an?

JOHANN. So? – Augenblicks geh ich und rufe den Herrn Koller heraus –

BERTRAND. Ich soll ihm sagen, daß der Alte sich dafür heut Abend
mit seiner Liebste was zu Gute thun will. Du weißt welch ein
Schmecker er ist, ich denke, man muß es ihm nicht sogleich sagen,
um ihm seine Freude und uns unser Trinkgeld nicht zu verderben,
vielleicht daß dem alten Narren die Grille auch gar vergeht, denn
ich denke in einer halben Stunde wird er in einem solchen Zustand
seyn, daß er sich selber nicht mehr sieht.

JOHANN. Unterdessen, weißt du was, denk ich, wir ziehn unsre Pro-
cente nur zum Voraus ab: sieben hat mir der Alte versprochen,
das macht ein und zwanzig Gulden für mich.

BERTRAND. Und dreyßig für mich, weil ich eigentlich der Kopf von
dem ganzen Handel gewesen bin. (*Zieht den Beutel heraus.*)

JOHANN. Potz tausend wart, da kommt ja der junge Herr schon heraus, und sein Clärchen mit ihm – weg mit dem Beutel! Wir wollen
ihm doch einen Spaß machen, nicht?

BERTRAND. Schweig still – wir wollen ihnen erst zuhorchen. Was in
aller Welt? Alle beyde mit rothen Augen – laß uns doch näher an-
schleichen.

JOHANN. Still. (*Stampft mit dem Fuß.*) Wenn ich doch Bürgermeister
wäre!

BERTRAND. Warum?

JOHANN. Alle Hunde in der Stadt schlüg ich todt. Man kann vor den
Canaillen sein Wort nicht hören.

DRITTE SCENE

LUDWIG. CLÄRCHEN
JOHANN. BERTRAND *seitwärts in einer Entfernung*

LUDWIG. Warum hältst du mich zurück?

CLÄRCHEN. Weil ich dich nicht entbehren kann.

LUDWIG. Lebe wohl!

CLÄRCHEN. Wie wohl würde ich leben, wenn du hier bliebst.

LUDWIG. Sey nur immer lustig, gesund –

CLÄRCHEN. Grausamer wie kann ich, da deine Abwesenheit meine
Krankheit ist.

LUDWIG. Deine Mutter hat mir's Hauß verboten.

CLÄRCHEN. Meine Mutter will meinen Tod.

BERTRAND (*leise*). Gewiß ist der arme Teufel Landes verwiesen.

JOHANN. Hauses verwiesen – dummer Teufel.

LUDWIG. Laß mich!

CLÄRCHEN. Wo willst du hin? Warum bleibst du nun nicht hier?

LUDWIG. Könnt ich nur noch diese Nacht bey dir bleiben.

BERTRAND. Hörst du den Schelm? Alles auf die Nacht! Er ist von Eulenart, bey Tage kann er nicht fünf zehlen.

JOHANN. Wie er sich verstellt, als ob's solche Eil hätte, und wenn sie ihn loß läßt, bin ich doch nicht Johann, wo er im Stande wäre, nur einen Daumenbreit von ihr zu gehen.

BERTRAND. Nun schweig still mit deinen saubern Moralen und laß einen doch hören.

LUDWIG. Adieu.

CLÄRCHEN. Wohin eilst du?

LUDWIG. Auf ewig! Ich werd deinen Verlust nicht überleben.

CLÄRCHEN. Womit hab ich's verdient, daß du meinen Tod begehrst.

LUDWIG. Ich deinen Tod? O wenn deine Seele dich verläßt, so will ich dir meine geben.

CLÄRCHEN. Warum sagst du denn, daß du sterben willst? Was meynst du denn daß ich thun soll, wenn du das im Sinn hast? O sey versichert, daß ich deinem Exempel in allen Stücken folgen werde.

LUDWIG. O süßer als Honig, süßestes Mädchen!

CLÄRCHEN. O lieber als mein Leben! Mein einziger Ludwig!

LUDWIG (*umarmt sie*). Welch Entzücken!

CLÄRCHEN. Könnten wir so sterben!

BERTRAND (*kratzt sich den Kopf*). Johann – der ist doch unglücklich, wer so liebt.

JOHANN. Wer hängt ist noch weit unglücklicher.

BERTRAND. Freilich – ich bin in dem Fall gewesen – hör einmal, ich kann's nicht länger ansehn – ich denke wir gehn hin und sprechen ihnen zu, du dem Herrn und ich der Jungfer –

JOHANN. Nein, du dem Herrn und ich der Jungfer.

BERTRAND. Laß nur seyn, hernach wechseln wir um.

JOHANN (*tritt näher*). Guten Abend Monsieur Ludwig! Mit Ihrer Erlaubniß, die Jungfer die Sie da umarmten – hat sie im Rauch gehangen?

LUDWIG. Was sagst du. (*Greift an den Degen.*)

JOHANN (*zurückweichend*). Ich meyne nur so – weil Ihnen die Augen davon tränen.

BERTRAND. Guten Abend, meine schöne Jungfer! Der Himmel erfülle Ihnen alle Ihre Wünsche.

CLÄRCHEN. Euch gleichfalls, guter Bertrand.

BERTRAND. O denn müßt er mir alle Tage ein Faß Wein spendiren und alle Nacht ein so schönes Jüngferchen wie Sie.

LUDWIG. Wo ihr noch ein Wort redt Unverschämte, so sollt ihr tausend Prügel –

BERTRAND. Sachte Herr, wir sind mit dem allen gute Leute die es ehrlicher mit Ihnen meynen als Sie glauben.

LUDWIG. Oh, so solltet ihr nicht albern thun, da ich nicht weiß, ob ich die Nacht überleben werde.

BERTRAND. Warum denn, ich bitte Sie –

LUDWIG. Geh Schurke! Du weißt nur gar zu gut was mir fehlt. Den Augenblick wird Herr Reich kommen und der Madam die dreyhundert Gulden auszahlen und dann bin ich für mein ganzes Leben verlohren.

BERTRAND. Johann – komm etwas abseits, ich will dir was sagen.

JOHANN (*lehnt sich ihm auf die Schulter*). Nun.

LUDWIG. So recht Kinder, umarmt euch freundschaftlich und sinnt etwas aus, wie ihr euren armen Herrn aus seiner Verzweiflung retten könnt.

BERTRAND. Ja Herr, Sie meynen es ist mit uns so wie mit Ihnen beyden vorhin da! Ich frage den Henker nach seiner Umarmung – (*leise zu Johann.*) Hör Johann! Willst du deinen Spaß mit ihm haben.

JOHANN. Wie denn?

BERTRAND. Willst du, daß seine Liebste mich in seiner Gegenwart umarmen soll.

JOHANN. Ich will wohl.

BERTRAND. Nur stille du sollst gleich sehen.

JOHANN. Aber was bekomm' ich denn?

BERTRAND. Hernach wechseln wir um, ich hab es dir ja schon gesagt.

LUDWIG. Nun wie ist's? Habt ihr was ausgesonnen?

BERTRAND. Ey freylich, hören Sie nur zu, aber verlieren Sie mir kein Wort, ich sag's Ihnen. Ich weiß, daß Sie unser Herr sind, wir Ihre Bediente. Wenn ich Ihnen aber in diesem Augenblick die dreyhundert Gulden auszahlte, wie wollten Sie uns nennen?

LUDWIG. Wie – meine Freunde – meine besten Freunde –

BERTRAND. Wie aber wenn wir nun verlangten, auf fünf Minuten nur Ihre Herren zu heissen? Was meynten Sie dazu? Auf fünf Minuten nur.

LUDWIG. Ey ja – mit Freuden.

BERTRAND. Geben Sie mir Ihre Hand darauf.

LUDWIG. Da –

BERTRAND. Ich habe die dreyhundert Gulden im Sack.

LUDWIG. Gieb her, (*umarmt ihn,*) daß dir's der Himmel vergelte, Kleinod der Bedienten, Krone der Bedienten! Gieb her.

BERTRAND. Geduld – es wird Ihnen zu schwer werden.

LUDWIG. Gieb doch nur her, Narre! Was sind das für Umschweife?

BERTRAND. Geduld – ich befehle Ihnen vorher, daß Sie der Jungfer da heissen, mich recht sehr zu bitten.

CLÄRCHEN. Das thu ich ungeheissen. Gieb mein guter Bertrand! Warum willst du zwey Herzen trennen, die dich auch so lieb haben, gieb deinem Herrn das Geld.

BERTRAND. Es muß besser kommen.

CLÄRCHEN. Mein zuckersüßer Bertrand! Mein allerliebster Bertrand! Warum willst du deinem Herrn nun nicht helfen? Wir werden dir beyde auf immer verbunden seyn.

BERTRAND. Besser –

LUDWIG. Was kann sie denn mehr sagen, Ungeheuer.

BERTRAND. Sachte! Die fünf Minuten sind noch nicht verflossen, werther Herr Ludwig, sie soll mich – he he – sie soll mich –

LUDWIG. Was?

BERTRAND. Umarmen.

LUDWIG. Verräther! Elender – Was sollen wir thun Clärchen? Die Noth zwingt uns dazu.

CLÄRCHEN (*umarmt Bertrand*). Gieb deinem Herrn nun das Geld.

BERTRAND. So gleich – (*zieht den Beutel hervor und reicht ihn Johann.*) Da wenn du's eben so gut haben willst.

LUDWIG (*zieht den Degen*). Her damit, oder du bist des Todes –

JOHANN (*reicht ihn Ludwig zitternd*). Nun seht einmal – nun hat er mich angeführt, der spitzbübsche Bertrand, nun krieg ich nichts und ich war doch der Kopf vom ganzen Handel.

BERTRAND. Aber ich war der Fuß.

LUDWIG. Kein andrer Herr würde sich so haben von euch mitspielen lassen.

JOHANN. Ja und daß Sie's wissen, Monsieur Ludwig, er hat Ihnen das Geld nicht gebracht, Ihr Herr Vater war's der es Ihnen zuschickte.

LUDWIG. Mein Vater –

JOHANN. Ja und nun hören Sie noch die Bedingungen.

LUDWIG. O Himmel!

JOHANN. Vors erste verlangt Ihr Papa, Jungfer Clärchen ohne Zeugen besuchen zu dürfen, wenn er will.

LUDWIG. Und vor's andere?

JOHANN. Vor's andere will er diese ganze Nacht mit ihr zu bringen und sich erlustiren, und Sie sollen dabey aufwarten.

LUDWIG. Was soll ich thun? Er ist doch besser als Reich. Und Clärchen – (*küßt ihr die Hand,*) liebt mich?

JOHANN. Wollen Sie das eingehen? Bedenken Sie nur Ihr Papa, was das für ein Spatz ist – das ist keine Kleinigkeit –

LUDWIG. Ja wenn's drauf ankömmt, mir einen jungen Nebenbuhler vom Halse zu schaffen. Lauf, sag ihm er möchte nur herkommen –

BERTRAND. Meynen Sie? Er sitzt schon lang drinne, bey der alten Madam und wartet auf Sie. Ich habe eben in unsern Garten gesehen, da sah ich ihn zur Hinterthür hinausschleichen, damit Ihre Frau Mama nichts merkte und das zur Hinterthür hinein bey der Frau Gervas.

LUDWIG. Laßt uns ihm folgen —

VIERTER ACKT

ERSTE SCENE

HERR REICH. *Der* BAKKALAUREUS

HERR REICH. Nun hast du den Contrackt aufgesetzt! Ich weiß, euch Gelehrten geht so was besser von der Feder als unser einem. Aber ist er auch recht strenge, so wie ich ihn haben will? Ließ mir doch vor, Punkt für Punkt, eh wir hinein gehn, ob du auch nichts ausgelassen hast?

BAKKALAUREUS. Hem, hem! Ich bin versichert, daß der Frau Gervas alle Haare zu Berge stehn werden, wenn sie das liest.

HERR REICH. Nun so mach fort Brausebart.

BAKKAL. Hem, hem! Reich! Du hörst doch.

HERR REICH. Ich höre mit Händen und Füßen.

BAKKAL. Hem! Herr Reich, eheleiblich natürlicher Sohn des weyland verstorbenen Wohlseligen.

HERR REICH. Ey was gehört das zur Sache — die Bedingungen will ich wissen, die Bedingungen.

BAKKAL. (*zieht ein Bleystift hervor*). *Deleas ergo* — Hem — schenkt, giebet und stipuliert kraft und vollmacht dieses der Madame Frau Gervas zu ihrem nöthigen Unterhalt dreyhundert Gulden Sächsisch —

HERR REICH. Ey was — die Bedingungen —

BAKKAL. Die Bedingungen ja doch, warten Sie nur, (*Reich will ihm das Blatt aus der Hand reissen*) sehen Sie hier kommen sie die Bedingungen, potz Millius, (*indem beyde reissen, behält jeder ein Stück davon in der Hand*) das hab ich gesagt — nun magst du sehen, wer dir ein anders macht, die Schäferstunde schlägt nicht allemal, wenn man will, das hab ich gesagt, du Läye! Mit deiner Ungeduld.

HERR REICH. Bakkalaureus, wir essen heut Abend im Schwan zusammen —

BAKKAL. (*legt die beyden Stücke auf der Hand zusammen*). — Unter nachstehenden Bedin — Holla das geht nicht, der Wind ist conträr, (*legt beyde Stücke auf dem Boden zusammen wo er sie mit beyden*

Händen hält und liest kniend) unter nachstehenden Bedingungen. Zuvörderst soll es ihm erlaubt seyn, Jungfer Clärchen zu allen Tageszeiten itztlaufenden Jahres, Morgens und Abends, *meridie et septentrione* zu besuchen.

HERR REICH. Das ist nichts: allein, muß es heissen, ihm allein erlaubt seyn.

BAKKAL. (*corrigirt*). Ihme allein erlaubt seyn.

HERR REICH. Es muß mit ausdrücklichen Worten dastehn, daß keine andere Mannsseele die Erlaubniß haben soll.

BAKKAL. Warten Sie nur, es kommt, es kommt. Zum andern und zunächst, daß niemand über der Frau Gervas Schwelle schreiten darf als Herr Reich und irgend ein guter Freund den er mitbringt.

HERR REICH. Niemand.

BAKKAL. Weder Vormund noch Verwandter unter waserley Vorwand es auch seyn mag. Sie soll über ihre Haußthür mit großen Buchstaben schreiben: allhier niemand zu Hause. Kein Brief noch Briefschaft soll in ihrem Hause gefunden werden, auch keine Dinte noch Papier, weil man leichtlich damit einen schreiben könnte. – Hören Sie nur – Ferner, wenn sie irgend ein anstößiges Gemählde, oder Porträt von irgend einer Mannsperson, und wenn's ihr seliger Mann selber wäre, sey es am Busen oder an der Wand hängen hat, so fällt es als ein Confiskat Herrn Reich – oder seinem guten Freunde zu. Ferner – soll sie in diesem ganzen Jahr niemals Gäste laden, sondern es sey dem Herrn Reich überlassen – welche mitzubringen. Hören Sie nur – die Jungfer soll auch keinen von diesen Gästen ansehn, sie soll das ganze Jahr über blind seyn. Herr Reich allein soll ihr über Tisch vorlegen, sie soll auch von niemand eine Gesundheit annehmen als von ihm und er wird ihr jedesmal auf eine zierliche Art mit dem Finger bezeichnen, wie viel sie trinken soll. Ferner –

HERR REICH. Das ist schön, das war ein guter Einfall.

BAKKAL. Ferner, ferner, ferner, hören Sie nur. Allen gerechten Argwohn soll sie nach äussersten Kräften vermeiden und mit ihrem Fuß keinem Mannsfuß zu nahe kommen, welches der Himmel verhüten wolle.

HERR REICH. Was? Das ist nichts, das lieb ich, wenn sie mit ihrem Fuß meinem zu nahe kommt, das streich aus.

BAKKAL. Warten Sie, warten Sie, (*schreibt drüber*) es sey denn – den hochedlen Füßen des Herrn Reich – Hem! Wenn sie vom Tisch aufsteht, soll sie allemal vorher dem Herrn Reich die Hand reichen, oder besser – die Hand Herrn Reichen reichen und wenn sie sich niedersetzt, es allemahl mit bestmöglichster Vorsichtigkeit verrichten, damit sie nicht etwa etwas – hem – etwa etwas von ihrer Wade sehen lasse, welches der Himmel verhüten wolle. Auch soll sie niemanden etwas fragen, noch wenn sie gefragt wird, mit einer

Bewegung des Körpers antworten, als da sind Kopfnicken, Augenblinzen und dergleichen, welche als unzüchtig und strafbar billig aus aller menschlichen Gesellschaft billig sollten – warten Sie, hier ist's *verbum* ausgelöscht – nein, nein, billig sollten, billig sollten, Punktum.

HERR REICH. Nun, nur fort gemacht.

BAKKAL. Ferner: auch soll sie kein verfängliches Wort in ihrem Mund nehmen, sie soll keine andere Sprache verstehn, als die Deutsche. Wenn sie hustet, soll sie die Hand vor den Mund halten und wenn sie gähnt lieber die Hand des Herrn Reich dazu brauchen, weil die mehr bedecken kann. Damit nicht etwa –

HERR REICH. Schön, schön, das ist alles unvergleichlich. Komm nur hinein, damit wir bald zur Hauptsache kommen. Mir hungert und ich möchte noch gern vor'm Abendessen alles in Richtigkeit gebracht haben –

BAKKAL. Ich folge, ich folge, mein werthester Herr –

FÜNFTER ACKT

ERSTE SCENE

HERR REICH. *Der* BAKKALAUREUS

HERR REICH. Was? Das sollt ich leiden? Dazu soll ich stillschweigen? Kerl, ich will mich eher auf kein Küssen legen, bis ich mich gerächt habe und sollt ich die ganze Stadt in Allarm setzen. Wart, seine Frau soll alles erfahren: ihr stiehlt er das Geld und verpraßt es mit Menschern, haarklein soll sie alles erfahren, ich will selbst zu ihr gehen, die Freude soll ihm versalzen werden, oder ich will nicht Reich heissen –

BAKKAL. Werther Herr Reich, verzeyhen Sie –

HERR REICH. Komm! Was ist da Umstände zu machen, ich will ihr grad heraus zu sagen, daß ihr Mann eben im Begrif ist, ihr Hörner aufzusetzen –

BAKKAL. Werther Herr Reich, hem, hem, ich denke, es würde sich besser für mich schicken, der guten Frau die Nachricht zu bringen, da ich solche Sachen einzuleiten weiß, he, he, und ich halt es für meinen christlichen Beruf, meinem Nächsten mit meinen wenigen Talenten –

HERR REICH. Gut, geh du hin, sie möchte sonst meynen, ich thät es aus Eiffersucht: geh, wend alles an, sie in Harnisch zu bringen, sag ihr daß er sie zum Mährchen der ganzen Stadt macht, daß er ihren Sohn verführt, sie zu bestehlen, damit sie von dem Gelde gemeinschaftlich lumpen können.

BAKKAL. Ich werd es an nichts ermangeln lassen, seyn Sie nur unbesorgt, sey er doch nur unbesorgt Herr Reich, er wird mich die Ora-
torie nicht lehren.

HERR REICH. Und bring mir die Nachricht Morgen, ich eß heute nicht
zu Nacht. (*Geht ab.*)

BAKKAL. Was denn? Morgen erst? – Warte, warte, vielleicht treff ich
die Frau Schlinge grad über dem Nachtessen. (*Läuft fort.*)

ZWEYTE SCENE

In der Frau Gervas Hause. Im Grunde des Theaters steht eine kleine
Collation und einige Bediente, die credenzen.

HERR SCHLINGE. LUDWIG. CLÄRCHEN

LUDWIG. Wollen Sie sich nicht lieber zum Tisch hin setzen, Papa, da
haben Sie's näher bey der Hand.

HERR SCHLINGE. Gut, gut, aber Clärchen muß bey mir sitzen – den
Tisch näher! – (*Die Bediente rücken ihn vorwärts.*) Und zwey
Stühle her, was ist denn das für eine Wirthschaft hier, nur einen
Stuhl herzusetzen, oder warte Clärchen, so lange der Stuhl kommt,
sitzest du auf meinen Schooß –

LUDWIG. Hier ist schon ein Stuhl Papa, hier ist –

HERR SCHLINGE (*ißt und trinkt mit der linken Hand, Clärchen mit der
rechten haltend*). Nun – und was siehst du denn so bewölkt aus,
junger Herr? Es scheint, es ist dir nicht recht, daß dein Vater so
vergnügt ist und du aufwarten mußt.

LUDWIG. Die Ehrfurcht verbeut mir sauer dazu zu sehen.

HERR SCHLINGE. Die Ehrfurcht – ich rath es dir, Junge, bleib in deinen
Schranken. Die Ehrfurcht – was willst du damit sagen? Bleib in
deinen Schranken sag ich dir.

LUDWIG. Bleib ich's denn nicht.

HERR SCHLINGE. Was? (*Reicht ihm ein Glaß über die Schulter.*) Da,
trink und fort mit der Ehrfurcht, oder das Wetter soll dich – aber
bleib in deinen Schranken sag ich dir, nicht an den Tisch Junker,
gebt ihm keinen Stuhl, ihr, oder das Wetter soll euch – trink, trink,
Ludwig, ich will nicht, daß man mich fürchten soll, man soll mich
lieb haben.

LUDWIG. Ich thue beydes.

HERR SCHLINGE. Was? – Nun, so sey lustig, Hans Hagel! Du siehst
daß dein Vater nicht traurig ist.

LUDWIG. Bin ich denn traurig?

HERR SCHLINGE. Ja du siehst mir so vergnügt aus, wie der Esel wenn
er Pauken schlagen soll. Mit der verdammten Fratze die er da
macht. Sey lustig sag ich dir, oder alle das Wetter –

LUDWIG. Sehn Sie nur, ich lache.

HERR SCHLINGE. Ja du lachst – ich wollte daß meine Feinde immer so lachten. Bleib in deinen Schranken sag ich dir.

LUDWIG. Aufrichtig Papa! So kann ich so gleichgültig nicht zusehn, wenn Sie mit Mamsell Clärchen nicht in Ihren Schranken bleiben. Nicht als ob ich Ihnen ein Vergnügen mißgönnte, aber Sie wissen, in welcher Beziehung wir mit einander stehen. Wenn's eine andere wäre.

HERR SCHLINGE (*mit vollem Munde*). Was? – Ha ha ha ha ha, seht doch er wird eyfersüchtig – (*Kehrt sich halb mit dem Stuhl um.*) Ich will nun mit dieser karreßiren, Gelbschnabel, und wenn du das Gallenfieber darüber kriegen solltest. (*Clärchen, die mittlerweile fortschleichen wollte, hastig an die Hand fassend.*) Was? Wo willst du hin, Clärchen, mein Täubchen. Junge! Ludwig! bleib in deinen Schranken –

LUDWIG. Thun Sie was Ihnen beliebt.

HERR SCHLINGE. Das will ich auch und das werd ich auch. (*Schlägt mit Clärchens Hand die er in seiner hält, aus aller Macht auf den Tisch.*)

CLÄRCHEN. Aye!

LUDWIG. Papa!

HERR SCHLINGE. Und du – du wirst mir nicht Mores lehren. Denk doch, nicht einige Stunden will er mir mit ihr gönnen und ich habe sie ihm auf's ganze Jahr geschafft.

LUDWIG. Ich bin Ihnen sehr für Ihre Gütigkeit verbunden, aber –

HERR SCHLINGE. Aber das mußt du auch seyn, und kein Aber, sag ich dir, oder es geht heut nicht gut sag ich dir. Und mir keine solche Gesichter mehr geschnitten, oder – (*Er trinkt.*)

DRITTE SCENE

FRAU SCHLINGE. *Der* BAKKALAUREUS, *auf der Straße*

FRAU SCHLINGE. Mein Mann ihr dreyhundert Gulden gegeben!

BAKKAL. Wo das nicht wahr ist, so will ich mich in meinem ganzen Leben nicht satt mehr essen.

FRAU SCHLINGE. Ich einfältiges Weib, daß ich den Heuchler immer für so fromm ansah.

BAKKAL. Ich auch wahrlich, er versäumte keinen Gottesdienst. Aber nun weißt es sich aus. Ist das ein Exempel, das er seinem Herrn Sohn giebt?

FRAU SCHLINGE. Ich glaubte, er liebte mich.

BAKKAL. Ja, he he, er möchte sie mit einem Tropfen Wasser vergeben, liebe werthe Frau Schlinge. Ist das nicht eine Schande, so ein alter

Mann in Amt und Ehren schwärmt da noch die Nächte mit lüderlichen Bälgen durch, und setzt seiner redlichen rechtschaffenen
Frau, hem hem, Fontangen auf

FRAU SCHLINGE. Nun merk ich's warum er mir immer so spät nach
Hause kommt. Herr Koller hat's mir manchmal gesagt, das Ding
ist nimmermehr richtig, immer kommt er vom Herrn Rathsschreiber, immer vom Herrn Rathsschreiber, und dann ist er so müde,
dann dehnt er sich, dann schnarcht er mir die Ohren voll, nun
weiß ich wo er sich abmergelt der Bösewicht.

BAKKAL. Komm sie mir nur nach, sie soll ihn öffentlich zu Schanden
machen. Wir dürfen sicher hinein und uns an die Thür stellen, er
ist in der Falz, er sieht uns nicht. (*Gehn hinein.*)

VIERTE SCENE

LUDWIG. HERR SCHLINGE. CLÄRCHEN.
FRAU SCHLINGE *und der* BAKKALAUREUS *an der Thür*

BAKKAL. (*etwas leise*). Bleibe sie hier stehn, sieht sie ihn? Und das
Mädgen mit dem Kranz auf dem Kopf, wie eine Braut warhaftig,
sieht sie, wie er's an die Brust drückt.

FRAU SCHLINGE. Ich möchte den Schlag kriegen.

BAKKAL. Säuft und frißt auf Ihre Rechnung, pfuy. (*Speyt aus.*)

FRAU SCHLINGE. Schweigen Sie doch still und lassen uns zuhören.

LUDWIG (*äusserst unruhig*). Wenn werden Sie aufhören, sie zu umarmen.

HERR SCHLINGE. Was? – Ich muß es dir gestehn, Junge. (*Umarmt sie
von neuem.*)

LUDWIG. Ich Unglücklicher!

HERR SCHLINGE. Ich muß es dir gestehn –

LUDWIG. Wollen Sie nicht trinken, Papa?

HERR SCHLINGE (*trinkt*). Meiner Treu – ich glaube ich bin verliebt in
sie – (*schiebt die Gläser weg.*) Der Wein will mir nicht mehr recht
schmecken.

BAKKALAUREUS. Hörten Sie? Hörten Sie?

FRAU SCHLINGE. Ich höre.

HERR SCHLINGE. Ich wollte, mein allerliebstes Clärchen! ich könnte
meiner Frau mit guter Manier das neue Mäntelchen stehlen, das
ich ihr habe machen lassen, das neue atlassene, mit Gold durch-
wirkt, das dich, wie schön würd es dir hier –

LUDWIG. Papa Sie trinken nicht.

BAKKAL. Hörten Sie? Meynen Sie daß das das erstemal ist –

FRAU SCHLINGE. Ich habe immer meine Mägde im Verdacht gehabt,
wenn mir was wegkam – wart du infamer Kerl.

LUDWIG. Sie trinken nicht.

HERR SCHLINGE. Laß mich – gut, schenk mir ein. O ich bin ganz albern für Liebe. Komm mein zuckersüßes, du mußt aus einem Glaß mit mir trinken, wart, erst ein Schmätzchen.

FRAU SCHLINGE. Ich bin des Todes, der Gottsvergeßne Kerl küßt sie, der Hund wie er sie küßt.

HERR SCHLINGE. O was das für ein süßer Athem ist, gegen meiner Frau ihren.

CLÄRCHEN. Riecht Ihre Frau etwa aus dem Munde?

HERR SCHLINGE. O wie ein Vomitiv.

FRAU SCHLINGE. Ich verlohrnes Weib!

LUDWIG. Was sind das für Reden, Papa?

FRAU SCHLINGE. Komm nur nach Hause, du Teufel! ich will dich lehren eine Frau blamiren, die dir Geld zugebracht hat.

HERR SCHLINGE. Was? –

LUDWIG. Also lieben Sie meine Mutter nicht?

HERR SCHLINGE. Was? Ey ja freilich lieb ich sie, wenn sie hundert Meilen von mir ist.

LUDWIG. Wenn sie das wüßte –

FRAU SCHLINGE. Komm nur nach Hause! Weil dir meine Küsse so gut schmecken – ich will dich – zu Tode küssen –

LUDWIG. Strecken Sie doch die Beine von sich, Papa! Clärchen sitzt so unbequem.

HERR SCHLINGE. Da – Nun trink du auch Clärchen, trink eins mein Röschen, auf meiner Frauen Gesundheit, daß sie der Teufel holt, so heyrath ich dich.

FRAU SCHLINGE. Nun leid ich's nicht länger. (*Hervor und auf Schlinge zu, der für Schrecken vom Stuhl fällt.*) Siehst du ich lebe, dir zum Trotz leb ich und will noch tausend Jahr leben, dich zu peinigen.

LUDWIG (*küßt ihr die Hand*). Guten Abend Mama –

FRAU SCHLINGE. Geh – du auch –

BAKKAL. Ich glaube der Alte ist todt, er regt weder Hand noch Fuß – wart ich will derweile an seinen Platz hinsitzen, derweil Löwe und Bär streiten, geht der Fuchs mit dem Lamm davon. (*Schleicht sich näher und auf Herrn Schlingens Stuhl, wo er ununterbrochen ißt und trinkt, ohne auf die Gesellschaft Acht zu geben.*)

FRAU SCHLINGE. Und ihr lüderliches Mensch, wie untersteht ihr euch, einen verheyratheten Mann bey euch aufzunehmen.

CLÄRCHEN (*wirft sich Ludwig in die Arme*). Retten Sie mich.

LUDWIG. Mama! Wenn Sie alles wüßten – auf uns haben Sie nicht Ursache zu zürnen.

FRAU SCHLINGE. Komm nach Hause, mein Täubchen, nach Hause, mein süßes Männchen.

HERR SCHLINGE. Ich bin nichts mehr.

FRAU SCHLINGE. Ja du bist etwas, du bist der ärgste Schlüngel der auf Füßen steht.

BAKKALAUREUS (*mit vollem Munde*). Schlüngel, Herr Schlinge – Herr
Schlinge, Herr Schlüngel, (*patscht in die Hände,*) das war eine oratorische Figur, Frau Schlinge, eine oratorische Figur.

FRAU SCHLINGE. Komm trauter Mann! Nach Hause! Auf, auf, mein
Schatz, nach Hause.

HERR SCHLINGE. Weh mir.

FRAU SCHLINGE. Nach Hause, wie lange soll's währen, du allerliebstes
Weinfaß, du artiges Närrchen.

HERR SCHLINGE. Um Gotteswillen, hör auf zu kneipen, ay, aye, mein
allerbestes Weib!

FRAU SCHLINGE. Bin ich nun dein Weib! Bin ich noch dein Brechpul-
ver!

HERR SCHLINGE. Ich sterbe, wo du nicht aufhörst.

FRAU SCHLINGE. Riech ich dir noch aus dem Munde?

HERR SCHLINGE. Ja nach Rosen und Lilien.

FRAU SCHLINGE. Willst du mir noch mein Mäntelchen stehlen?

LUDWIG. Ja das ist wahr Mama, das hat er gesagt –

HERR SCHLINGE. Auch du Ludwig? – So sterbe Schlinge.

FRAU SCHLINGE. Ein sauberer Vater, ein sauberer Sohn, sind das die
Lehren, die du deinem Sohn geben solltest? Du kahlköpfigter Ehebrecher! Muß dich deine ehrliche Frau in Bordellen aufsuchen?

CLÄRCHEN. Was sagen Sie, Frau Schlinge? (*Zu Ludwig.*) O das ist unerträglich. Stoß mir ein Messer durchs Herz, Ludwig, ich will diesen Schimpf nicht überleben.

HERR SCHLINGE. Laß mich doch nur hier bleiben, bis ich mich satt ge-
gessen habe.

BAKKALAUREUS (*ißt hurtiger*). Ja wenn noch was da ist – wenn noch
was da ist –

FRAU SCHLINGE. Nach Hause! Du sollst mit mir zu Nacht essen, ich
will dir auftischen. (*Zieht ihn vom Theater.*)

HERR SCHLINGE. Weh mir welch ein Souper wird das geben?

LUDWIG (*ruft ihm nach*). Hab ich's Ihnen nicht gesagt Papa! Daß Sie
in Ihren Schranken bleiben sollten?

CLÄRCHEN (*ruft ihm nach*). Vergessen Sie das Mäntelchen nicht, das
Sie mir versprochen haben.

Pandämonium Germanikum

Eine Skizze

ERSTER ACKT

Der steil' Berg

ERSTE SCENE

GOETHE. LENZ *im Reis'kleid.*

GOETHE. Was ist das für ein steil Gebirg mit sovielen Zugängen?

LENZ. Ich weiß nicht, Goethe, ich komm' erst hier an.

GOETHE. Ists doch herrlich dort von oben zuzusehn, wie die Leutlein ansetzen und immer wieder zurückrutschen. Ich will hinauf.

LENZ. Wart doch, wo willt du hin, ich hab dir noch so manches zu erzehlen.

GOETHE. Ein andermahl. (*Goethe geht um den Berg herum und verschwindt.*)

LENZ. Wenn er hinaufkommt, werd ich ihn schon zu sehen kriegen. Hätt' ihn gern kennen lernen, er war mir wie eine Erscheinung. Ich denk' er wird mir winken wenn er auf jenen Felsen kommt. Unterdessen will ich den Regen von meinem Reiserock schütteln. (*Erscheint eine andere Seite des Berges, ganz mit Busch überwachsen. Lenz kriecht auf allen Vieren.*)

LENZ (*sich umkehrend und ausruhend*). Das ist böse Arbeit. Seh ich doch niemand hier mit dem ich reden könnte. Goethe, Goethe! wenn wir zusammenblieben wären. Ich fühls mit dir wär' ich gesprungen, wo ich itzt klettern muß. Es sollte mich einer der stolzen Kritiker sehn, wie würd' er die Nase rümpfen? Was gehn sie mich an, kommen sie mir hier doch nicht nach und sieht mich hier keiner. Aber weh! es fängt wieder an zu regnen. Himmel! bist du so erboßt über einen handhohen Sterblichen, der nichts als sich umsehen will. Fort! das Nachdenken macht Kopfweh. (*klettert von neuem*)

(*Wieder eine andere Seite des Berges aus der ein kahler Fels hervorsticht. Goethe springt 'nauf.*)

GOETHE (*sich umsehend*). L e n z! L e n z! daß er da wäre – Welch herrliche Aussicht! – Da – o da steht Klopstock. Wie daß ich ihn von unten nicht wahrnahm? Ich will zu ihm. Er deucht mich auszuruhen auf dem Ellbogen gestützt. Edler Mann! wie wirds dich freuen jemand lebendiges hier zu sehn.

(*Wieder eine andere Seite des Berges. Lenz versucht zu stehen.*)

LENZ. Gottlob daß ich einmal wieder auf meine Füsse kommen darf. Mir ist vom Klettern das Blut in den Kopf geschossen. O so allein. Daß ich stürbe! Ich sehe hier wohl Fustapfen, aber alle hinunter, keinen herauf. Gütiger Gott so allein

(*In einiger Entfernung Goethe auf einem Felsen der ihn gewahr
wird. Mit einem Sprung ist er bey ihm*)

GOETHE. Lenz was Teutscher machst du denn hier.

LENZ (*ihm entgegen*). Bruder Goethe (*drückt ihn ans Herz*)

GOETHE. Wo zum Henker bist du mir nachkommen?

LENZ. Ich weiß nicht wo du gegangen bist, aber ich hab einen be-
schwerlichen Weg gemacht

GOETHE. Ruh hier aus – und dann weiter

LENZ. An deiner Brust. Goethe, es ist mir als ob ich meine ganze
Reise gemacht um dich zu finden.

GOETHE. Wo kommst du denn her?

LENZ. Aus dem hintersten Norden. Ist mirs doch als ob ich mit dir
geboren und erzogen wäre. Wer bist du denn?

GOETHE. Ich bin hier geboren. Weiß ich wo ich her bin.' Was wissen
wir alle wo wir herstammen?

LENZ. Du edler Junge! Ich fühl' kein Haar mehr von all meinen Müh-
seeligkeiten.

GOETHE. Thatst du die Reise für deinen Kopf?

LENZ. Wohl für meinen. Alle kluge und erfahrne Leute wiederriethens
mir. Sie sagten, ich suche zu sehr, was zum Gutseyn gehöre und
versäume darüber das Seyn. Ich dachte seyd! und ich will gut seyn.

GOETHE. Biß mir willkommen Bübgen! Es ist mir als ob ich mich in
dir bespiegelte.

LENZ. O mach' mich nicht roth

GOETHE. Weiter!

LENZ. Weiß es der Henker, wie mir mein Schwindel vergangen ist,
seitdem ich dich unter den Armen habe. (*gehn beyde einer Anhöhe
zu*)

ZWEYTE SCENE

Die Nachahmer

GOETHE *steht auf einem Felsen und ruft herunter zu einem ganzen
Hauffen Gaffer.*

GOETHE. Meine werthe Herrn! wollt ihrs auch so gut haben, dürft
nur da herumkommen – denn daherum – und denn daherum, 's
ist gar nicht hoch ich versichere euch und die Aussicht ist herrlich.
– Lenz nun sollst du deinen Spaß haben.

(*Geht ein jämmerlich Gepurzel an. Bleiben ihrer etliche am Fuß des
Berges auf Feldsteinen stehen und ruffen den andern zu.*)

Meine Herren wollt ihrs auch so gut haben, dürft nur daherum
kommen.

ANDERE VON DEM HAUFFEN. Sollst gleich herunter seyn, Hanns Pikkelhäring, bist ja nur um eine Hand hoch höher als wir. (*Stossen einander herunter, jene wehren sich mit den Steinen, auf welchen sie stunden.*)

(*Goethe schlägt in die Hände. Zu Lenz.*)

GOETHE. Ist das nicht ein Gaudium?

(*Die so jene vorher heruntergestossen sagen*)

Wollen doch sehen ob wir die von oben nicht auch hinabbekommen können, ists uns doch mit diesen gelungen

EINER. Hör, hast du nicht eine Lorgnette bey dir, ich kann sie nicht recht unterscheiden dort oben, ich möchte dem einen zu Leibe der uns herabgeruffen hat

DER ANDERE. Mensch wo denkst du hin, wie willst du an ihn kommen?

ERSTER. Kam doch David mit der Schleuder bis an Goliath herauf und ich bin doch auch so niedrig nicht. Ich will mich auf jenen Stein stellen dort gegen ihm über

DER ANDRE. Probiers

(*Goethe stößt Lenzen an, der lauert gleichfalls hinunter*)

ERSTER (*schwingt einen Stein*). Hör du dort, halt mir ein wenig den Arm fest, er ist mir aus dem Gelenk gegangen

ZWEYTER (*durch die Lorgnette guckend*). Da da oben gerade wo ich mit dem Finger hindeute, da steht der Goethe, ich kenn' ihn eigentlich mit seinen grossen schwarzen Augen, er paßt auf, er wird sich wohl bücken wenn der Stein kommt, und der andere hat sich hinter ihm verkrochen

ERSTER (*schleudert aus aller seiner Macht*). Da mag ers denn darnach haben. (*Der Stein fällt wieder zurück und ihm auf den Fuß. Hinkt herum*) Aye! Aye! was hab ich doch gemacht?

ZWEYTER. O du alte Hure! hat grade soviel Kraft in seiner Hand als meine alte Großmutter. (*wirft die Lorgnette weg, faßt den Stein ganz wüthend und wirft blindlings über die Schulter seinem Nachbar ins Gesicht, daß der todt zur Erde fällt.*) Der Teuffel! ich dacht ihn doch recht gezielt zu haben. So hat mich die Lorgnette betrogen. Es wird heutzutage doch kein vernünftig Glas mehr geschliffen.

GOETHE. Wollen uns doch die Lust machen und was herunterwerfen? Hast du ein Bogen Papier bey dir?

LENZ. Da ist.

GOETHE. Sie werden meynen es sey ein Felsstück. Du sollst dich zu Tode lachen

(*läßt den Bogen herabfallen. Sie lauffen alle mit erbärmlichem Geschrey*)

O weh! er zermalmt uns die Eingeweyde, er wird einen zweyten Aetna auf uns werfen (*Einige springen ins Wasser, andere kehren alle Vier in die Höhe, als ob der Berg schon auf ihnen läge*)

EIN PAAR PEDANTEN. Wir wollen sehen, ob wir uns nicht Schilde
flechten können, *testudines,* nach Art der Alten. Es werden solcher
mehr kommen. (*verlieren sich in ein Weidengebüsch.*)

EIN GANZER HAUFFEN (*auf Knieen, die Hände in die Höhe*). O schone,
schone! weitwerfender Apoll!

GOETHE (*kehrt sich lachend um, zu Lenz*). Die Narren!

LENZ. Ich möchte fast herunter zu ihnen und sie bedeuten

GOETHE. Laß sie doch. Wenn keine Narren auf der Welt wären, was
wär' die Welt!

(*Der ganze Hauffe kommt den Berg herangekrochen wie Ameisen
rutschen alle Augenblick zurück und machen die possierlichsten
Capriolen.*)

UNTEN. Das ist ein Berg!
Der Henker hol' den Berg!
Ist ein Schwerenothsberg.
Ey was ist dran zu steigen, wollen gehen und sagen wir sind dro-
ben gewesen.

ALLE. Das wird das gescheutste seyn.

(*Kommt ein Hauffen Fremde zu ihnen, sie komplimentiren sich.*)
Kennen Sie den Herrn Goethe? Und seinen Nachahmer den Lenz?
Wir sind eben bey ihnen gewesen, die Narren wollten nicht mit
herunterkommen, sie sagten es gefiel ihnen so wohl da in der dün-
nen Luft

EIN FREMDER. Wo geht man hinauf, m[eine] H[erren] ich möchte
sie gern besuchen.

EINER. Ich rath es Ihnen nicht. Wenn Sie zum Schwindel geneigt
sind —

FREMDER. Ich bin nicht schwindlicht

ERSTER. Schadt nichts, Sie werdens schon werden. Unter uns gesagt,
die Wege sind auch verflucht verworren durcheinander, wir müßten Sie bis oben hinauf begleiten. Der Lenz selber soll sich einmal
verirrt haben ganzer drey Tage lang

FREMDER. Wer ist denn der Lenz, den kenn' ich ja gar nicht

ERSTER. Ein junges aufkeimendes Genie aus Kurland, der bald wieder
nach Hause zurückreisen wird. Er ist von meinen vertrautsten
Freunden und schreibt kein Blatt, das er nicht vorher mir weist

FREMDER. Und der ist so hoch heraufkommen?

ERSTER. Der Goethe hat ihn mitgenommen, er hat mirs auch angetragen, aber ich wollte nicht, meine Lunge ist mir zu lieb. Doch hab
ich ihn besucht oben

FREMDER. Ich möchte doch die beyden Leute gern kennen lernen, es
müssen sonderbare Menschen seyn.

ERSTER. Ach sie werden gleich herunterkommen, wenn wir ihnen winken werden. (*Winken mit Schnupftüchern, jene kehren sich um
und gehen fort*)

ERSTER. Sehn Sie? Warten Sie nur einen Augenblick, sie werden gleich
da seyn

ZWEYTER. Wart du bis morgen früh. Da sind sie schon auf einem andern Hügel.

FREMDER. Das ist impertinent. Wenn man bey uns *Auteur* ruft und
er kommt nicht, wird er ausgepfiffen

ERSTER. Wollen wir auch pfeiffen?

ZWEYTER. Was hilfts, sie hörens doch nicht

ERSTER. Desto besser.

DRITTE SCENE

Die Philister

LENZ *sitzt an einem einsamen Ort ins Thal hinabsehend, seinen Hofmeister im Arm. Einige Bürger aus dem Thal reden mit ihm.*

EINER. Es freut uns daß wir Sie näher kennen lernen

ZWEYTER. Es verdrießt mich aber doch in der That, daß Ihre Stücke
meist unter einem andern Namen herumlauffen

LENZ. Und mich freuts. Wenn sie so geschwinder ihr Glück machen,
soll ich's meinen Kindern mißgönnen? Würd ein Vater sich grämen wenn sein Sohn seinen Namen veränderte, um desto leichter
emporzukommen

DRITTER. Wenn man nun aber zu zweiffeln anfienge, ob Sie allein im
Stande gewesen wären –

LENZ. Laß sie zweiffeln. Was würd' ich durch ihren Glauben gewinnen? Das Gefühl, an diesem Herzen ist er warm geworden, hier
hat er sein Feuer und alle gutartige Mienen bekommen, die andern
Leuten an seinem Gesicht Vergnügen machen, ist stärker und göttlicher, als alles Schmettern der Trompete der Fama eins aufschüt-
teln kann. Dies Gefühl ist mein Preiß und der angenehme Taumel
in den mich der Anblick eines solchen Sohnes bisweilen zurück-
setzt und der fast der Entzückung gleicht mit der er geboren ward.

GOETHE *über ein Thal herabhängend, in welchem eine Menge Bürger
emporgucken und die Hände in die Höhe strecken*

EINER. Traut ihm nicht

ZWEYTER. Da bewegt er sich. Gewiß in der andern Hand, die er auf
dem Rücken hat, hält er nichts guts.

EIN GELEHRTER UNTER IHNEN. Es scheint der Mann will gar nicht re-
zensiert seyn

EIN PHILISTER. Ihr Narren, wenn er euch auch freyen Willen liesse,
er würde bald unter die Füsse kommen. Und er streitet nicht für
sich allein, sondern auch für seine Freunde.

Die Journalisten

EINER. Es fängt da oben an bald zu wölken bald zu tagen. Hört Kinder, es ist euch kein andrer Rath, wir müssen hinauf und sehen wie die Leute das machen

ZWEYTER. Ganz gut, wie kommen wir aber hinauf

ERSTER. Wollen wir ein Luftschiff machen wie die bösen Geister im Noah das uns in die Höhe hebt

ZWEYTER. Ein fürtreflicher Einfall. Es kommt auch so ein Wind von oben herab, der uns schon heben wird

ERSTER. Ich hab auch eben nichts bessers zu thun und es wäre doch kurios den Leuten auf die Finger zu sehen

DRITTER. Mir wird die Zeit auch so verflucht lang hier unten, ich weiß wahrhaftig nicht mehr was ich angreiffen soll

VIERTER. So können wir uns auch mit leichter Mühe berühmt machen

FÜNFTER. Und ich will meine Ackten und all' ins Feuer werfen, was Henkers nützen einem auch die Brodstudia. Es soll uns so an Geld nicht fehlen

SECHSTER (*zum Siebenten*). Wenn die droben sind, wollen wir einen Geist der Journale schreiben. Das geneigte Publikum wird doch gescheut seyn und pränumeriren, wie dem Klopstock da

SIEBENTER. Wenn aber ein Achter käm' und schrieb' einen Geist des Geists.

SECHSTER. Es ist der Geist der Zeit. Laßt uns keine Zeit verlieren, wer zuerst kommt der mahlt erst

(*heben sich auf ihrem Luftschiff mit Goethens Wind und machen ihm Complimente.*)

GOETHE. Landt an, landt an! (*zu Lenz*) Wollen den Spaß mit den Kerlen haben. (*wirft ihnen ein Seil zu, die Journalisten verwandeln sich alle in Schmeißfliegen und besetzen ihn von oben bis unten.*) Nun zum Sakkerment (*schüttelt sie ab.*).

(*Sie bekommen die Gestalt kleiner Jungen und lauffen auf dem Berg' herum, Hügelein auf, Hügelein ab. Goethe steigt eine neue Erhöhung hinan, eine Menge von ihnen umklammert ihm die Füsse*)

Nimm' mich mit, nimm' mich mit

GOETHE. Liebe Jungens laßt mich los, ich kann ja sonst nicht weiter kommen.

EINER. Womit soll ich dich vergleichen? Alexander, Cäsar, Friedrich o das waren alles kleine Leute gegen dich

ZWEYTER. Was sind die grossen Genieen der Nachbarn, die Shakespeare, die Voltäre, die Rousseau

DRITTER. Was sind die so sehr gerühmten Alten selber? Der Schwät-

zer Ovid, der elende Virgil und dein so sehr erhabner Homer
selbst? Du du bist der Dichter der Deutschen und soviel Vorzüge
unsere Nation vor den alten Griechen –

LENZ (*sein Haupt verhüllend*). O weh sie verderben mir meinen Goethe

GOETHE. Daß euch die schwere Noth (*schüttelt sie von den Beinen
und wirft sie alle kopflängs den Berg hinunter*) Ihr Schurken, daß
ihr euch immer mit fremder Grösse beschäftigt und nie eure eigene
ausstudiert. Wie seyd ihr im Stande zu fühlen was Alexander war
oder was Cäsar war, wie seyd ihr im Stande zu fühlen was ich bin.
Wie unendlich anders die Grösse eines Helden, eines Staatsmannes
eines Gelehrten und eines Künstlers? Ich bin Künstler, dumme
Bestien und verlangte nie mehr zu seyn. Sagt mir obs mir in meiner Kunst geglückt ist, ob ich wo einen Strich wieder die Natur
gemacht habe und denn sollt ihr mir willkommen seyn. Uebrigens
aber haltts Maul mit euren wahnwitzigen Ausrufungen von groß
göttlich und merkt euch die Antwort die der König von Preussen
einem gab, der ihn zum Halbgott machen wollte. Und der König
von Preussen ist doch ein ganz andrer Mann als ich

DIE JOURNALISTEN. Wir wollen alle Künstler werden.

GOETHE. In Gottes Namen, ich will euch dazu behülflich seyn.

EINER. Wir brauchen eurer Hülfe nicht. Ich bin schon ein zehnmal
größrer Mann als du bist.

LENZ (*sieht wieder hervor*). Also auch als alle die, die er unter dich
gestellt hat.

GOETHE (*lacht*). So aber gefällt mir der Kerl

LENZ. Lieber Goethe, ich möchte mein Daseyn verwünschen, wenn's
lauter Leute so da unten gäbe

GOETHE. Haben sies andern Nationen besser gemacht? Woher denn
der Verfall der Künste, wenn sie zu einer gewissen Höhe gestiegen
waren

LENZ. Ich wünschte denn lieber mit Rousseau wir hätten gar keine
und kröchen auf allen Vieren herum

GOETHE. Wer kann davor?

LENZ. Ach ich nahm mir vor hinabzugehn und ein Mahler der menschlichen Gesellschaft zu werden: aber wer mag da mahlen wenn lauter solche Fratzengesichter unten anzutreffen. Glücklicher Aristo-
phanes, glücklicher Plautus, der noch Leser und Zuschauer fand.
Wir finden, weh uns, nichts als Rezensenten und könnten eben so
gut in die Tollhäuser gehen um menschliche Natur zu mahlen.

ZWEYTER ACKT

Der Tempel des Ruhms

ERSTE SCENE

HAGEDORN *spaziert einsam herum und pfeift zum Zeitvertreib Lie-*
derchen.

HAGEDORN. Wie wird mir die Zeit solang, Gesellschaft zu finden.
(*setzt sich an eine schwarze Tafel und mahlt einige Thiere hin*)
LAFONTAINE (*der mit einigen andern Franzosen hinter einem Gitter*
auf dem Chor sitzt, bückt sich über dasselbe hervor und ruft indem
er in die Hände patscht)
bon! bon! cela passe!
(*Tritt herein ein schmächtiger Philosoph, ducknackicht, mit hage-*
rem Gesicht, grosser Nase, eingefallenen hellblauen Augen, die
Hände auf die Brust gefaltet. Bleibt verwundernd Hagedorn gegen-
über stehen ohn' aus seiner Stellung zu kommen. Auf einmal er-
blickt er Lafontänen, kehrt sich weg und tritt in den Winkel um
nicht gesehen zu werden. Nach einer Weile kommt er mit einigen
Pappieren voll Zeichnungen hervor, die er sich vor die Stirne hält.
HAGEDORN *läßt die Kreide fallen, eine Menge Menschen umringen*
und bewundern ihn, der Hauffe wird immer grösser, er verzieht
seine sauertöpfische Miene und sagt mit hohler Stimme und hypo-
kondrischem Lachen)
Was seht ihr da? – Wenn ihr mir gute Worte gebt, mahl' ich euch
Menschen.
(*Gleich drängen sich verschiedene die sein frommes Aussehen*
dreist macht zu ihm, unter denen ein grosser Hauffe alter Weiber
und zuthätiger Mütterchen. Er wendet sich um – und flugs steht
eine von ihnen auf dem Pappier da, die er darnach vorzeigt. Da
geht ein überlautes Gelächter von einer und ein Geschimpf von
der andern Seite an)
ALTES WEIB. Der Gotteslästerer! Er hat keinen Glauben, er hat keine
Religion, sonst würd' er das ehrwürdige Alter nicht spotten. Es ist
ein Atheist.
(*Bey diesen Worten fällt* GELLERT *auf die Kniee und bittet um Got-*
teswillen man soll ihm das Bild zurückgeben, das man ihm schon
aus den Händen gewunden hat, er wolle es verbrennen.)
EINIGE FRANZOSEN (*hinterm Gitter*). Oh l'original!
MOLIERE (*sich den Stutzbart streichend*). Je ne puis pas concevoir ces
Allemands là. Il se fait un crime d'avoir si bien réussi. Il n'auroit
qu' a venir a Paris, il se corrigeroit bien de cette maudite timidité.
(*Herr* WEISSE *einer aus dem Hauffen sehr weißgepudert, mit Stein-*

schnallen in den Schuhen, läuft schnell heraus und nimmt sich ein
Billet auf die Landkutsche nach Paris.

Gellert unterdessen dringt durch den Hauffen zu seinem Winkel,
wo er sich auf die Knie wirft und die bittersten Thränen weint.
Auf einmal fängt er an geistliche Lieder zu singen, worauf er am
Ende in ein gänzlich trübsinniges Stillschweigen verfällt, als ob er
ein schwer Verbrechen auf dem Gewissen hätte. Ein Engel fliegt
vorbey und küßt ihm die Augen zu)

EINE STIMME. Redliche Seele! selbst in deinen Ausschweiffungen ein
Beweis, daß eine deutsche Seele keiner unedlen Narrheit fähig sey.

(Als er stirbt,) DIE FRANZOSEN. il est fou.

(Am äussersten Ende des Gitters) ROUSSEAU (auf beyde Ellbogen gestützt). E'est un ange.

ZWEYTE SCENE

RABENER (tritt herein, den Hauffen um Gellert zerstreuend). Platz,
Platz für meinen Bauch (mit der Hand) und nun noch mehr für
meinen Satyr, daß er gemächlich auslachen kann. Was in aller Welt
sind das Gesichter hier (zieht einen Cylindrischen Spiegel hervor.
Sie halten sich alle die Köpfe und entlauffen mit grossem Geschrey
wie eine Heerde gescheuchter Schaaffe. Einige ermannen sich und
treten sehr gravitätisch näher. Als sie nah kommen, können sie
sich doch nicht enthalten, mit den Köpfen zurückzufahren. Als vernünftige Leute lachen sie aber selbst über die Grimassen die sie
machen)

RABENER. Seyd ihrs bald müde? (Giebt einem nach dem andern den
Spiegel in die Hand, sie erschröcken sich mit ihren eigenen Gesichtern)

ALLE. So gefällts uns doch besser, als nach dem Leben.

RABELAIS und SCARRON (von oben). Au lieu du miroir, s'il s'étoit oté
la culotte, il auroit mieux fait

LISKOV horcht herauf und da eben ein Paar Waysenhäuserstuden-
ten neben ihm stehen, zieht er sich die Hosen ab, die schlagen ein
Kreutz, er jägt sie so rücklings zum Tempel hinaus. Ein ganzer
Wisch junger Rezensenten bereden sich bey erster Gelegenheit ein
Gleiches zu thun. Klotz bittet sie nur solang zu warten bis er sich
zu jenen drey Stuffen hervorgedrängt auf die er steigen und sodann zu allgemeiner Niederlassung der Hosen das Signal geben
will

KLOTZ. Das wird einen Teuffels Jocus geben. Es bleibt keine einige
Dame in der Kirche

EINER. Die Komödiantinnen bleiben doch

ZWEYTER. Und die H*ren. Wir wollen Oden auf sie machen.
(*Anakreons Leyer wird hervorgesucht und gestimmt. Die honetten
Damen die was merken entfernen sich in eine Ecke der Kirche. Die
andern treten näher. Rost spielt auf. Zu gleicher Zeit zieht Klotz
die Hosen ab. Eine Menge folgen ihm. Das Gelächter, Gekreisch
und Geschimpf wird allgemein. Die honetten Damen und die Herrn
von gutem Ton machen einen Zirkel um Rabener und lassen sich
mit ihm in tiefsinnige Diskurse ein*)

EINE STIMME. Flor der deutschen Litteratur

EINE ANDERE. *Saeculum Augusti*

DIE FRANZOSEN (*von oben*). *Voila ce qui me plait. Ils commencent à
avoir de l'esprit, ces gueux d'Allemands là.*

CHAULIEU und CHAPELLE. *En voila un qui ne dit pas le mot, mais il
semble bon enfant, voyez comme il se plait a tout cela, comme il
sourit secouant la tête* (*stossen ihn mit dem Stock an, winken ihm
herauf zu kommen, er geht hinauf.*)

GLEIM *tritt herein, mit Lorbeern ums Haupt, ganz erhitzt in Waffen. Als er den neckischen tollen Hauffen sieht, wirft er Rüstung
und Lorbeer weg, setzt sich zu der Leyer und spielt, jedermann
klatscht. Der ernsthafte Zirkel wird auch aufmerksam,* UTZ *tritt
daraus hervor, wie Gleim aufgehört hat, setzt er sich gleichfalls an
die Leyer*

EIN JUNGER MENSCH (*tritt aus dem ernsthaften Hauffen hervor, mit
verdrehten Augen, die Hände über dem Haupt zusammengeschla-
gen, sagt*). Ω πωποι! was für ein Unterfangen, was für eine zahm-
lose und schaamlose Frechheit ist das? Habt ihr so wenig Achtung,
so wenig Entsehen für diese würdige Personen, ihre Ohren und
Augen mit solchen Unfläthereyen zu verwunden? Schämt euch,
verkriecht euch, ihr sollt diese Stelle nicht länger schänden, die ihr
usurpirt habt, heraus mit euch Bänkelsängern, Wollustsängern,
Bordellsängern, heraus aus dem Tempel des Ruhms (*Ein Paar Priester folgen dicht hinter ihm drein, trommeln mit den Fäusten auf
die Bänke, zerschlagen die Leyer und jagen sie alle zum Tempel
hinaus.*)

WIELAND *bleibt stehen, die Herren und Damen umringen ihn und
erweisen ihm viel Höflichkeiten für die Achtung so er ihnen bewiesen.*

WIELAND. Womit kann ich den Damen itzt aufwarten, ich weiß in
der Geschwindigkeit wahrhaftig nicht – sind Ihnen Sympathieen
gefällig – Briefe der Verstorbnen an die Lebendigen, oder befehlen Sie ein Heldengedicht, eine Tragödie

DIE GESELLSCHAFT. Was von Ihnen kommt muß alles vortreflich seyn
(*Er kramt seine Taschen aus. Die Herrn und Dames besehen die*

Bücher und loben sie höchlich. Endlich weht sich die eine mit dem Fächer, die andere gähnend)

Haben Sie nicht noch mehr Sympathieen?

WIELAND. Nein wahrhaftig gnädige Frau – o lassen Sie sich doch die Zeit nur nicht lang werden – Warten Sie nur noch einen Augenblick, wir wollen sehen ob wir nicht etwas finden können (*Geht herum und sucht, findt die zerbrochne Leyer die er zu repariren anfängt*) Sogleich, sogleich – nur einen Augenblick – ich will sehen ob ich noch was herausbringe

(Spielt: alle Damen halten die Fächer vor den Gesichtern, man hört hin und wieder ein Gekreisch.)

Um Gottes willen hören Sie doch auf

(Er läßt sich nicht stöhren, sondern spielt nur immer rasender)

DIE FRANZOSEN. *Ah le gaillard! Les autres s'amusoient avec des grisettes, cela debauche les honnetes femmes. Il a pourtant bien pris son parti*

EINER. *Je ne crois pas que ce soit un Allemand, c'est un Italien.*

CHAPELLE und CHAULIEU. *Ah ça – pour rire – descendons notre petit (lassen JAKOBI auf einer Wolke von Nesseltuch nieder, wie einen Amor gekleidt) cela changera bien la machine*

JEDERMANN. Ach sehen Sie doch ums Himmelswillen

(Jakobi spielt in der Wolke auf einer kleinen Sackvioline. Einige aus der Gesellschaft fangen an zu tanzen. Er läßt eine erschröckliche Menge Papillons fliegen, die Dames haschen nach ihnen und ruffen)

Liebesgötterchen! Liebesgötterchen!

JAKOBI (*springt aus der Wolke, und schlägt die Arme kreutzweis übereinander, schmachtend zusehend*). O mit welcher Grazie!

WIELAND. Von Grazie hab ich auch noch ein Wort zu sagen.

(Spielt. Die Damen minaudiren erschröcklich, die Herren setzen sich einer nach dem andern in des Jakobi Wolke und schaukeln damit herum. Andere lassen gleichfalls Papillons fliegen. Die Alten thun sie unter das Vergrösserungsglaß und einige Philosophen legen den Finger an die Nase um die Unsterblichkeit der Seele aus ihnen zu beweisen. Eine Menge Offiziers machen sich Kokarden von Papillonsflügeln, andere kratzen mit dem Degen an der Leyer sobald Wieland zu spielen aufhört. Endlich gähnen sie alle.)

EINE DAME *die um nicht gesehen zu werden hinter Wielands Rücken unaufmerksam auf alles was vorgieng gezeichnet hatte, giebt ihm das Bild zum sehen, er zuckt die Schultern, lächelt, macht ihr ein halbes Kompliment und reicht es großmüthig herum. Jedermann macht ihm Komplimente darüber, er bedankt sich schönstens, steckt es wie halbzerstreut in die Tasche und fängt wieder zu spielen an. Die Dame erröthet. Die Palatinen der andern Damen die W. zu-*

hören kommen in Unordnung, weil die Herrchen zu ungezogen
werden. W. winkt ihnen lächelnd zu und Jakobi hüpft wie unsin-
nig von einer zur andern herum. Indessen klatscht die ganze Gesellschaft und ruft gähnend:

Bravo! bravo! bravo! le moyen d'ouir quelque chose de plus ra-
vissant

DRITTE SCENE

GOETHE (stürzt herein in Tempel, glühend, einen Knochen in der
  Hand). Ihr Deutsche? – – Hier ist eine Reliquie eurer Vorfahren.
  Zu Boden mit euch und angebethet, was ihr nicht werden könnt.
  (Wieland macht ein höhnisch Gesicht und spielt fort. Jakobi bleibt
    mit offenem Mund und niederhangenden Händen stehen.)
GOETHE (auf Wieland zu). Ha daß du Hecktor wärst und ich dich so
  um die Mauren von Troja schleppen könnte (zieht ihn an den Haa-
  ren herum)
DIE DAMEN. Um Gotteswillen Herr Goethe was machen Sie?
GOETHE. Ich will euch spielen, obschon's ein verstimmtes Instrument
  ist (Setzt sich hin, stimmt ein wenig und spielt. Jedermann weint.)
WIELAND (auf den Knieen). Das ist göttlich
JAKOBI (hinter Wieland gleichfalls auf Knieen). Das ist eine Grazie,
  eine Wonnegluth
EINE GANZE MENGE DAMEN (stehn auf und umarmen Goethe). O
  Herr Göthe (Die Chapeaux werden alle ernsthaft. Eine Menge
  lauffen heraus, andere setzen sich Pistolen an die Köpfe, setzen
  aber gleich wieder ab. Der Küster der das sieht läuft und stolpert
  aus der Kirche.)

VIERTE SCENE

KÜSTER. PFARRER

KÜSTER. O Herr Pfarrer um Gotteswillen, es geschieht Mord und Todschlag in der Kirche wenn Sie nicht zu Hülfe kommen. Da ist der
  Antichrist plötzlich hereingetreten, der ihnen allen die Köpfe um-
  gedreht hat, daß sie sich das Leben nehmen wollen. Sie haben alle
  Schießgewehr bey sich, meine arme Frau, meine arme Kinder sind
  auch drunter, wer weiß wie leicht ein Fehlschuß sie treffen kann
PFARRER (zitternd und bebend). Meine Frau ist auch da Gott steh mir
  bey. Kann er sie nicht herausruffen
KÜSTER. Nein Herr Pfarrer Sie müssen selber kommen, das ganze
  Ministerium muß kommen, es ist als ob der Teuffel in sie alle ge-

fahren wäre, ich glaube Gott verzeyh mir, der jüngste Tag ist nahe

PFARRER (*Einmal über das andere sich trostlos umsehend*). Wenn meine Frau nur kommen wollte! Konnt' er ihr nicht zurufen? (*Die Hände ringend*) Hab ich das in meinem Leben gehört, sie wollen sich erschiessen und warum denn?

KÜSTER. Um unsrer Weiber willen allerliebster Herr Pfarrer! Das ist Gott zu klagen, ich glaube es ist ein Hexenmeister der unter sie gekommen ist. Vorhin sassen sie da in aller Eintracht und hatten ihren Spaß mit den Papillons, da führt ihn der böse Feind hinein und sagt, wenn's doch gespielt seyn soll, so spielt mit Pistolen.

PFARRER. Ob sie aber auch geladen sind?

KÜSTER. Das weiß ich nun freilich nicht. Aber auch mit ungeladenen ists doch sündlich. Man weiß wie leicht der Böse sein Spiel haben kann

PFARRER (*sehr wichtig und nachdenklich*). Wir wollen ein Mandat vom Consistorio auswirken

KÜSTER. Das wär meine Meynung auch Herr Pfarrer so. Und daß sie den Prometheus verbrennen sollen, oder den höllischen Proteus wie er da heißt. Andern zur Warnung meyn' ich

PFARRER. Wenn meine Frau nur kommen wollte

KÜSTER. Sie wird sich noch in ihn verlieben und meine Frau auf den Kauf mit ein, die Weiber sind all wie bestürzt auf das Ding, sie sagen sie haben sowas in ihrem Leben noch nicht gehört. Denn sehn Sie es ist kein einzig Weib das nicht glaubt heimlich in der Stille haben sich schon ein zehn zwölf arme Buben um sie zu Tode gegrämt und dieser erschießt sich gar, das ist ihnen nun ein gar zu gefundenes Fressen das. In Böhmen ist neuerdings wieder ein Baurenkrieg angebrochen, gebt acht Herr Pfarrer, dieser Mensch giebt uns einen Weiberkrieg wo am Ende keine Mannsseele mehr am Leben bleibt als ich und der Herr Pfarrer. Wir wollten endlich das menschliche Geschlecht auch nicht ausgehen lassen

PFARRER. Seyd unbesorgt. Wenn ich mich nur d u r c h d i e H i n - t e r t h ü r in die Kirche schleichen und dem Unwesen zusehen könnte. Ich wollte sodann ganz in der Stille die Kanzel heraufkriechen und auf einmahl zu donnern anfangen. Das thut seine gewisse Wirkung, glaubt es mir

KÜSTER. Sicher Herr Pfarrer, ich meyn' es auch so und ich will den Glauben zu gleicher Zeit anstimmen, daß der Teuffel aus der Kirche fährt

PFARRER. Ihr könnt das *Te Deum laudamus* hernach singen, wenn ich fertig bin. (*gehn ab*)

FÜNFTE SCENE

GOETHE *zieht* WIELAND *das Blatt Zeichnung aus der Tasche das er*
vorhin von der Dame eingesteckt

GOETHE (*hälts hoch*). Seht dieses Blatt und hier ist die Hand die es
gezeichnet hat (*Die Verfasserin der Sternheim ehrerbietig an die*
Hand fassend)

EINE PRÜDE (*weht sich mit dem Fächer*). O das wäre sie nimmer im
Stande gewesen allein zu machen

EINE KOKETTE. Wenn man ein so groß Genie zum Beystand hat, wird
es nicht schwer einen Roman zu schreiben

GOETHE. Erröthest du nicht Wieland? verstummst du nicht? Kannst
du ein Lob ruhig anhören, das soviel Schande über dich zusam-
menhäuft? Wie daß du nicht deine Leyer in den Winkel warfst,
als die Dame dir das Bild gab, demüthig vor ihr hinknietest und
gestandst du seyst ein Pfuscher. Das allein hätte dir Gnade beym
Publikum erworben das deinem Werth nur zu viel zugestand. Seht
dieses Bild an. (*stellt es auf eine Höhe*, ALLE MÄNNER *fallen auf*
ihr Angesicht. Ruffen:) Sternheim! wenn du einen Werther hättest, tausend Leben müßten ihm nicht zu kostbar seyn

PFARRER (*von der Kanzel herunter mit Händen und Füssen schlagend*).
Bösewichter! Unholde! Ungeheuer! Von wem habt ihr das Leben?
Ist es euer? Habt ihr das Recht drüber zu schalten

EINER AUS DER GESELLSCHAFT. Herr Pfarrer halten Sie das Maul

KÜSTER (*mischt sich unter sie*). Ja erlauben Sie meine großgünstige
Herren, es ist aber auch ein Unterschied zwischen einer s c h ö n e n
Liebe und einer solchen Gottsvergessenen und denn so mit Ihrer
großgünstigen Erlaubniß, der Herr Pfarrer hat auch so unrecht
nicht, denn sehn Sie einmal, meine arme Frau steht auch in Gefahr,
eines Menschen Leben auf ihr Gewissen zu laden und da ich mit
den Gespenstern nichts gern zu theilen habe

EIN BUCHBINDER. Ey freylich, ich bin auch von des Herrn Küsters
Parthey, meine Nachtruhe ist mir lieb auch

KÜSTER. Also mit Ihrer gnädigen Erlaubniß meine Herren, wäre mein
Rath wohl, wir giengen fein alle nach Hause und schlössen die
Kirchthür zu. Wer Lust hat, den Werther zu machen, kann immer
drinn bleiben he he he, ich denk er wird doch in der Einsamkeit
schon zu Verstand kommen, wir andere ehrliche Bürgersleut' aber
gehen heim nach dem Sprüchlein Lutheri

Ein jedes lern sein Lecktion
S o wird es wohl im Hause stohn.

GOETHE. Geht in Gottes Namen. Ich bleib' allein hier.
(*Es bleiben einige bey ihm im Tempel. Die meisten gehn heraus*
und der Küster schließt die Kirchthür zu.)

KÜSTER. So. Du sollst mir nicht mehr herauskommen

PFARR. Nur die Schlüssel der Frau nicht gegeben

FRAU PFARR. Mannchen! der arme Werther

PFARR u. KÜSTER. Da haben wirs, da wirkt das höllische Gift. Ich wollt,
er läg auf unserm Kirchhof, oder der verachtungswürdige Protheus
an seiner Stelle. Wir wollten die Knochen ausgraben lassen, verbrennen und die Asche aufs Meer streuen

KÜSTER. Ich wollt einen Mühlstein an die Asche hängen und sie er-
säuffen lassen. Er hat mich in die Seele hinein geärgert. Mein armes Weibchen, was machst du denn? Du wirst doch nicht toll seyn
und dir auch deinen Werther schon angelegt haben, ich wollte dich
– Es ist wohl gut, daß in Teutschland keine Inquisition ist, aber
es ist doch nicht gar zu gut. Ich wollte mein Leben dran setzen
einen solchen Rebellen, einen solchen –

KÜSTERS FRAU. Er ein Rebell?

KÜSTER. Red mir nicht. Was für schnöde Worte er im Munde führt.
Wenn man das alles auseinander setzte was der Werther sagt

KÜSTERS FRAU. Er sagt es ja aber in der Raserey, da er nicht recht bey
sich war.

KÜSTER. Er soll aber bey sich bleiben der Hund. Wart nur ich will ein
Buch schreiben da will ich dich lehren und alle die den Werther mir
so gelobt haben – kurz und gut Weib, lieber doch einen Schwager
als einen Werther, kurz von der Sache zu reden. Und damit so
weißt du meine Meynung und laß mich mit Frieden.

SECHSTE SCENE
Die Dramenschreiber
WEISSE *und* KÜSTERS FRAU *vor der Kirchenthür*

WEISSE. Liebe Frau, ich bin eben aus Welschland zurückgekommen,
mach' Sie mir nur auf, Ihr Mann wird nichts dawieder haben. Ich
hab' die Taschen voll, ich muß hinein. Ich werd' dort gewiß keinen
Unfug anrichten das sey sie versichert.
(*Sie macht auf. Er tritt herein in einem Französischen Sammetklei-*
de mit einer kurzen englischen Perücke, macht im Zirkel herum
viel Scharffüsse und fängt folgender Gestalten an)
Meine werthe Gesellschaft, ist es Ihnen gefälliger zu lachen, oder
zu weinen Beydes sollen Sie in kurzer Zeit auf eine wunderbare
Art an sich erfahren (*kehrt sich weg, zieht einige Pappiere heraus*
und murmelt die Expressionen, als ob er sie repetirte) hell! destruc-
tion! damnation! (*Darauf tritt er hervor und deklamirt in einem*
unleidlich hohlen Thon mit erstaunenden Contorsionen.)

HERR SCHMIDT (*ein Kunstrichter steht vor ihm beyde Finger auf den*
Mund gelegt). Es ist mir als ob ich die Engländer selber hörte

MICHAELIS. Es ist unser deutsche Shakespear

SCHMIDT. Sehen Sie nur was für eine wunderbare Vereinigung aller
Vollkommenheiten, die das englische sowohl als das Französische
Theater auszeichnen. Das griechische mit eingeschlossen. Ich
wünschte Garriken hier

WEISSE (*mit vielen Kratzfüssen sehr freundlich*). So sehr es meiner
Bescheidenheit kostet, mich mit in diesen Streit zu mengen, so
muß ich doch gestehn daß ich glaube, Herr Schmidt habe mich am
richtigsten beurtheilt.

MICHAELIS. Herr Schmidt ist unser deutsche Aristarch, er hört nicht
auf das was andere sagen sondern fällt sein Urtheil mit einer Fe-
stigkeit und Gründlichkeit die eines Skaliger würdig ist

SCHMIDT. O ich bitte um Vergebung, ich richte mich mit meinem Urtheil immer nach der allgemeinen Stimme von Deutschland. Zu
dem Ende korrespondire ich mit den Pedellen von fast allen deutschen Akademieen und bleibt mir nicht viel Zeit übrig im Skaliger
zu lesen und seine Manier anzunehmen. Ich bin ein Original

WEISSE. Belieben Sie nun noch ein Pröbchen von einer andern Art zu
sehen (*Nimmt den Hut untern Arm und trippt auf den Zähen
herum*) *Mais mon Dieu!* hi hi hi (*im Soubrettenthon*) *Vous êtes
un sot animal* (*trillert und singt*) *Monseigneur voyez mes larmes.*

EINE STIMME AUS DEM WINKEL. Das sollen Deutsche seyn?

SCHMIDT. Sehen Sie doch, es ist mir als ob ich in Paris wäre. Es ist
wahr, alle die Züge sind nachgeahmt, aber mit solcher Delikatesse,
als man die b l a u e H a u t e i n e r P f l a u m e a n f a ß t, o h n e
s i e a b z u s t r e i f f e n.

MICHAELIS. O wunderbarer Ausspruch eines wahren kritischen Genies – – Ich habe solche Kopfschmerzen – Herr Schmidt, wollen
Sie mich denn nicht auch kritisieren vor meinem Tode

SCHMIDT. Mir sind die letzten Briefe ausgeblieben

MICHAELIS. Ey Sie sind ja wohl Manns genug selber ein Urtheil zu
fällen. Sehen Sie hier hab ich auch eine Operette

SCHMIDT. Nein nein erlauben Sie mir das wag' ich nicht. Seit der
seelige Klotz vor mir die Hosen abgezogen hat bin ich ein wenig
geschröckt worden. Herr Lessing hat mir auch einmahl einen Faust-
schlag unter die Rippen gegeben, von dem ich zehn Tage lang en-
gen Othem behielt. Ich habe hernach alles anwenden müssen, die
beyden Herren zu besänftigen: besonders Herrn Lessing zu gefallen hab ich wohl zehn Nächte nacheinander aufgesessen um nach
seiner Idee zehn Englische Stücke in eines zu bringen und der
fürchterliche Plan hat mir eine solche Migräne verursacht, daß ich
fürchte Herr Lessing hat sich auf die Art schlimmer an mir gerochen als auf die erstere.

MICHAELIS. So muß ich denn wohl unbeurtheilt sterben. Deinen See-
gen deutscher Shakespear

WEISSE (*mit feiner Stimme, wie unter der Maske*). *Bon voyage mon cher Monsieur! je vous suis bien obligé de toutes vos politesses.*

SCHMIDT (*aus den deutschen Litteraturbriefen*). Der Mann hat eine wunderbare Gabe sich in alle Formen zu passen.

SIEBENTE SCENE

LESSING KLOPSTOCK HERDER *treten herein umarmt, Klopstock in der Mitte, in sehr tiefsinnigen Gesprächen, ohne Weissen gewahr zu werden.*

LESSING. Was ist das, was haben die Leute? (*Weisse macht seine Kunststücke fort.*) Soll das Nachahmung der Franzosen seyn oder der Griechen?

WEISSE (*scharffüsselnd*). Beydes

LESSING. Wißt ihr was die Franzosen für Leute sind? Laßt uns einmal ihre Bilderchen besehen (*Tritt vor eine Galerie und examinirt*). Da zu hoch, da zu breit, da zu schmal, nirgends Zusammenhang, nirgends Ordnung, nirgends Warheit. Und das sind eure Muster?

HERDER. Ich hörte da was von Shakespear raunen. Kennt ihr den Mann? – – Tritt unter uns Shakespear, seeliger Geist! steig herab von deinen Himmelshöhen

SHAKESPEAR (*einen Arm um Herder geschlungen*). Da bin ich.
(*Weisse schleicht zum Tempel heraus. Sein ganzer Anhang folgt ihm. Jedermann drängt zu, Shakespearn zu sehen, einige fallen vor ihm nieder. Aus einer Reyhe französischer Dramendichter die auf einer langen Bank sitzen und alle kritzeln oder zeichnen, hebt sich einer nach dem andern wechselsweise hervor und guckt nach S. setzt sich aber gleich wieder mit einer verachtungsvollen Miene und zeichnet fort nach griechischen Mustern.*)

KLOPSTOCK (*vor Shakespearn, sieht ihm lange ins Gesicht*). Ich kenne dies Gesicht

SHAKESPEAR (*schlägt den andern Arm um Klopstock*). Wir wollen Freunde seyn

KLOPSTOCK (*umarmt ihn brünstig, zuckt auf einmal und sieht sich umher*). Wo sind meine Griechen? Verlaßt mich nicht.
(*Shakespear verschwindt wieder. Herder wischt sich die Augen.*)

HERDER (*in sanfter Melancholey vorwärts gehend*). Was der Junge dort haben mag, der so im Winkel sitzt und Gesichter über Gesichter schneidt. Ich glaub es gilt den Franzosen. Bübgen was machst du da (*Lenz steht auf und antwortet nicht*) was ist dir

LENZ. Es macht mich zu lachen und zu ärgern, beydes zusammen

HERDER. Was denn?

Lenz. Die Primaner dort die uns weiß machen wollen, sie wären was und der grosse hagere Primus in ihrer Mitte und sind Schulknaben wie ich und andere. Zeichnen da ängstlich und emsig nach Bildern die vor ihnen liegen und sagen das soll unsern Leuten ähnlich sehen. Und die Leut' sind solche Narren und glaubens ihnen

Herder. Was verlangst du denn

Lenz. Ich will nicht hinterherzeichnen – oder gar nichts. Wenn ihr wollt Herr, stell ich euch gleich ein Paar Menschen hin, wie ihr sie da so vor euch seht. Was den Alten galt mit ihren Leuten, soll uns doch auch gelten mit unseren.

Herder (*gütig*). Probierts einmal.

Lenz (*kratzt sich in den Kopf*). Ja da müßt' ich einen Augenblick allein seyn.

Herder. So geh in deinen Winkel und wenn du fertig bist, bring mirs. (Lenz *kommt und bringt einen Menschen nach dem andern keichend und stellt sie vor sie hin*.)

Herder. Mensch, die sind viel zu groß für unsre Zeit

Lenz. So sind sie für die kommende. Sie sehn doch wenigstens ähnlich. Und Herr! die Welt sollte doch auch itzt anfangen grössere Leute zu haben als ehemals. Ist doch solang gelebt worden.

Lessing. Eure Leute sind für ein Trauerspiel

Lenz. Herr was ehmals auf dem Kothurn gieng sollte doch heutzutag mit unsern im Sokkus reichen. Soviel Trauerspiele sind doch nicht umsonst gespielt worden, was ehmals grausen machte, das soll uns lächeln machen

Lessing. Und unser heutiges Trauerspiel

Lenz. O da darf ich mahl nicht nach heraufsehn. Das hohe tragische von heut, ahndet ihrs nicht? Geht in die Geschichte, seht einen emporsteigenden Halbgott auf der letzten Staffel seiner Grösse gleiten oder einen wohlthätigen Gott schimpflich sterben. Die Leiden griechischer Helden sind für uns bürgerlich, die Leiden unserer sollten sich einer verkannten und duldenden Gottheit nähern. Oder führtet ihr Leiden der Alten auf, so wären es biblische, wie dieser that (*Klopstock ansehend*) Leiden wie der Götter, wenn eine höhere Macht ihnen entgegenwirkt. Gebt ihnen alle tieffe voraussehende Raum und Zeit durchdringende Weißheit der Bibel, gebt ihnen alle Wirksamkeit, Feuer und Leidenschaften von Homers Halbgöttern und mit Geist und Leib stehn eure Helden da. Möcht ich die Zeiten erleben!

Klopstock. Gott seegne dich

Goethe (*springt von hinten zu und umarmt ihn*). Mein Bruder

Lenz. Wär' ich alles dessen würdig! Laßt mich in meinen Winkel. (*auf dem halben Wege steht er still und bethet*.) Zeit! du grosse Vollenderin aller geheimen Rathschlüsse des Himmels, Zeit, ewig wie Gott, allmächtig wie er, immer fortwirkend immer verzehrend,

immer umschaffend erhöhend vollendend – laß mich – laß michs
erleben (*ab*)

KLOPSTOCK, HERDER u. LESSING. Der brave Junge. Leistet er nichts, so
hat er doch groß geahndet

GOETHE. Ich will's leisten. –

EINE MENGE JUNGER LEUTE (*stürmen herein mit verstöhrten Haaren*). Wir wollen's auch leisten.
(*Bringen mit Ungestüm Pappier her, Farben her, schmieren Figuren zusammen, heben die Pappiere hoch empor.*)
Sind sie das nicht?

GOETHE. Hört lieben Kinder! ich will euch eine Fabel erzehlen. Als
Gott der Herr Adam erschuf, macht' er ihn aus Erde und Wasser
sehr sorgfältig, bildete alle seine Gliedmassen, seine Eingeweyde,
seine Adern, seine Nerven, blies ihm einen lebendigen Odem in
die Nase, da gieng der Mensch herum und wandelte und freute
sich und alle Thiere hatten Respeckt vor ihm. Kam der Teuffel,
sagte, ey was eine grosse Kunst ist denn das solche Figuren zu
machen, darf ich nur ein bißel Mörtel zusammenkneten und darauf
blosen wirds gleich herumgehn und leben und die Thiere in Respeckt erhalten. Thät er dem auch also, pappte eine Menge Leim
zusammen, rollt's in seinen Händen, behaucht' und begeifferte es,
blies sich fast den Othem aus, fu fi fi fu – aber geskizzen wor nit
gemohlen.

LETZTER ACKT

Gericht

Nacht. GEISTER. STIMMEN

ERSTE STIMME. Ist Tugend der Müh werth?

ZWEYTE STIMME. Machen Künst' und Wissenschaften besser?

EINE MENGE GEISTER (*ruffen*). Tugend ist der Müh nicht werth.

EINE MENGE GEISTER (*ruffen*). Künst' und Wissenschaften machen
schlechter

WELTGEIST. Eßt, liebt und streitet! euer Lohn ist sicher

EWIGER GEIST. Euer Lohn ist klein. – Schaut an Klopstock der auf
jene steinigten Pfade Rosen warf. Der muß tugendhaft gewesen
seyn, der von gegenwärtigem Genuß auf seine Brust hinverweisen
kann, auf sein Auge gen Himmel gewandt. Schaut an Herdern,
der jene Labyrinthe mit einem ebnen Wege durchschnitt die nur
immer um Künste herum, nie zur Kunst selber führten. Tausend
Unglücklichen Verirrten ein Retter, die sonst nicht wußten wo sie

hinauswollten und in dieser tödlichen Ungewißheit an Felsenwän-
den kratzten. –
Wer von euch schweigt, bekennt, er sey nicht fähig euch zu loben.
Schweig Säkulum!

* * *

LENZ (*aus dem Traum erwachend, ganz erhitzt*). Soll ich dem kommenden ruffen?

Der Engländer

eine
dramatische Phantasey

PERSONEN

ROBERT HOT, *ein Engländer*
LORD HOT, *sein Vater*
LORD HAMILTON, *dessen Freund*
DIE PRINZESSIN VON CARIGNAN
EIN MAJOR *in sardinischen Diensten*
VERSCHIEDENE SOLDATEN
TOGNINA, *eine Buhlschwester*
EIN GEISTLICHER
[EIN WUNDARZT]
VERSCHIEDENE BEDIENTE

Der Schauplatz ist in Turin.

ERSTER AKT

ROBERT HOT *spaziert mit der Flinte vor dem Pallast auf und ab. Es ist Nacht. In dem einen Flügel des Pallasts schimmert hinter einer rothen Gardine ein Licht durch.*

ROBERT. Da steck' ich nun im Musketierrock, ich armer Protheus. Habe die Soldaten, und ihre Knechtschaft, und ihre Pünktlichkeit sonst ärger gehaßt, wie den Teufel. – Ha! was thäte man nicht um dich, Armida? Es ist kalt. Brennt doch ein ewigs Feuer in dieser Brust, und wie vor einem Schmelzofen glüh' ich, wenn ich meine Augen zu jenen rothen Gardinen erhebe. Dort schläft sie, dort schlummert sie jetzt vielleicht. O, der Kissen zu seyn, der ihre Wange wiegt. –– Wenn der Mond, der so dreist in ihr Zimmer darf, sie weckte, wenn er sie an's Fenster führte! – Götter! ––– Mein Vater kommt Morgen an, mich nach England zurückzuführen – Komm, schöne Armida, rette mich! laß mich dich noch einmal demüthig anschauen, dann mit diesem Gewehr mir den Tod geben; meinem Vater auf ewig die grausame Gewalt nehmen, die er über mich hat. Mich nach England zurückführen! mich zu den öffentlichen Geschäfften brauchen! mich mit Lord Hamiltons Tochter verheurathen! *(schlägt auf sein Gewehr)* Kommt nur! Eher möchtet ihr mich mit dem Teufel verheurathen. *(geht lange stumm auf und ab.)*
O wie unglücklich ist doch der Mensch! In der ganzen Natur folgt alles seinem Triebe, der Sperber fliegt auf seine Beute, die Biene auf ihre Blume, der Adler in die Sonne selber – Der Mensch, nur der Mensch –– Wer will mirs verbieten? Hab ich nicht zwanzig Jahre mir alles versagt, was die Menschen sich wünschen und erstreben? Pflanzenleben gelebt, Steinleben? blos um die thörichten Wünsche meines Vaters auszuführen; alle sterbliche Schönheit hintan gesetzt, und wie ein Schulmeister mir den Kopf zerbrochen; ohne Haar auf dem Kinn wie ein Greis gelebt, über nichts als Büchern und leblosen, wesenlosen Dingen, wie ein abgezogner Spiritus in einer Flasche, der in sich selbst verraucht. Und nun, da ich das Gesicht finde, das mich für alles das entschädigen kann, das Gesicht, auf dem alle Glückseligkeit der Erde und des Himmels, wie in einem Brennpunkt vereinigt, mir entgegen winkt, das Lächeln, das mein ganzes unglückliches, sterbendes, verschmachtendes Herz umfaßt, und meine[n] ausgetrockneten, versteinerten Sinnen auf einmal zuzuwinken scheint: Hier ist Leben, Freude ohne Ende, Seligkeit ohne Grenzen – Ach! ich muß hinauf, – so wahr ein jeder Mensch einen Himmel sucht, weil er auf Erden nicht zu-

frieden werden kann. (*Er schießt sein Gewehr ab, das Fenster öffnet sich, die Prinzessin sieht heraus.*)

ROBERT (*kniet*). Sind Sie's, göttliche Armida? – O zürnen Sie nicht
über diese Verwegenheit! Sehen Sie herab auf einen Unglücklichen,
der zu sterben entschlossen ist, und kein anderes Mittel wußte,
Sie vor seinem Tod noch einmal zu sehen, Ihnen zu sagen, daß er
für Sie stirbt. Die Sonne zürnt nicht, wenn ein dreister Vogel ihr
entgegen fliegt, und, von ihrem Glanz betäubt, sodann todt herab
ins Meer fällt.

ARMIDA. Wer spricht dort mit mir?

ROBERT. Erlauben Sie mir, daß ich herauf komme, Ihnen meinen Namen zu nennen, meine Geschichte zu erzählen. Das tod[t]e Schweigen der Natur, und die feyerliche Stille dieser meiner Sterbestunde
flößt mir Muth ein. Ich gehe zum Himmel, wenn es einen giebt,
und einem Sterbenden muß alles erlaubt seyn. – (*will aufstehen.*)

ARMIDA. Verwegner! Wer seyd ihr?

ROBERT. Ich bin ein Engländer, Prinzessin; bin der Stolz und die
Hoffnung meines Vaters, des Lord Hot, Pair von England. Auf der
letzten Maskerade bey Hof hab ich Sie gesehen, hab ich mit Ihnen
getanzt; Sie haben es vergessen, ich aber nicht. Ich kann und darf
nicht hoffen, Sie jemals zu besitzen, doch kann ich nicht leben ohne
diese Hoffnung. Morgen kommt mein Vater an, und will mich nach
England zurückführen, und mit Lord Hamiltons Tochter verheurathen. Urtheilen Sie nun, wie unglücklich ich bin. Er darfs nicht
wissen, daß ich Soldat bin, sonst kauft er mich los; und wo denn
Schutz finden; was denn anfangen, wenn mich dieser heilige Stand
vor ihm und Lord Hamilton nicht mehr sicher stellen kann? – Bedauern Sie mich, Prinzessin; ich sehe, ich sehe das Mitleid aus Ihren
schwarzen Augen zittern; ich kann diesen süßen Seufzer mit meinen Lippen auffangen, der Ihren Busen mir so göttlich weis entgegen hebt. – O in diesem Augenblick zu sterben ist alle Glückseligkeit des Lebens werth.

ARMIDA. Mein Herr! ich sehe wohl, daß Sie was anders sind, als Sie
zu seyn scheinen – daß Sie Bedauern verdienen – Sind Sie damit
zufrieden, wenn ich Sie bedauere? Ist Ihnen diese Versicherung
nicht genug, so bedenken Sie doch, daß mehr verlangen, mein Unglück verlangen hieße.

ROBERT. Ach, schöne Prinzessin! nichts als bedauren? Und wenn auch
das Sie nicht glücklich macht, so will ich den Urheber Ihres Un-
glücks strafen. (*springt auf, nimmt sein Gewehr wieder, und geht
herum. Die Runde kommt.*)

ROBERT. Wer da?

RUNDE. Runde!

ROBERT. Steh, Runde! (*heimlich mit dem Major.*)

MAJOR (*laut*). Was ist vorgegangen, daß ihr geschossen habt?

ROBERT. Ich habe einen Deserteur ertappt.

MAJOR. Es hat doch niemand beym Appell gefehlt. Wer war's?

ROBERT. Ich.

MAJOR. Kerl, habt ihr den Verstand verlohren? Löst ihn ab, führt ihn in die Hauptwache.

ZWEYTER AKT

ERSTE SCENE

Der Prinzessin Pallast

MAJOR BORGIA. PRINZESSIN VON CARIGNAN

MAJOR. Eure Hoheit verzeihen, daß ich mich unterthänigst beurlaube. Es wird Kriegsrath über einen Deserteur gehalten, bey dem ich unumgänglich gegenwärtig seyn muß.

ARMIDA. Eben deswegen, Herr Major, habe ich Sie rufen lassen. Er ist unter meinem Fenster in Verhaft genommen worden, ich war wach, als der Schuß geschah. Der Mensch muß eine verborgene Melancholey haben, die ihn zu dergleichen gewaltsamen Entschließungen bringt.

MAJOR. Man will sagen, daß er nicht von geringem Herkommen seyn soll. Einige haben mir sogar behaupten wollen, er sey ein Lord, und von einem der ersten Häuser in England.

PRINZESSIN. Desto behutsamer müssen Sie gehen. Erkundigen Sie sich sorgfältig nach seiner Familie bey ihm.

MAJOR. Es ist schon geschehen. Er will aber nichts sagen, und die Strenge der königlichen Verordnungen –

PRINZESSIN. Ich gelte auch etwas bey dem König, und mein Bruder; und ich will, daß Sie ihm das Leben nicht absprechen, Herr Major, wenn Ihnen Ihr zeitlich Glück lieb ist.

MAJOR. Nach dem Kriegsreglement hat er das Leben verwirkt –

PRINZESSIN. Ich gehe, mich dem Könige deswegen zu Füßen zu werfen, unterdessen erkundigen Sie sich aufs sorgfältigste nach seinen Aeltern, und sehen Sie, daß Sie ihnen, so geschwind es seyn kann, Nachricht von diesem Vorfall geben. Ich bitte mirs von Ihnen zu Gnaden aus, Herr Major!

MAJOR. Eurer Hoheit Befehle sind mir in allen andern Stücken heilig – (*sie giebt ihm noch einen Blick, und geht ab. Der Major gleichfalls von der andern Seite.*)

ZWEITE SCENE

Roberts Gefängniß. In der Dämmerung

ROBERT *spielt die Violine und singt dazu.*

> So gehts denn aus dem Weltgen 'raus,
> O Wollust, zu vergehen!
> Ich sterbe sonder Furcht und Graus,
> Ich habe sie gesehen.
> Brust und Gedanke voll von ihr:
> So komm, o Tod! ich geige dir;
> So komm, o Tod! und tanze mir.

Nur um ein paar Ellen hätt' ich ihr näher seyn sollen, ihre Mienen auf mich herabscheinen zu sehen – ihren Athem zu trinken – Man muß genügsam seyn – Das Leben ist mir gut genug worden, es ist Zeit, daß ich gehe, eh es schlimmer wird.

>   (*spielt wieder.*)
> O Wollust – o Wollust, zu vergehen!
> Ich habe – habe sie gesehen.

(*Die* PRINZESSIN VON CARIGNAN *tritt ins Gefängniß, verkleidet als ein junger Officier. Ihr* BRUDER *als Gemeiner.*)

ROBERT. Himmlisches Licht, das mich umgiebt! (*läßt die Geige fallen, kniet.*)

PRINZESSIN. Stehen Sie auf, mein Herr! ich bring Ihnen Ihr Urtheil – Ihre Begnadigung vielmehr. Ich war die Ursache der unglücklichen Verirrung Ihrer Einbildungskraft, ich mußte dafür sorgen, daß sie nicht von zu traurigen Folgen für Sie würde. Sie werden nicht sterben. Stehen Sie auf. (*als ob sie ihn aufrichtete.*)

ROBERT (*bleibt kniend*). Nicht sterben? Und das nennen Sie Gnade! – Oft ist das Leben ein Tod, Prinzessin, und der Tod ein besseres Leben.

PRINZESSIN. Das Leben ist das höchste Gut, das wir besitzen.

ROBERT. Freylich hört mit dem Tod alles auf, aber im höchsten Genuß aufhören, heißt tausendfach genießen. Gönnen Sie mir dieses Glück, Prinzessin, (*ihr einen Dolch reichend, der auf einem Sessel liegt,*) lassen Sie mich den Tod aus diesen Händen nehmen, von denen er mir allein Wohlthat ist. Ich will meinen entfliehenden Athem in diese Hände zurückgeben, die ihn schon lange gefesselt hatten, die zu berühren, meine scheidende Seele schon tausendmal auf meinen Lippen geschwebt ist.

PRINZESSIN (*setzt sich*). Mein Freund! – (*knöpft sich ein Armband ab.*) hier haben Sie etwas, das Ihnen das Leben angenehmer machen soll; nehmen Sie es mit in Ihre Gefangenschaft, versüßen Sie sich die Einsamkeit damit; und bilden Sie sich ein, daß das Urbild von diesem Gemählde vielleicht nicht so fühllos bey Ihren Leiden würde gewesen seyn, als es dieser ungetreue Schatten von ihm seyn wird. (*giebt ihm das Portrait, und eilt jählings ab.*)

ROBERT (*in die Knie sinkend, das Bild am Gesicht*). Ach, nun Ewigkeiten zu leben! — — mit diesem Bilde! — — Wesen! wenn eins da ist, furchtbarstes aller Wesen! könntest du so grausam gegen einen handhohen Sterblichen seyn, und mir dieß im Tode nehmen — Wenn ein Leben nach dem Tode wäre — dieß ist das erstemal, daß mich der Gedanke bey den Haaren faßt, und in einen grauenvollen Abgrund hinabschüttelt — Ein Leben nach dem Tode, und ohne sie — Nein, sie wußte, was sie mir brachte, Leben und ihr Bild. Es ist ihr dran gelegen, daß ich sie nicht aus diesem Herzen verliere, und wenn ich vergienge, vergieng ein Theil ihres Glücks mit. Ich will also die Begnadigung um ihretwillen annehmen. (*steht auf, nimmt das Urtheil von dem Tisch und liest,*) «in eine lebenslängliche Verweisung auf die Festung.» Lebenslänglich! das ist genug — aber sie wird vor mir stehn, ihre Hand wird mir den Schweiß von der Stirne trocknen, die Thränen von den Backen wischen — die Augen mir zudrücken, wenn ich ausgelitten habe. Ueberall werd ich sie hören, sie sehen, sie sprechen, und die Kette, an der ich arbeite, wird ihre Kette seyn. (*fährt zusammen.*) Wen seh ich!

(*Der alte* LORD HOT *tritt herein.*)

LORD. Unwürdiger! ist das der Ort, wo ich dich anzutreffen hoffte?

ROBERT (*fällt ihm zu Füßen, eine Weile stumm*). Lassen Sie mich zu mir selber kommen, mein Vater —

LORD (*hebt ihn auf, und umarmt ihn*). Armer, wahnwitziger, kranker Schulknabe! du ein Pair im Parlement? —

ROBERT. Hören Sie mich an. — —

LORD. Ich weis alles. Ich komme von der Prinzessin von Carignan (*Robert zittert.*) Du hast die Dame unglücklich gemacht, sie kann es sich und ihren Reizungen nicht verzeihen, einen Menschen so gänzlich um seinen Verstand gebracht zu haben, der jung, hoffnungsvoll, in der Blüthe seiner Jahre und Fähigkeiten, seinen Vater und Vaterland in den größten Erwartungen hintergeht. Hier ist deine Befreyung! Willst du der Prinzessin nicht auf ewig einen Dorn in ihr Herz drücken, so steh auf, setz dich ein mit mir, und kehr nach England zurück.

(ROBERT *eine Weile außer Fassung, dann fährt er plötzlich nach der Ordre in des Vaters Händen, und will sie zerreißen.*)

LORD. Nichtswürdiger! — deine Begnadigung! —

ROBERT. Nein, die Begnadigung meiner Prinzessin war viel gnädiger. Ich habe die Festung verdient, weil ich mich unterstanden, ihre Ruhe zu stören. Aber ich blieb ihr nah; derselbe Himmel umwölbte mich, dieselbe Luft wehte mich an — es waren keine Länder, kein ungetreues Meer zwischen uns; ich konnte wenigstens von Zeit zu Zeit Neuigkeiten von ihr zu hören hoffen — Aber nun auf ewig von

ihr hinweggerissen, in den Strudel der öffentlichen Geschäffte; vom
König, und Ihnen, und Lord Hamilton gezwungen, in den Armen
der Lady Hamilton – sie zu vergessen! – Behalten Sie Ihre Begnadigung für sich, und gehen in die Wälder, von wilden Thieren
Zärtlichkeit für ihre Jungen zu lernen.

LORD. Elender! so machst du die menschenfreundlichsten Bemühungen zu nichte, und stößest die Hände, die dich von dem Sturze des
Abgrundes weghaschen wollen, mit Undankbarkeit von dir. Wisse! es ist nicht meine Hand, die du zurückstößt, es ist die Hand
deiner Prinzessin selber. Sie hat dir diese Befreyung ausgewirkt,
und damit sie deine unsinnige Leidenschaft durch diese Großmuth
nicht nährte, hat sie mich gebeten, ihr meinen Namen dazu zu lei-
hen, hat sie sich gestellt, dir eine zweydeutige Begnadigung ausgewirkt zu haben, um sich dadurch in deiner Phantasey einen wi-
derwärtigen Schatten zu geben. Aber deine Raserey ist unheilbar;
wenigstens zittre, ihren großmüthigen Absichten entgegen zu stehen, und wenn du nicht willst, daß sie dich als den Störer ihres
ganzen Glücks auf ewig hassen soll – flieh! sie befiehlt es dir aus
meinem Munde. –

ROBERT (*lange vor sich hinsehend*). Das ist in der That fürchterlich!
diese Klarheit, die mich umgiebt, und mir die liebe Dunkelheit, die
mich so glücklich machte, auf immer entreißt. Also die Prinzessin
selber arbeitet dran, daß ich fortkomme, daß ich nach England
gehen, und sie in den Armen einer andern auf ewig vergessen
soll.

LORD. Sie hat mich in ganz Turin aufsuchen lassen, da sie unter der
Liste der Durchreisenden meinen Namen gefunden. Sie muß von
meiner Ankunft unterrichtet gewesen seyn.

ROBERT. Das ist viel Sorgfalt für mein Glück, für meine Heilung. – Ich
bin freylich ein großer Thor – Aber wenn Sie sie gesehen hätten,
Lord Hot, – und mit meinen Augen – das erstemal, als ich sie auf
der Maskerade sah – wie sie so da stand in ihrer ganzen Jugend,
und alles um sie lachte, und gaukelte, und glänzte, die rothen Bän-
der an ihrem Kopfschmucke von ihren Wangen die Röthe stahlen,
die Diamanten aus ihren Augen das Feuer bettelten, und alles um
sie her verlosch, und man, wie bey einer göttlichen Erscheinung
für die ganze Natur, die Sinne verlohr, und nur sie und ihre Reize
aus der weit verschwundenen Schöpfung übrig behielt. Und was
für ein Herz diese Schönheit bedeckt. Jedermann in Turin kennet
sie, jedermann spricht von ihr mit Bewunderung und Liebe. Es ist
ein Engel, Lord Hot! ich weis Züge von ihr, die kalte Weltweise
haben schauernd gemacht. – Mein Vater, ich kann noch nicht mit
nach England. Ich werde heilen, ich muß heilen, aber ich muß mich
noch erst erholen, eh ich so stark bin, es selber zu wollen.

LORD (*faßt ihn an der Hand*). Komm! so bald du vernünftig wirst,

wirst du glücklich seyn, und mich und uns alle glücklich machen, am meisten aber die, die du anbetest.

ROBERT *(legt beyde Arme über einander, den Himmel lang ansehend)*. Ich glücklich?

(zuckt die Achseln, und geht mit Lord Hot ab.)

DRITTER AKT

ERSTE SCENE

ROBERT *in einem Domino ganz ermüdet nach Hause kommend, und sich in Lehnstuhl werfend. Es ist Mitternacht, mehr gegen die Morgenstunde.*

ROBERT. Sie wollen mich durch Mummereyen und Vergnügen und Rasereyen wieder zu meinem Verstand bringen. Sie haben recht gehabt, sie haben mich wenigstens so weit gebracht, daß ich durch eine verstellte Gleichgültigkeit ihr Argusauge betrügen, und ihren bittern Spöttereyen über die schönste Thorheit meines Lebens ausweichen kann. Ha, unter allen Foltern des Lebens, auf die der Scharfsinn der Menschen gesonnen haben kann, kenn ich keine größere, als zu lieben und ausgelacht zu werden. Und die Marmorherzen machen ihrem Gewissen diese Peinigung ihrer Nebenmenschen so leicht, weil sie ihnen so wenig Mühe kostet, weil sie ihrem Stolz und eingebildeten Weisheit so sehr schmeichelt, weil sie die schlechteste Erdensöhne mit so geringen Kosten über den würdigsten Göttersohn hinaus setzt. Ha! sie sollen diese Freude nicht mehr haben. – Mich auslachen! – mich dünkt, ein Theil von dem Hohn fällt auch auf den Gegenstand zurück, den ich anbete – *(springt auf)* und das ist ärger, als wenn Himmel und Erde zusammen fielen, und die Götter ein Spiel der Säue würden – Ruhig, Robert! da kommen sie. *(wirft sich wieder in den Lehnstuhl und scheint zu schlummern.)*

(LORD HOT und LORD HAMILTON kommen. Sie habens gesehen, und lächeln einander zu.)

LORD HOT. Es läßt sich doch zur Besserung mit ihm an.

LORD HAMILTON. Wenn nur ein Mittel wäre, ihm den Geschmack an Wollust und Behäglichkeit beyzubringen; er hat sie noch nie gekostet; und wenn das so fortstürmt in seiner Seele, kann er sie auch nie kosten lernen.

LORD HOT. Wenn ich ihn nur in England hätte!

LORD HAMILTON. Hier! Hier! Die italienische Augen haben eine große Beredsamkeit, besonders für ein brittisches Herz.

ROBERT (*zwischen den Zähnen.*) Der Verräther!

LORD HOT. Es thut mir leid, daß ich ihm keine mitgegeben, als er von Hause gieng.

LORD HAMILTON. Ich kenne hier eine, die einen Antonius von Padua verführt haben würde. Augen, so jugendlich schmachtend, als Venus zum erstenmal aufschlug, da sie aus dem Meerschaum sich loswand, und die Götter brünstig vom Himmel zog. Es ist ein so vollkommnes Meisterstück der Natur, daß alle Pinsel unserer Maler an ihr verzweifelt sind. Ihre Arme, ihr Busen, ihr Wuchs, ihre Stellungen – Ach wenn sie sich einladend zurück lehnt, und tausend zärtliche Regungen den Schnee ihres Busen aufzuarbeiten anfangen –

ROBERT (*wirft ihm seine Uhr an den Kopf*). Nichtswürdiger!

LORD HOT (*läuft ganz erhitzt auf ihn zu, als ob er ihn schlagen wollte*). Nichtswürdiger du selber! Du verdienst, daß man dich in das tiefste Loch unter der Erde steckte.

LORD HAMILTON, (*der sich erholt hat, faßt Lord Hot an*). Geduld, Lord Hot! ich bitte dich. Geduld, Mann! Es wird sich alles von selber geben. Ich billige diese Hitze an Roberten, er hat sie von dir. Du hättest es nicht besser gemacht, wenn du in seinen Jahren wärst – Es wird sich legen, ich versichere dich. Ich hoffe noch die Zeit zu erleben, da Robert über sich lachen wird.

ROBERT (*kniend*). Götter! (*beißt sich in die Hände.*)

LORD HAMILTON. Wir wollen ihn seinem Nachdenken überlassen, er ist kein Kind mehr. (*führt Lord Hot ab.*)

ROBERT. Das meyn' ich, daß er kein Kind ist. Wie hoch diese Leute über mich sind, wie sie über mich wegschreiten! wie man über eine verächtliche Made wegschreitet – Und ihr Vorzug! daß sie kalt sind; daß sie lachen können, wo ich nicht lachen kann – Nun, es wird sich alles von selbst geben, Robert wird ein gescheuter, vernünftiger Mann werden! Es wird schon kommen, nur Geduld! – – Unterdessen (*öffnet ein Fenster und springt heraus.*)

VIERTER AKT

ERSTE SCENE

ROBERT HOT, *als ein Savoyard gekleidet, unter dem Fenster der Prinzessin von Carignan in der schönsten sternhellen Nacht*

ROBERT. Hast du kein Mitleiden mit mir, Unbarmherzige? Fühlst du nicht, wer hier herumgeht, so trostlos, so trostlos, daß die Steine sich für Erbarmen bewegen. Was hab ich begangen, was hab ich

verbrochen, daß ich so viel ausstehen muß? Womit hab ich dich beleidigt, erzürnter Himmel, ihr kalten und freundlichen Sterne, die
ihr so schön und so grausam auf mich niederseht? Auch in dem
Stück ihr ähnlich. Muß denn alles gefühllos seyn, was vollkommen
ist; nur darum anbetenswerth, weil es, in sich selbst glücklich, seine
Anbeter nicht der Aufmerksamkeit würdig achtet. – (*Wirft sich nieder auf sein Angesicht, dann hebt er sich auf.*) Ja, Hamilton hat
recht geweissagt, ich bin so weit gekommen, daß ich über mich
selbst lachen muß. Ist es nicht höchst lächerlich, so da zu liegen, dem
Spott aller Vorübergehenden, selbst dem Geknurr und Gemurr
der Hunde ausgesetzt; ich, der einzige meiner Familie, auf dessen
sich entwickelnde Talente ganz England harrte? Robert, du bist in
der That ein Narr. Zurück! zurück! zu deinem Vater, und werd einmal klug.

(*leyert auf seiner Marmotte.*)
*a di di dal da
a di didda dalli di da.*

Ach, gnädigste Prinzessin, einen Heller! allergnädigste königliche
Majestät.

*a di di dal da
di di didda dallidida.*

O – o! geben Sie mir doch einen Heller, Eure kaiserliche Majestät
– Eure päpstliche Heiligkeit – O – o!
(*Das Fenster geht auf, es fliegt etwas heraus in Papier gewickelt.
Robert fängts begierig auf.*)
O, das Geld kommt von ihr – (*küßt es.*) In Papier – Wer weis,
was drauf geschrieben steht. (*Macht das Papier auf, und tritt an
eine Laterne.*) Nichts! – Robert! – weiß – ganz weiß! – Du hast
nichts, Robert, du verdienst nichts. – Wer weis, warfs ein Bedienter heraus. – Ja doch; es kam nicht aus ihrem Fenster; es kam aus
dem obern Stock, und wo mir recht ist, sah ich einen rothen Ermel.
Geh zurück in deines Vaters Haus, Robert! es ist eben so gut – – –
Wenn nur die Bedienten meines Vaters ihm von diesem Aufzug
nichts sagen, sonst bin ich verloren. Ich schleiche mich noch wohl
hinein. –

(*ab.*)

FÜNFTER AKT

ERSTE SCENE

ROBERT *in seinem Zimmer, krank auf seinem Bette.*
LORD HOT *tritt herein.*

LORD HOT. Nun, wie stehts? Haben die Kopfschmerzen nachgelassen?

ROBERT. So etwas, Mylord.

LORD HOT. Nun, es wird schon besser werden; ich hoff, ich vertreib sie dir. Steh auf, und zieh dich an, du sollst mit mir zur Prinzessin von Carignan.

ROBERT (*faßt ihn hastig an beyde Hände*). Was sagten Sie? Sie spotten meiner.

LORD HOT. Ich spotte nicht; du sollst dich zugleich von ihr beurlauben.

ROBERT. Hat sie mich verlangt?

LORD HOT. Verlangt – sie hat wohl viel Zeit, an dich zu denken. Sie empfängt gegenwärtig die Glückwünschungen des ganzen Hofs, und du wirst doch auch nicht der letzte seyn, vor deiner Abreise nach London ihr auch die deinige abzulegen.

ROBERT. Glückwünschungen – und wozu?

LORD HOT. Sie vermählt sich –

ROBERT (*schreyt*). Vermählt sich! (*fällt zurück und in Ohnmacht.*)

LORD HOT. Wie nun, Robert? – was ist dir, Robert? – Ich Unglücklicher! – Hülfe! (*sucht ihn zu ermuntern.*)

(LORD HAMILTON *kommt.*)

LORD HAMILTON. Wie stehts? hats angeschlagen?

LORD HOT. Er ist todt. –

HAMILTON (*nähert sich*). Nun er wird wieder aufleben, (*ihn gleichfalls vergeblich zu ermuntern suchend.*) Man muß ihm eine Ader schlagen. (*streift ihm den Arm auf.*) Geschwind, Bediente, ein Lanzett, oder einen Chirurgus, was ihr am ersten bekommen könnt.

ROBERT (*erwacht, und sieht wild umher*). Wer ist da?

LORD HOT (*bekümmert*). Dein Vater – deine guten Freunde.

ROBERT (*stößt ihn von sich*). Weg mit den Vätern! – Laßt mich allein! – (*sehr hitzig.*) Laßt mich allein! sag ich!

HAMILTON. Wir müssen ihn allein lassen, daß er sich erholen kann; der Zwang, den er sich in unserer Gegenwart anthut, ist ihm tödtlich. – Es wird sich alles von selbst legen.

LORD HOT. Du bist immer mit dem alles von selber – Wenigstens alles Gewehr ihm weggenommen. (*greift an den Tisch und um die Wände umher, und geht mit Lord Hamilton ab.*)

ROBERT. Also vermählt! Das Schwerdt, das am letzten Haar über meinem Kopfe hieng, fällt. – Aus! – alles aus. (*springt auf, und tappt nach einem Gewehr.*) Ich vergaß es – O deine elende väterliche Vorsicht! (*rennt mit dem Kopf gegen die Wand, und sinkt auf den Boden.*) Also ein anderer – ein anderer – und vermuthlich ein junger, schöner, liebenswürdiger, vollkommener – einer, den sie lang geliebt hat, weil sie so ernstlich auf meine Heilung bedacht war. – Desto schlimmer, wenn er vollkommen ist, desto schlimmer! – er wird ihr ganzes Herz fesseln, und was wird für mich übrig bleiben? nicht einmal Mitleid, nicht ein einziger armer verirrter Gedanke für mich – Ganz aus ihrem Andenken verschwunden, vernichtet – Daß ich mich nicht selbst vernichten kann! – (*springt auf, und will sich zum Fenster naus stürzen, Hamilton stürzt herein, und hält ihn zurück.*)

HAMILTON. Wohin, Wahnwitziger?

ROBERT (*ganz kalt*). Ich wollte sehen, was es für Wetter gäbe – Ich bin dein Herzensfreund, Hamilton; ich wollt, ich hätte deinen Sohn, oder deine Tochter hier.

HAMILTON. Was wolltest du mit ihnen?

ROBERT (*sehr gelassen*). Ich wollte deine Tochter heurathen. – Laß mich los!

HAMILTON. Ihr sollt euch zu Bette legen. Ihr seyd in einem gefährlichen fiebrischen Zustand. Kommt, legt euch!

ROBERT. Zu Bette? – Ja, mit deiner Tochter! – Laß mich los!

HAMILTON. Zu Bette! oder ich werd euch binden lassen.

ROBERT. Mich binden? (*kehrt sich hastig um, und faßt ihn an der Kehle.*) Schottischer Teufel!

HAMILTON (*wind't sich von ihm los, und schiebt ihn aufs Bett*). He! Wer ist da! Bediente! Lord Hot!

ROBERT. Ihr seyd der stärkere. Gewalt geht vor Recht. (*legt sich freywillig nieder, und fängt an zu rufen.*) Georg! Johann! Eduard! He, wer ist da! Kommt, und fragt den Lord Hamilton, was er von euch haben will?

(*Bediente kommen herein.*)

HAMILTON. Ihr sollt mir den jungen Herrn hier bewachen. Seht zu, daß ihr ihn zum Einschlafen bringt – ihr sollt mir Red und Antwort für ihn geben.

ROBERT. Hahaha! und bind[t] ihm nur die Hände, ich rath es euch, denn er hat einen kleinen Fehler hier. (*sich auf die Stirn schlagend.*)

HAMILTON. Gebt Acht auf ihn; ihr sollt mir für alles stehen, ich sags euch! und wenn ers zu arg macht, so ruft mich nur – und ich will den Junker an sein Bett schließen lassen.

ROBERT *sieht ihn wild an, ohne ein Wort zu sagen.*

(*Hamilton geht ab.*)

ROBERT (*zu den beyden Bedienten*). Nicht wahr, Williams, der Mensch ist nicht gescheut. Sagt mir aufrichtig, scheint er euch nicht ein wenig verrückt zu seyn, der Lord Hamilton? Er bild't sich wohl ein, daß ich ein Kind, oder ein Narr, oder noch was schlimmers bin, weil ich nicht (*sich ehrerbietig bückend*) Lord Hamilton seyn kann.

WILLIAMS. Halten Sie sich ruhig, junger Herr.

ROBERT. Maulaffe! bist du auch angesteckt? – Komm du her, Peter, du bist mir immer lieber gewesen, als der weise Esel da. Sagt mir doch, habt ihr nichts von Feyerlichkeiten gehört, die in der Stadt angestellt werden sollen, von Illuminationen, Freudenfeuer? –

PETER. Wenn Sie doch könnten in Schlaf kommen, mein lieber junger Herr!

ROBERT. Immer dieselbe Leyer; wenn ich nicht närrisch wäre, könntet ihr mich dazu machen. – Die Prinzessin von Carignan soll morgen Hochzeit halten, ob was dran ist! Habt ihr nichts gehört?

(*Peter und Williams sehen sich mit verwunderungsvollen großen Augen an.*)

ROBERT. Seyd ihr denn stumm geworden, ihr Holzköpf. Ists euch verboten, mirs zu sagen? Wer hats euch verboten? Geschwind!

PETER. Lieber junger Herr, wenn Sie sich zudeckten, und sähen in Schweiß zu kommen. (*er will ihn anfassen, Robert stößt ihn von sich.*) Wenn Sie nur in Ruh kommen könnten, allerliebster junger Herr.

ROBERT. Daß dich Gott verdamm, mit deiner Ruh! – Setz dich! (*er setzt sich aufs Bett, Robert faßt ihn an Kragen.*) Den Augenblick sag mir, Bestie, wie heißt der Gemahl der Prinzessin von Carignan?

WILLIAMS (*kommt von der andern Seite, faßt ihn gewaltsam an, und kehrt ihn um*). Will er wohl ruhig seyn, oder ich nehm ihn augenblicklich, und bind ihn fest ans Bett.

(ROBERT schweigt ganz stille.)

PETER (*zu Williams*). Gott und Herr! er phantasirt erschrecklich.

ROBERT (*nachdem er eine Weile stille gelegen*). Gut, daß ich mit dir reden darf, mitleidige Wand. Es ist mir doch, als ob du dich gegen mich bewegtest, dich herab zu mir neigtest, und stumm, aber gefühlig zu meiner Verzweiflung zittertest. Sieh, wie ich verrathen da liege! alles, alles verräth mich – (*zieht das Bild der Prinzessin aus seinem Busen, und macht das Futtral auf.*) Auch dieß. Auch diese schwarzen Augen, die keinen Menschen scheinen unglücklich sehen zu können, die Liebe und Wohlthun wie die Gottheit selber sind. Sie hat alles das angestellt. – Sie will mich wahnwitzig haben – Sie, heurathen! könnte sie das, wenn ihr Herz weich und menschlich wäre. Nein, sie ist grausamer als alle wilde Thiere, grausamer als ein Tyrann, grausamer als das Schicksal selbst, das Weinen und Beten nie verändern kann. Sie kann mich leiden sehen, und an Hochzeitfreuden denken – Und doch, wenn sie muß! wenn sie glücklicher dadurch wird – Ja, ich will gern leiden, will das Schlachtopfer ihres Glücks seyn – Stirb, stirb, stirb, Robert! es war dein Schicksal, du mußt nicht darüber murren, sonst wirst du ausgelacht. (*Bleibt mit dem Bild ans Gesicht gedrückt eine Weile stumm auf seinem Kissen liegen.*)

(TOGNINA, *eine Buhlerin, schön geputzt, tritt leise herein. Peter geht ihr auf den Zähen entgegen.*)

PETER. Still, er schläft! – das ist ein Glück. Wir dachten schon, er sollt uns zum Fenster heraus springen. Die Hitze ist gar zu groß bey ihm.

TOGNINA. Laßt mich nur! ich werd ihn nicht wecken. Ich werd an seinem Bette warten, bis er aufwacht. (*setzt sich ans Bett.*)

ROBERT (*kehrt sich hastig um*). Wer ist da?

TOGNINA. Schöner junger Herr! werden Sie nicht böse, daß ich so ungebeten herein komme. Ich bin hieher gewiesen, ich bin eine arme Waise, die Vater und Mutter verloren hat, und sich kümmerlich von ihrer Hände Arbeit nähren muß.

ROBERT. Das sieht man euch nicht an.

TOGNINA. Alles, was ich mir verdiene, wend ich auf meine Kleidung. Ich denke, es steht einem jungen Mädchen nichts so übel an, als wenn sie das bischen Schönheit, das ihr der Himmel gab, nicht einmal sucht an den Tag zu legen. Ich will nicht gefallen, gnädiger Herr, (*ihn zärtlich ansehend*) ich weis wohl, daß ich nicht im Stande bin, Zärtlichkeit einzuflößen; aber zum wenigsten bin ich hochmüthig genug, daß ich niemand durch meine Gestalt beleidigen mag.

ROBERT. Was wollt ihr von mir?

TOGNINA (*etwas verwirrt*). Von Ihnen? – was ich von Ihnen will? – Das ist eine seltsame Frage, die ich Ihnen so geschwind nicht beantworten kann. Ich höre, daß Sie krank sind, schöner junger Herr, Sie brauchen Pflege, Sie brauchen Aufwartung; Sie brauchen vielleicht auf die Nacht eine Wärterin.

ROBERT (*die Zähne knirschend*). Wer hat euch gesagt, daß ich krank sey?

TOGNINA. Niemand, gnädiger Herr – die Frau vom Hause hat es mir gesagt – und in der That, man sieht es Ihnen an, (*seine Hand fassend*). Dieser Puls will mir nicht gefallen. (*streift ihm den Arm auf.*) Was für einen schönen weisen Arm Sie haben – und wie nervigt! dieser Arm könnte Herkules Keule tragen.

ROBERT (*reißt sich los von ihr, richtet sich auf, und sieht sie starr an*). Wer seyd ihr?

TOGNINA. Ich bin – ich habe es Ihnen ja schon gesagt, wer ich bin.

ROBERT. Ihr seyd eine Zauberin; aber (*auf sein Herz weisend*) hier ist Stein, Kieselstein. Wißt ihr das?

TOGNINA. Das gesteh ich. – Haben Sie noch nie geliebt? – Ich muß Ihnen doch sagen, hier ward gestern eine neue Oper gegeben –

Die Scythen, oder der Sieg des Liebesgottes – Unvergleichlich, Mylord; gewiß – Es war auch so ein junger Herr drinne, wie Sie, der
alles Frauenzimmer verachtete. Aber was meynen Sie wohl, womit die Liebesgöttinn und die Amors ihn bekämpften? Rathen Sie
einmal, ich bitte Sie, was für fürchterliche Waffen sie seiner kno-
tigten Keule entgegen setzten?

ROBERT. Vergifftete Blicke, wie die eurigen.

TOGNINA. Blumen, junger Herr, nichts als arme Blumen – (*reißt sich
eine Rose von der Brust, und wirft ihn damit.*) Sehen Sie, so machten sies – Spielend (*eine aus ihrem Haarputze*) Spielend. (*wieder
eine andere von ihrer Brust.*) spielend überwanden sie ihn. Hahaha,
(*ihn an die Hand fassend*) ist das nicht lustig, mein kleines Herz-
chen?

ROBERT (*verstohlen, die Zähne knirschend.*) O unbarmherziger Himmel! – Armida! – (*Tognina ans Kinn fassend.*) Ihr seyd gefährlich, Kleine! voll Lüsternheit! voll Liebreiz! Laßt uns allein bleiben, ich habe euch viel zu sagen.

  (*Sie winkt den Bedienten, die gehen heraus.*)

ROBERT (*zieht das Portrait aus dem Busen*). Seht, hier hab ich ein Bild,
das allein ist euch im Wege. Wenn ihr Meisterin von meinem
Herzen werden wollt, gebt mir eine Scheere, daß ich es von diesem
Halse löse, an den ich es damals leider, ach, auf ewig knüpfte! Ich
bin nicht im Stande, euch in euer zauberreiches Auge zu sehen,
eure weiche Hand gegen mein Herz zu drücken, euren glühenden
Lippen meinen zitternden Mund entgegen zu strecken, so lang dieß
Bild an meinem Halse hängt.

TOGNINA. Gleich, gnädiger Herr! (*zieht eine Scheere aus ihrem Etui,
und setzt sich aufs Bett, ihm das Bild abzulösen.*)

ROBERT (*reißt ihr die Scheere aus der Hand, und giebt sich einen Stich
in die Gurgel*). Grisette! hab ich dich endlich doch überlistet.

TOGNINA. Ich bin des Todes! Hülfe! — (*läuft heraus.*)

ROBERT. Ists denn so weit! – (*breitet die Arme aus.*) Ich komme, ich
komme! – Furchtbarstes aller Wesen! an dessen Daseyn ich so
lange zweifelte; das ich zu meinem Trost leugnete, ich fühle dich –
Du, der du meine Seele hieher gesetzt! du, der sie wieder in seine
grausame Gewalt nimmt. Nur nicht verbiete mir, daß ich ihrer
nicht mehr denken darf. Eine lange, furchtbare Ewigkeit ohne sie.
Sieh, wenn ich gesündigt habe, ich will gern Straf und Marter dulden; Höllenqualen dulden, wie du sie mir auflegen magst; nur laß
das Andenken an sie sie mir versüßen.

  (LORD HOT, LORD HAMILTON, BEDIENTEN *und* TOGNINA *kommen.*)

LORD HOT. Ich unglücklicher Vater!

HAMILTON. Er wird sich nur geritzt haben.

LORD HOT. Verbindt ihn; er verblutet sich. (*reißt ein Schnupftuch aus
der Tasche, und sucht das Blut aufzuhalten.*) Kommt denn der

Wundarzt noch nicht? So lauft denn jemand anderswo nach ihm! lauft alle miteinander nach ihm! – Das sind die Folgen deiner Politik, Hamilton.

HAMILTON *zu* TOGNINA. Ihr war't rasend, daß ihr ihm das Messer in die Hand gabt.

TOGNINA. Er that so ruhig, gnädiger Herr.

LORD HOT. Mörder! Mörder! allezusammen! ihr habt mich um meinen Sohn gebracht.

HAMILTON. Es kann unmöglich so gefährlich seyn.

ROBERT (*im Wundfieber.*) Nein, Armida! nein! – so viel Augen haben nach mir gefunkelt! so viel Busen nach mir sich ausgedehnt! ich hätte so viel Vergnügen haben können – nein, das ist nicht dankbar.

LORD HOT. Kommt denn der Wundarzt nicht?

ROBERT. Nein, das ist nicht artig – Ich war jung, ich war schön! o schön! schön! ich war zum Fressen, sagten sie – Sie wurden roth, wenn sie mit mir sprachen, sie stotterten, sie stammelten, sie zitterten – nur eine, sagte ich, nur eine – und das mein Lohn!

LORD HOT. Geschwind lauft zu meinem Beichtvater!
(*Bediente ab.*)

WUNDARZT *kommt; nähert sich, und untersucht die Wunde.*

LORD HOT. Nun, wie ists? ist Hoffnung da?

(WUNDARZT *blickt auf, und sieht ihn eine Weile bedenklich an.*)

LORD HOT (*fällt auf einen Stuhl*). Aus!

WUNDARZT. Warum soll ich Ihnen mit vergeblicher Hoffnung schmeicheln? – die Luftröhre ist beschädigt.

(LORD HOT *legt die Hand vors Gesicht und weint.*)

ROBERT. Nun – nun – nun – meine Armida! jetzt gilt es dir zu beweisen, wer unter uns beyden Recht hat – jetzt – jetzt – Laß meinen Vater sagen! laß die ganze Welt sagen –

LORD HOT (*steht auf, zu Hamilton*). Du hast mich um meinen Sohn gebracht, Hamilton – Dein waren alle diese Anschläge! – du sollst mir dran glauben, oder ich –

HAMILTON. Besser ihn todt beweint, als ihn wahnwitzig herum geschleppt. (*geht ab.*)

(LORD HOT *zieht den Degen, und will ihm nach. Sein* BEICHTVATER, *der herein tritt, hält ihn zurück.*)

BEICHTVATER. Wohin, Lord Hot?

LORD HOT. Der Mörder meines Sohns –

BEICHTVATER. Kommen Sie! der Verlust thut Ihnen noch zu weh, als daß Sie gesund davon urtheilen können.

LORD HOT. So helfen Sie uns wenigstens seine junge Seele retten. Es war sein Unglück, daß er in der Kindheit über gewisse Bücher kam, die ihm Zweifel an seiner Religion beybrachten. Aber er zwei-

felt nicht aus *Libertinage*, das kann ich Ihnen versichern. Reden Sie
ihm zu, Mann Gottes, da er am Rande der Ewigkeit steht.

BEICHTVATER (*tritt näher, und setzt sich auf sein Bett*). Lord Robert,
ich weis nicht, ob Sie mich noch verstehen, aber ich hoffe zu Gott,
der Sie erschaffen hat, er wird wenigstens einige meiner Worte den
Weg zu Ihrem Herzen finden lassen, wenn Ihr Verstand sie gleich
nicht mehr fassen kann. Bedenken Sie, wenn Sie noch Kräfte übrig
haben, welchem entscheidenden Augenblick Sie nahe sind, und
wenden Sie die letzte dieser Kräfte an, das, was ich Ihnen sage, zu
beherzigen.

ROBERT (*nimmt das Bild hervor, und küßt es*). Daß ich das hier lassen
muß.

BEICHTVATER. Sie gehen in die Ewigkeit über! Lord Robert, Lord Robert, machen Sie Ihr Herz los von allem Irrdischen. Sie sind jung,
Sie sind liebenswürdig. Sie haben Ihrem Vaterlande die reizendste
Hoffnungen vernichtet; aber Ihr Herz ist noch Ihre; wenden Sie
das von den Geschöpfen, an denen Sie zu sehr hiengen, zu dem
Schöpfer, den Sie beleidiget haben, der Ihnen verzeihen will, der Sie
noch liebt, wenn Sie ihm das Herz wieder ganz weihen, das Sie ihm
entrissen haben.

(ROBERT *kehrt sich auf die andere Seite.*)

BEICHTVATER. Unglücklicher! Sie wollen nicht? Bedenken Sie, wo Sie
stehen, und vor wem. – Wollen Sie mir die Hand drauf reichen,
daß Sie sich seinem Willen unterwerfen wollen – noch ist es Zeit –
Sie bewegen die Lippen. – Sie wollten mir etwas sagen.

(ROBERT *kehrt sich um, der Beichtvater hält ihm das Ohr hin, er flü-
stert ihm unvernehmlich zu.*)

BEICHTVATER. Unter Bedingungen! – Bedenken Sie, was Sie verlangen
– Bedingungen mit Ihrem Schöpfer? (*Robert hält ihm die Hand, er
reicht ihm das Ohr noch einmal hin*) – Daß er Ihnen erlaube,
Armiden nicht zu vergessen – O lieber Lord Robert! in den letzten Augenblicken! – Bedenken Sie, daß der Himmel Güter hat,
die Ihnen noch unbekannt sind; Güter, die die irrdischen so weit
übertreffen, als die Sonne das Licht der Kerzen übertrifft. Wollten
Sie denen entsagen, um einen Gegenstand, den Sie nicht mehr besitzen können, zu Ihrer Marter auf ewig im Gedächtniß zu behalten.

ROBERT (*hebt das Bild in die Höhe, und drückt es ans Gesicht, mit äu-
ßerster Anstrengung halb röchelnd*). Armida! Armida. – Behaltet
euren Himmel für euch.

(*er stirbt.*)

Tantalus

Ein Dramolet, auf dem Olymp

APOLL *und* MERKUR *kommen heraus.*

MERKUR
War das nicht eine herrliche Jagd,
Apoll, das mußt du doch gestehen,
Der Sterbliche hat uns Spaß gemacht!

APOLL
Er schnitt doch der Juno gegenüber,
Eine Figur, als hätt ers Fieber.
Zevs, den kützelt' es innerlich –
Aber sag' mir, entzaubere mich.
Wo führt' ihn das böse Wetter
Zu uns herauf an die Tafel der Götter?

MERKUR
Still, der Einfall kommt von mir.
Wollten Juno ein wenig pikiren,
Und Vater Jupitern desennuyiren,
War ja alles so traurig hier.

APOLL
Ha ha ha! wie er da saß beklommen
Ganz in Nektar und Lieb verschwommen.
In ihrer Blicke Wiederschein
Meynt' er Jupiter selber zu seyn.

MERKUR
Nein, aber darüber ging doch nichts,
Der Meisterstreich, den er ausgehen ließ,
Du hast es ja gesehn – der Schnitt des Gesichts,
Als er mit Zevs die Gesundheit stieß.

APOLL
Die Gesundheit mit Zevs – wie ist das zu verstehn?

MERKUR
Ey so hast du ja nichts gesehn!
Vater Zevs, Vulkanen zu scheeren,
Stieß mit Mars die Gesundheit an:
Der schönsten Frau vom frömmsten Mann!
Meister Tantalus stieß mit an.

Der Donnerer durfte sein Glas nicht leeren,
Der ganze Olymp schien bestürzt voll Verdruß,
Nur nicht Meister Tantalus.

APOLL
Was sagte Juno?
MERKUR
Was sollte sie sagen?
O das ist noch nicht genug.
Hast du denn nichts gehört, man schlug
Beym Nachtisch einen Spaziergang vor,
Mein Tantalus über und über Ohr
Als Juno sagte, sie wollte im Garten
Die andern Göttinnen um zehne erwarten,
Sie setzte spöttisch hinzu: es ist warm,
Herr Tantalus giebt euch vielleicht den Arm.
Mein Tantalus nahm's in Ernst und bückte
Bis unter den Tisch sich, rückte und rückte
Den Stuhl — daß alles für Lachen erstickte.
Bis ihn Juno zurechte wies,
Es sey ihr Ernst nicht — und er's ließ.

APOLL
O still, nun weiß ich, warum mit dem Alten
Cupido vorhin Kriegsrath gehalten.
Sie wollten eine Wolke staffieren,
Ihn, wenn er heimgieng, zu intriguiren.
Still, da kommt er selber ja wohl,
Wenn ich nicht irre —

MERKUR

Er ists Apoll.
TANTALUS (*tritt auf*)
(MERKUR *und* APOLL *halten sich seitwärts ihm zuzuhorchen.*)
In dieser freundlichen Sommernacht
Wo ausser Feuerwürmchen und Heimchen
Kein Geschöpf mehr neben mir wacht,
Niemand mich hört, als Myrthenbäumchen
Und die stillen Schauer der Nacht:
Hier wird es doch erlaubt seyn, das endlose Grauen
Die entzückende Beklemmung meines Herzens
Den ganzen Himmel meines Schmerzens
Nur mit einem Blick zu überschauen,
Und dir Allmutter Natur, zu vertrauen.
Ich liebe — darf ich mir selber es sagen?
Wohin die verirrteste Phantasey,

Wohin der Titanen Waghälserey
Nie kühn genug war, sich hinzuwagen,
Wagt mein verrätherisch Herz sich hin,
Ich liebe der Götter Königinn.
Es ist gesagt, ihr hörtet es Götter!
Auf denn, führt die rächenden Wetter
Ueber mein schuldiges sterbliches Haupt,
Euch ist die grausame Lust erlaubt.
Ihr selbst fachtet sie an diese Flammen,
Ihr die ihr darinn Trost suchen müßt,
Das an andern zu verdammen,
Was euer Lieblingsverbrechen ist.
Da spart euren Witz in Erfindung der Strafen
Was euch unerträglich däucht,
Ist gegen die Qualen, die hier noch schlafen,
Die ihr nicht ahnden könnt, Federleicht.
Empfandt ihr je verzweifelnde Triebe
Reicht eure Phantasey dahin?
Ich bin ein Sterblicher und ich liebe
Liebe der Götter Königinn.

(*Indem er sich umwendet, wird er eine Wolke gewahr, in Junos Bildung.*)

Sie ists — sie ist es selbst — o Himmel und Erde!
Sie hat es gehört das verwegne Geständniß,
Ihr Blick wird mich tödten, sie hat es gehört,
Sie sieht mich nicht. Im hohen Selbstgenusse
Lustwandelnd unterm Schleyer der Nacht
Froh wie es scheint, daß unter ihrem Fuße
Die Erde schläft und kein Geschöpf mehr wacht,
Das sich zu ihrem Dienst bemühte.
Hier wacht noch eins, unendliche Güte
In seliger Qualentrunkenheit —
Sie wendet sich — O hat Mnemosyne
Endimions Schicksal nicht geweiht?
O alle Strafen die ich verdiene
Gegen eine mitleidige Miene
Gegen einen Blick, der mir verzeyht —
Sie nähert sich — Kam sie wohl, weil die Nacht
Alle Verhältnisse ähnlicher macht?

            (*er will sich ihr zu Füßen werfen.*)

Himmlische Güte! verzeyhe, verzeyhe,
Jetzt oder nie, der Bewunderung
Des Entzückens verwegenstem Schwung.

            (*das Bild verschwindet*)

Ha du fliehst mich — Ungetreue!

Götter was sprach ich? – Lästerung!
Meine Freundinn – die schlafende Erde
Ha ich fühls, bebt auf unter mir,
Macht sich geflügelt auf, ich werde
Bald auf ewig verschlungen von ihr.
Ach auf ewig entfernt von dir
In des Orkus Abgründe sinken,
Zur Vollendung meiner Pein
Lethens kalte Fluthen trinken,
Und ohne Mitleid elend seyn. –
Wars nur ein Bild meiner Phantasey?
Es ist verschwunden. Nimmer, nimmer!
Meine Thränen, mein Geschrey
Meine Verzweiflung zieht sie herbey.

(Das Bild erscheint wieder. Er zieht eine Tafel heraus und fängt an,
es abzuzeichnen.)

Leitet meine Züge, leitet,
Ihr von uns gefeyerten Spötter
Unser Leiden, die ihr bereitet,
Meine Züge, selige Götter!
Laßt durch keine Künsteleyn
Eure Zierde mich entweyhn.

(indem er zeichnet, verschwindet das Bild.)

O muß ich elend denn vor soviel Reitzen stehn,
Und, hasch' ich nach, sie spottend fliehen sehn?
Ists möglich, elend in dem Grade!
Im Angesicht so vieler Seligkeit
Erzürnte Götter! Gnade, Gnade!
Nur einen Augenblick, bis ich sie konterfeyt!

(Das Bild erscheint wieder; er zeichnet es nach.)

Lasset euren Zorn erweichen,
Große Götter, hört mein Flehn,
Laßt mich dieses Bild erreichen
Wenn ich werth war, es zu sehn.
Ach ich solls euch wiedergeben
All mein Glück wird mir entwandt.
Strenge Götter! nehmt mein Leben,
Oder führet mir die Hand.
Nein, ihr hört mich nicht, Tyrannen
Ihr beneidt dies Bildniß mir
Weil es milder ist als ihr,
Weil ihm meine Thränen rannen,
Weil es meinen Geist erhebt,
Daß er euch zu nahe schwebt,
Lasset euren Zorn erweichen,

Große Götter, hört mein Flehn,
Laßt mich dieses Bild erreichen,
Wenn ich werth war, es zu sehn.
(*Das Bild verschwindet abermals. Er ist ausser sich.*)
Götter — (*sich an die Stirne schlagend*)

AMOR (*erscheint*)
Ey, wie so fleißig Herr Tantalus?
Weisen Sie doch her, was giebts da wieder?
Ich hörte, Sie riefen um Hülfe, drum stieg ich
Aus meiner Mutter Schooß hernieder,
Ich dachte, was Ihnen begegnet seyn muß!
Fehlt Ihnen was?

TANTALUS
Ich bin verloren
Ich bin zum Unglück bestimmt, geboren —

AMOR
Haben Sie was —

TANTALUS
Zu Qual und Leid —

AMOR
Haben Sie was abkonterfeyt?

TANTALUS
Bin ich geboren, bin ich erkohren.

AMOR
Haben Sie etwa was verloren?
Vielleicht im Monde? — Ich helf Ihnen suchen.
Hören Sie, weil Sie so artig fluchen —
Mein Vater ist ganz bezaubert davon,
Sie wissen, Zevs ist ein Mann vom Ton —
Läßt er Sie ganz ergebenst ersuchen,
Sie möchten ihm künftig die Ehre erweisen,
Alle Tage mit ihm zu speisen,
Mit ihm und Juno —

TANTALUS
Unsterblicher Retter!
Ewig sey dir, schönster der Götter,
Meiner Entzückungen Dank gebracht.

AMOR
Aber nehmen Sie ja sich in Acht,
Nichts anzurühren, was Ihnen nicht gehöret,
Nichts anzusehn, was ihre Ruhe stöhret,

Sonst lieber Schatz! verschwindet es sogleich.
Ey warum macht Sie denn das so bleich?

TANTALUS

Nichts hören noch sehen? —

AMOR

Nichts hören noch sehen,
Wiewohl das Hören zuzugestehen
Jupiter kein Bedenken sich macht,
Doch nur dann, wenn man Ihrer lacht.
Sie sollen überdem alle Nacht
Mit Junos Schatten spatzieren gehen,
Aber sobald Sie auch nur nach ihm sehen —

TANTALUS

Was soll ich denn? Nicht sehen, nicht hören,
Nicht essen, nicht trinken —

AMOR

Wer sagt denn vom Hören?
Und ein ächter Liebhaber muß
Eigentlich nichts thun, Herr Tantalus,
Als den Göttern zur Farce dienen.
Leben Sie wohl; ich empfehl mich Ihnen.

Mancher, der ein Buch liest, murrt ...

... wenn er Werbung findet, wo er Literatur suchte. Reklame in Büchern!!!? Warum nicht auch zwischen den Akten in Bayreuth oder neben den Gemälden in der Pinakothek?

«Rowohlts Idee mit der Zigarettenreklame im Buch (finde ich) gar nicht anfechtbar, vielmehr sehr modern. Hauptsache, es hat Erfolg und nützt dem Buch, was die deutsche Innerlichkeit dazu sagt, ist allmählich völlig gleichgültig, die will ihren Schlafrock und ihre Ruh und will ihre Kinder dußlig halten und verkriecht sich hinter Salbadern und Gepflegtheit und möchte das Geistige in den Formen eines Bridgeclubs halten – dagegen muß man angehen...»

Das schrieb Ende 1950 – Gottfried Benn.

An Stelle der «Zigarettenreklame» findet man nun in diesen Taschenbüchern Werbung für Pfandbriefe und Kommunalobligationen. «Hauptsache, es hat Erfolg und nützt dem Buch.» Und es nützt auch dem Leser. (Für die Jahreszinsen eines einzigen 100-Mark-Pfandbriefs kann man sich beispielsweise drei Taschenbücher kaufen.)

Zerbin
oder die
neuere Philosophie
eine Erzählung

O let those cities, that of plenty's cup
And her prosperities so largely taste,
With their superfluous riots hear these tears –
Shakespeare

Wie mannigfaltig sind die Arten des menschlichen Elends! Wie unerschöpflich ist diese Fundgrube für den Dichter, der mehr durch sein Gewissen, als durch Eitelkeit und Eigennuz sich gedrungen fühlt, den vertaubten Nerven des Mitleids für hundert Elende, die unsere Modephilosophie mit grausamen Lächeln von sich weist, in seinen Mitbürgern wieder aufzureizen! Wir leben in einem Jahrhundert, wo Menschenliebe und Empfindsamkeit nichts seltenes mehr sind: woher kommt es denn, daß man so viel Unglückliche unter uns antrift? Sind das immer Unwürdige, die uns unsere durch hellere Aussichten in die Moral bereicherten Verstandesfähigkeiten als solche darstellen? Ach! ich fürchte, wir werden uns oft nicht Zeit zur Untersuchung lassen, und, weil wir unsere Ungerechtigkeiten desto schöner bemänteln gelernt haben, aus allzugrosser Menschenfreundschaft desto unbiegsamere Menschenfeinde werden, die zulezt an keinem Dinge ausser sich mehr die geringste moralische Schönheit werden entdecken können, und folglich auch sich berechtigt glauben, an dem menschlichen Geschlecht nur die Gattung, nie die Individuen zu lieben.

Folgende Erzählung, die aus dem Nachlaß eines Magisters der Philosophie in Leipzig gezogen ist, wird, hoffe ich, auf der großen Karte menschlicher Schicksale verschiedene neue Wege entdecken, für welche zu warnen noch keinem unserer Reisebeschreiber eingefallen ist, ob schon unser Held nicht der erste Schiffbrüchige darauf gewesen.

Z e r b i n war ein junger Berliner, mit einer kühnen, glühenden Einbildungskraft, und einem Herzen, das alles aus sich zu machen verspricht, einem Herzen, das seinem Besizer zum voraus zusagt, sich durch kein Schicksal, sey es auch von welcher Art es wolle, erniedrigen zu lassen. Er hielt es des Menschen für unwürdig, den Umständen nachzugeben und diese edle Gesinnung (ich kenne bey einem Neuling im Leben keine edlere) war die Quelle aller seiner nachmaligen Unglücksfälle. Er war der einzige Sohn eines Kaufmanns, der seine unermeßlichen Reichthümer durch die unwürdigsten Mittel zusammengescharrt hatte, und dessen ganze Sorge im Alter dahin ging, seinen Sohn zu eben diesem Gewerbe abzurichten. Sein Handel bestand aus Geld, welches er auf mehr als jüdische Zinsen auslieh, wodurch er der Wurm des Verderbens so vieler Familien geworden war, deren Söhne sich, durch ihn gereizt, aufs Spiel gelegt hatten, oder zu andern unwiederbringlichen Unordnungen gebracht worden waren. Umsonst, daß er izt seinen Sohn in alle den Kunstgriffen unterrichtete, womit er die Unglücklichen in sein Nez zu ziehen gewohnt gewesen, umsonst, daß er ihm vorstellte, wie leicht und bequem diese Art zu gewinnen sey, umsonst, daß er, wegen seines offenen Kopfs, und der an ihm sich zeigenden Talente, alle mögliche Liebkosungen affenmäßig an ihn verschwendete: Z e r b i n s Gradheit des Herzens (soll ich es lieber Stolz nennen?) drang durch, und weil er sahe, daß die Grundsäze seines Vaters allen möglichen Gegenvorstellungen des Kindes entwachsen waren, und er doch am Ende der Obermacht der väterlichen Gewalt nicht würde widerstehen können, so wagte er einen herzhaften Sprung aus all diesen Zweydeutigkeiten und, ganz sich auf sich selbst verlassend, entlief er seinem Vater, ohne ausser seinem Taschengelde einen Heller mitzunehmen.

Sich selbst alles zu danken zu haben, war nun sein Plan, sein großer Gedanke, das Luftschloß aller seiner Wünsche. Und weil er von jeher ausserordentliche Handlungen in den Zeitungen mit einem Enthusiasmus gelesen, der alle andere Begierden in ihm zum Schweigen brachte, so war sein fester Gesichtspunkt, den ihm nichts auf der Welt verrücken konnte, nun, unter einem fremden Namen, sich bloß durch seine eignen Kräfte emporzubringen, sodann als ein gemachter Mann zu seinem Vater zurückzukehren, und ihn, zur Ersezung des von ihm angerichteten Schadens, zu ausserordentlichen Handlungen der Wohlthätigkeit zu bewegen, oder wenigstens nach seinem Tode seine Erbschaft dazu zu verwenden, um auch von sich in den Zeitungen reden zu machen. Meine Leser sehen, daß wir unsern Helden im geringsten nicht verschönern. Die edelsten Gesinnungen unserer Seele zeigen sich oft mehr in der Art unsere Entwürfe auszuführen, als in den Entwürfen selbst, die auch bey dem vorzüglichsten Menschen eigennüzig seyn müssen, wenn ich den Begriff dieses Worts so weit ausdehnen will, als er ausgedehnt werden kann. Vielleicht liegt die Ursache in der Natur der menschlichen Seele und ihrer Entschliessungen, die, wenn sie entstehen, immer auf den Baum der Eigenliebe gepfropft werden, und erst durch die Zeit und Anwendung der Umstände ihre Uneigennüzigkeit erhalten. Man lobpreise mir was man wolle von Tugend und Weisheit; Tugend ist nie Plan, sondern Ausführung schwieriger Plane gewesen, mögen sie auch von andern erfunden seyn.

Er wandte sich in Leipzig zuerst an den Professor Gellert, den er, durch eine lebhafte Schilderung seiner dürftigen Umstände, und durch alle mögliche Zeichen eines guten Kopfs, leicht dahin bewegte, daß er ihn unentgeldlich in die Zahl seiner Zuhörer aufnahm, und ihm zugleich eine Menge Informationen in der Stadt verschafte, mit denen er, so sparsam sie ihm auch bezahlt wurden, Kost und Wohnung bestreiten konnte. Gellerts Moral war, wie natürlich, sein Lieblingsstudium; er schrieb sie Wort für Wort nach, zeigte aber seine Hefte keinem Menschen, sondern, wenn er durch öftere Lesung recht vertraut mit ihnen worden war, verbrannte er sie, um sie desto besser im Gedächtniß zu behalten.

Er trieb nach und nach auch andere Wissenschaften, und es glückte ihm, durch seinen offenen Kopf, geheimen, ungezierten Fleiß, und beständigen Glauben an den guten Ausgang seiner Bemühungen, daß er von dem Professor Gellert zum Führer und Mentor eines reichen jungen Grafen aus Dännemark empfohlen werden konnte. Er disputirte auch über eine sehr wohl ausgearbeitete gelehrte Abhandlung von der Unmöglichkeit, die Quadratur des Zirkels zu finden und erhielt dadurch die Erlaubniß, als Magister der Mathematik, ein Privatkollegium über die doppelte Baukunst, und ein anderes über die Algebra zu lesen, von der er ein großer Liebhaber war. Uebrigens gewann er dem Grafen, durch seine ihm natürliche Anhänglichkeit an andere Leute, und Theilnehmen an ihre kleinsten Umstände, sein ganzes Vertrauen ab.

Wie schlüpfrig sind doch die Pfade durchs Leben! Wie nah sind wir oft, wenn wir den sichersten Gipfel unserer Wünsche erreicht zu haben meynen, unserm Untergange! O du, der du die Herzen der Menschen in Händen hast, und ihnen nach ihrem innern Werth auf die Schaale legst: sollten die besten Menschen nicht oft im Fall seyn, deine Waage anzuklagen? Aber du wägst in die Vergangenheit und in die Zukunft, wer darf rechten, wer kann bestehen vor Dir? Glücklich das Herz, das, bey allen scheinbaren Ungerechtigkeiten seines Schicksals, noch immer die Hand segnen kann, die ihn schlägt!

Unser Held war bis hieher seinem großen Zweck immer näher gerückt, aber er hatte andere Wünsche, andere Begierden, die auch befriedigt seyn wollten. Er hatte ein reizbares, für die Vorzüge der Schönheit äusserst empfindliches Herz. Mäßigkeit und Gesundheit des Körpers und Geistes hatten sein Gefühl fürs bessere Geschlecht noch in seiner ganzen Schnellkraft erhalten, und seine moralischen Grundsäze schienen Winde zu seyn, dieses Feuer immer heftiger anzublasen. Er war oft ganz elend, so elend, daß er erschöpfte Wollustdiener, unter denen sein Graf auch war, um ihre Gleichgültigkeit, und den Geist freylassenden Kaltsinn beneidete; sah er aber das ungeheure Leere, das alle ihre Stunden, selbst ihre Vergnügen, belastete, sah er, wie jämmerlich sie sich winden und zerren musten, um wieder einmal

einen Tropfen Freude a n i h r e n H e r z e n zu fühlen; so tröstete
ihn das wieder über seine innerlichen Leiden, und machte sie ihm unendlich schäzbar.

Der Graf A l t h e i m war, bey seiner Ankunft in Leipzig, an einen
der reichsten Bankiers empfohlen worden, der aus einem gewissen
Eigensinn sich nie verheyrathen wollte, sondern, mit seiner einzigen
jungen und sehr schönen Schwester, eine der glänzendsten Haushal-
tungen in ganz Leipzig führte. Die Bekanntschaft in dem Hause des
Herrn F r e u n d l a c h, (so hieß der Bankier) vielleicht auch die öf-
tern Vorstellungen Z e r b i n s, hatten ihn von seinen vorigen Ausschweifungen mit Frauenzimmern von verdächtigem Rufe zurückgebracht; er war übrigens eine der wächsernen Seelen, die sich gar zu
gern von andern lenken lassen, weil sie zu bequem, und am Ende zu
unvermögend sind, ihren Verstand selber zu brauchen. Er wollte keinem Menschen übels, ausser wenn er gegen ihn durch andere war auf-
gebracht worden, alsdann aber war sein Zorn auch unversöhnlich, so
lange das Maschinenwerk des fremden Verstandes, der ihn in Bewegung sezte, fortwirkte. Er hatte Z e r b i n e n auf zu viele Proben gesezt, um ihm nicht uneingeschränkt zu trauen; so lange der also das
Regiment in seiner Seele führte, ging alles nach Wunsch, und er hatte
so viel Achtung für ihn, daß er ihm allemal seine Pension von seinen
Wechseln voraus bezahlte, aus Furcht, er möchte durch jugendliche
Verschwendungen in die Nothwendigkeit gesezt werden, Z e r b i -
n e n s Finanzen in Verwirrung zu bringen.

Ganz anders ging es, als eine weibliche Gewalt sich des Zepters in
diesem Herzen bemächtigte. F r e u n d l a c h hatte eine Schwester;
die Grazien schienen bey ihrer Geburt in Berathschlagungen gesessen
zu seyn. Alles war auf ihrem Gesicht, auf ihrem Körper vereinigt, was
bezaubern konnte, große schwarze Augen, die mehr sagten, als sie
fühlte, Mienen, welche eben soviel Neze für die Freyheit der Herzen
waren. Zu unserer Ritter Unglück fing das unfreundliche zwey und
zwanzigste Jahr leis an ihre Thür zu klopfen an, zu dem sich die grau-
senvolle Idee einer alten Jungfer in scheuslicher Riesengestalt gesellte, und den ersten ruhigen Augenblick abzuwarten schien, um sie mit
all ihren Schrecknissen zu überfallen. Sie hatte bis in ihr zwanzigstes
Jahr kokettirt, das heist, mit der sorgenfreyesten Seele von der Welt,
nur an den Küzel gedacht, täglich einige zwanzig wohlfrisirte Anbeter mit den unterthänigsten Reverenzen unten an ihrem Fenster
vorbeykriechen zu sehen, jeder in Gedanken der Glückliche, jeder der
Betrogene. Diese Arten von Wallfahrten waren das einzige Mittel,
das ihre Reize, ihren guten Humor, ihre ganze Wohlhäbigkeit erhalten konnte, so daß jeder regnige Herbst- oder Wintertag ein wahrer Leidenstag für sie war. Sodann sanken all ihre schönen Gesichts-
züge; sie kroch in einen Winkel; schlug einen Roman auf, der ihr
nicht schmeckte, und in dem sie kaum zwey Zeilen gelesen hatte, wo

nicht gleich ihre Gedanken sich an andere Gegenstände hefteten, und so in einander verwirrten, daß ihr das Buch aus der Hand fiel, und sie wie aus einem tiefen Traum erwachte. So schlich ihr Leben, vom vierzehnten, bis zum zwanzigsten Jahr, in einem ewigen Dakapo unbedeutender Eroberungen hin, die, wie die Seifenblasen, womit Kinder spielen, oft aneinander zerplazten. Sehr oft hatte ihr ihre kleine scheckige Phantasey ihre Liebhaber und deren Handlungen auch in einem falschen Licht vorgespiegelt, so daß sie bisweilen ganz irre an ihnen ward, und ihre ungereimtesten, zufälligsten Handlungen in einen Roman zu bringen sich zermarterte, über den sie sich oft zu ihrem grösten Verdruß sehr spät die Augen muste öfnen lassen.

Wie gesagt, dieser Zustand konnte nicht immer fortwähren; sie muste auf eine Versorgung denken. Schönen, die Männer haben wollen, sind wie eine Flamme im Walde, die desto heftiger um sich frist, jemehr Widerstand sie antrift. Nichts, nichts wird verschont, alle mögliche Kunstgriffe werden angewandt, was sich ihnen in Weg stellt, muß brennen. Unser unerfahrne Z e r b i n war das erste Schlachtopfer dieses weiblichen Alexandergeistes. Nicht daß ihre Bemühungen auf ihn selbst abgerichtet waren, sondern er sollte das Instrument in ihrer Hand seyn, auf ein anderes Herz Jagd zu machen.

H o h e n d o r f, ein Sächsischer Offizier, der in Leipzig bey unserm Z e r b i n die Kriegsbaukunst erlernte, hatte gleichfalls ein Empfehlungsschreiben, und durch dasselbe, einen freyen Zutritt bey F r e u n d l a c h. Er war ein junger wohlgewachsener Mensch; Mademoiselle F r e u n d l a c h hatte ihn durch hundert kleine Streiche, die bey ihr freylich unbedeutend waren, an sich gezogen; ihr gefielen seine leidenschaftlichen Stellungen, seine oft bis zum Erhabnen beredte, oft bis zum Kindischen läppische Sprache, seine Aufmerksamkeiten, seine Serenaden, seine Ausgaben ohne Ueberlegung, die sich alle aus Fehlschlüssen herschrieben, und mit Fehlschlüssen endigten. Das einzige wunderte sie, konnte sie mit ihrem gesammten Verstande nicht klein kriegen, daß er ihr nie etwas vom Heyrathen vorsagte, da er doch sonst hundert Albernheiten zu ihren Füßen beging. Die wahre Ursache davon aber war, daß er schon eine Frau hatte, zwar nur von der linken Seite, der er aber ein besiegeltes Versprechen, sie gleich nach seines Vaters Tode zu heyrathen, in den Händen eines königlichen Notars hinterlassen hatte, und die mit ihren zwey Kindern gewiß nicht ermangelt haben würde, sobald sie von einer neuen Verbindung gehört hätte, der Braut ihren unterthänigen Glückwunsch abzustatten. Ob M a d e m o i s e l l e F r e u n d l a c h was davon gemerkt, weis ich nicht, genug sie fing an seit einiger Zeit in alle Betheurungen und Feyerlichkeiten H o h e n d o r f s ein Mistrauen zu sezen.

A l t h e i m war ganz ein anderer Mensch; gerade zu, ohne Arges, nicht so hinterm Berge haltend, nicht so unerklärbar, als H o h e n -

d o r f. Das war ein Mann für R e n a t c h e n (so hieß M a d e m o i-
s e l l e F r e u n d l a c h) der ihr wenigstens ihr kleines Köpfchen nicht
zerbrach. Es kam nur darauf an, ihn in dem Grad verliebt zu machen, als H o h e n d o r f war; das fand aber anfangs ein wenig Schwie-
rigkeit. Er hatte zu viel Wasser in seinem Blut, zu dickhäutige Nerven; das Feuer ihrer Augen konnte den Thermometer so geschwind
nicht steigen machen. Das erste, das ihr bey dieser Verlegenheit in den
Wurf kam, war Z e r b i n ; die Kälte des Grafen schien ihr nicht die
Frucht einer ohnmächtigen Natur, sondern einer durch lange Ver-
schanzungen bebollwerkten Ueberlegung. Sie machte also einen Plan,
diese Festung zu unterminiren, den unser scharfsinnige Kriegsbau-
meister einzusehen zu unwissend war, ein Triumph, der ihrer aufge-
brachten Einbildung mehr schmeichelte, als A l e x a n d e r n die Eroberung von B a b y l o n; und ihr erster Angriff war auf Z e r b i-
n e n gerichtet, den sie für den Kommendanten dieses Plazes hielt.

Z e r b i n ! Dieser unerfahrne, ungewahrsame, mit allen Ränken
weiblicher List so gänzlich unbekannte Hauptmann: wie hätte der einem Angriff von der Art lange widerstehen können? Es hatte sich
noch nie ein Frauenzimmer die Mühe genommen, seine Unschuld zu
erschüttern, da er nicht reich, und noch weniger angenehm war, obgleich seine äussere Gestalt ziemlich gut ins Auge fiel. Er wuste keine
einzige, ich sage keine einzige von den Millionen artiger Kleinigkeiten,
mit denen Frauenzimmer von gutem Ton heutzutage unterhalten
werden; er stand wie Saul unter den Propheten, sobald er in eine
Gesellschaft von Damen trat. Er sah lauter überirdische Wesen außer
seiner Sphäre an ihnen, für die er, weil er kein einziges ihrer Worte
und Handlungen begriff, noch einsah, eine so tiefe innerliche Ehrfurcht
fühlte, daß er bey jeder Antwort, die er ihnen geben muste, lieber
auf sein Angesicht gefallen wäre, und angebetet hätte. Mit einem solchen Gegner war freylich der Sieg nicht halsbrechend; den ersten
Abend, als er nach Hause kam, aß er keinen Bissen; die Nacht brachte
er schlaflos auf stechenden Federn zu; den Morgen verunglückten
alle seine algebraischen Rechnungen, und er sah sich genöthigt eine
Kur vorzuschüzen, und seine Zuhörer einen Monat lang zu entfernen, um sich vor ihnen nicht lächerlich zu machen. H o h e n d o r f
blieb dem ungeachtet sein vertrautester Freund, und er war so über-
mäßig treuherzig gegen ihn, ihm im geringsten nicht den Vorzug
merken zu lassen, den er in R e n a t c h e n s Herzen zu haben schien,
sondern alles das mit seiner Schüchternheit so wohl zu bemänteln,
daß er ihm sein ganzes Vertrauen abgewann. Indessen betrog ihn
diese Schüchternheit wohl zuweilen selber und es fing sich ein Ge-
spenst in seinem Herzen an zu regen, das er vorher kaum dem Namen nach kannte, die unbändigste Eifersucht, die jemals an der Leber
eines Sterblichen genagt hat. Diese, weil er sie des Tags über unter-
drückte, machte sich in der Nacht Luft, und machte ihn bisweilen in

ein lautes Stöhnen und Weinen ausbrechen, das A l t h e i m, der in einem Zimmer mit ihm schlief, nicht unaufmerksam lassen konnte.

Eine der originellsten Scenen war es, Z e r b i n mit R e n a t c h e n, H o h e n d o r f e n und A l t h e i m Triset spielen zu sehen. Jede Karte hatte in des armen Liebessiechen Ideen eine Bedeutung, deren geheimer mystischer Sinn nur ihm, und seinem Abgott anschaulich war, und sie dachte gerade bey jeder Karte nichts. Er spielte erbärmlich, und machte sie eine Parthie nach der andern verlieren, und wenn sie im Ernst böse auf ihn ward, hielt er das für die feinste Einkleidung ihrer unendlichen Leidenschaft für ihn, die kein anderes Mittel wüste, sich ihm, ohne von den andern bemerkt zu werden, verständlich zu machen. Sie, die außer dem Interesse ihrer großen Paßion, kein anderes kannte als das elende Interesse des kleinen Kartenspiels, konnte, wenn er ihr mit allen zehn Karten in der Hand, das Herz Aß anspielte, in Feuer und Flammen gerathen, das er alles sehr wohl zurechtzulegen wuste, und in ihren heftigen, oft unbescheidenen Verweisen allemal verstolne Winke der Zärtlichkeit, oder wol gar das Signal zu einem Rendezvous zu entdecken glaubte, nach dem er sich den andern Tag die Beine ablief, ohne jemals ihr Angesicht zu sehen. Der würde ihm einen üblen Dienst geleistet haben, der ihn auch nur von fernher auf die Spur geholfen hätte, was der wahre Bewegungsgrund ihrer ganzen Maskerade gegen ihn sey. Er soll einmal wirklich die ganze Nacht unter ihrem Fenster gestanden haben, weil sie ihm auf seine Invite in Koeur das Neapolitain in Karo gebracht hat, das er, wegen seiner viereckigen Rautenfigur, für ein unfehlbares Zeichen eines Rendezvous unter dem Fenster hielt.

Es dauerte nicht lange, so drang A l t h e i m in seinen Kummer; das heist, Z e r b i n gestand ihm, daß die Reize R e n a t c h e n s nicht die Reize eines Menschen, sondern der Gottheit selber wären, die sich unter ihrer Gestalt auf Erden sichtbar zeigen wollen. A l t h e i m ward mitleidig mit seinen nächtlichen Seufzern, er ward neugierig – lüstern, verliebt. Der Stolz, Z e r b i n e n selbst, und auch H o h e n - d o r f e n, ihre vermeynte Eroberung streitig zu machen, beschleunigte seine verliebte Bekehrung. Z e r b i n merkte dieß, denn was merkt das Auge eines Liebhabers nicht, er fing an, die Verzweiflung, die bisher auf seinem Gesicht gewütet hatte, in sich hineinzukehren, und unter einer lachenden Miene zu verbergen. Er ward gewizigt, gescheut, erträglich in Frauenzimmergesellschaften, und darum nur desto unglücklicher, da er seinem Herzen nie Luft lassen durfte und der verborgene Gram desto giftiger mit Skorpionenklauen dran zwickte. Er sah nun deutlich aus der plözlichen Verwandlung R e - n a t c h e n s gegen ihn, daß alle ihre Anlockungen nur ein blinder Angriff gewesen waren, der eigentlich seinem Herrn gegolten hatte. Die Wunde war geschlagen, er blutete – und niemand hatte Mitleiden mit ihm. Sie that kalt, spröde, bisweilen gar verächtlich gegen

ihn, um ihn völlig aus seinem Irrthum nüchtern zu machen, nur, wenn
sie merkte, daß sein Stolz zu tief gekrümmt worden war, bekam er
einen aufmerksamen Blick, um nicht, wie P e t r a r c h sagt, die De-
muth, die zu tief hinabgedruckt wird, zur Wut zu entflammen. Wer war
unglücklicher, wer war erleuchteter, als er izt, über die große Trieb-
feder weiblicher Seelen? Er sah, daß kein andrer Weg für ihn übrig
war, noch bey vollem Verstande zu bleiben, als das Haus auf immer
zu meiden, und seinen Wohlthäter in dem Besitz der schönen Beute zu
lassen. Er sezte sichs fest vor, brach es ein paarmal, sezte sichs wieder vor, schwur sichs, bis er endlich Meister über sich ward, und nun
von A l t h e i m e n im Namen seiner Geliebten große Vorwürfe darüber erwartete: aber leider! man vermißte ihn nicht einmal.

Izt nahm sein Schicksal eine tragischere Wendung. Daß des Menschen Herz ein trozig und verzagtes Ding sey, ist ein Gemeinspruch,
der auch den allereinfältigsten auf den Lippen schwebet, den aber,
wenn er sich an uns selbst wahr macht, kein menschlicher Scharfsinn,
wär es auch des gröstmöglichen universellsten Genies, daß ich so sagen mag, auf der That ertappen, und ihm mit gehörig zubereiteter
Brust begegnen kann. Wir schwanken immer, müssen zwischen Hofnung und Verzweiflung schwanken; die am kühnsten beflügelte Seele schwankt desto fürchterlicher. Glücklich, wessen starkgewordene
Vernunft in dieses Schwanken selbst ein gewisses Gleichgewicht zu
bringen weiß!

Z e r b i n verzagte nun an sich und an der Möglichkeit geliebt zu
werden, das gewöhnliche Schicksal der edelsten Seelen, die ihr Unglück nicht zufälligen Umständen, sondern ihrer eigenen Unwürdig-
keit zuzuschreiben so geneigt sind. Der Geck weis sich aus einer solchen Verschiebung sehr geschwind herauszufinden, bey den edlen
Mann aber frißt sie, wie ein Wurm, an der innern Harmonie seiner
Kräfte. Alle seine langgehegten und gewarteten Vorstellungen, Empfindungen und Entwürfe liegen nun auf einmal, wie auf der Folter
ausgespannt, verzerrt und zerrissen da; der ganze Mensch ist seiner
Vernichtung im Angesicht. Er erholte sich zwar wieder, seine Seele
nahm ihre vorige Schnellkraft wieder, aber nur um desto empfind-
licher und untröstbarer zu leiden.

Unterdessen nahmen die Negoziationen zwischen A l t h e i m und
R e n a t c h e n ihren erwünschten Fortgang, und H o h e n d o r f,
der dieses nur zu bald inne ward, verzweifelte darüber. Er kam oft zu
Z e r b i n e n, der, hinter zugezogenen Fenstergardinen, in mathe-
matischen Büchern vergraben saß, in denen er leider! oft den ganzen
Tag emsig las, ohne doch zwey Zeilen zu verstehen, auch an die erste Seite immer wie gebannet blieb, so sehr hatten seine Gedanken,
wie ausgerissene unbändige Hengste, einen andern Weg genommen.
Das Studium lag; alle seine Schüler verließen ihn; H o h e n d o r f
allein blieb ihm, doch mehr um ihm seine Noth zu klagen, als Fe-

stungen erobern zu lernen. Zerbin hörte alle seine Klagen, Verwünschungen, Schmäh- und Lästerungen über Altheim und Renatchen mit großer Geduld an, und hatte nie das Herz, die seinigen dazuzufügen, sondern akkompagnirte ihn aufs höchste mit einigen halberstickten Seufzern, oder einem frostigen Lachen und einer so sokratischen Miene, daß er den Scharfsichtigsten selber betrogen haben würde, weil er fest entschlossen war, und einen gewissen Reiz drinn fand, sich mit dieser erkünstelten Gleichgültigkeit das Herz abzustossen. – Aeussere Umstände kamen dazu; Altheim blieb der warme, sorgsame Freund nicht mehr für ihn; zwey Paßionen können das Herz eines gewöhnlichen Menschen nie zu gleicher Zeit beschäftigen; dazu kam eine gewisse Art von Zurückhaltsamkeit gegen ihn, weil er ihn selbst in Renatchen verliebt gewußt hatte. Ihr Umgang ward kalt, trocken, mürrisch; er ging des Morgens früh aus dem Hause, und kam des Nachts spät heim; sie wurden sich so fremd, daß sie sich für einander zu fürchten anfingen. Der Tod der Freundschaft ist Mistrauen: seine Wechsel kamen an; er vergaß Zerbinen die Pension auszuzahlen; Zerbin war zu stolz, ihn zu mahnen; er wollte sich im geringsten nicht blos geben, daß er die Veränderung seines Herzens gegen ihn merkte. Das Gefühl der Freundschaft ist so zart, daß der geringste rauhe Wind es absterben macht, und oft in tödlichen Haß verwandelt; die Liebe zankt und söhnt sich wieder aus; die Freundschaft verbirgt ihren Verdruß, und stirbt auf ewig. Zwey Freunde sehen nur ein anders gestaltetes Selbst an einander; sobald diese Täuschung aufhört, muß ein Freund vor dem andern erblassen und zittern.

Zerbin, der ausser Wohnung und Tisch nichts frey hatte, fing an, die Nothwendigkeit einzusehen, seinem Schmerz, dessen Gegenstand nicht edel genug war, ihn auf die Länge bey sich selbst zu rechtfertigen, einige Zerstreuung zu geben. Er wollte das Schauspielhaus, die Kaffeehäuser besuchen, um nicht von dem Alp Hypochonder erdrückt zu werden, der sich so gern zu einem Kummer gesellt, der durch keine Leidenschaft mehr veredelt wird. Alle seine Gelehrsamkeit hatte aus seinem Kopf Abschied genommen; er muste wie ein Schulknabe wieder von vorn anfangen, und, was das schlimmste war, stellte sich ihm Renatchen, und alle mit ihr sich eingebildete Freuden, wie eine feindselige Muse, bey jedem Schritt im Wege, und riß, wie jenes Ungewitter vor Jerusalem, in der nächsten Stunde alles wieder ein, was er in der vorigen mit Mühe gebaut hatte. Meine Leserinnen werden vielleicht bey dem ersten wahren Gemälde einer Männerseele erstaunen, vielleicht aber auch bey ernsthafterm Nachdenken den Unglücklichen bedauern, der das Opfer einer so unredlichen Politik ward. Wie gesagt, seine Schüler verliessen ihn; der Mangel nagte und preste; er gerieth in Schulden – und das – weil er zu verschämt, zu stolz – vielleicht auch zu träge war, jemand anders anzusprechen, bey seiner Aufwärterin, die er, sobald er sich das Herz genommen haben würde, Altheimen zu mahnen, mit Interessen zu bezahlen hofte, sich also dadurch die Erniedrigung ersparte, andern Leuten Verbindlichkeiten zu haben.

Altheim wuste indessen allen Wendungen Renatchens zu einem förmlichen Heyrathsverspruch so geschickt auszuweichen, daß sie es endlich müde ward, auf neue Kunstgriffe zu sinnen, und sich lieber der angenehmen Sicherheit überließ, die die grösten Helden des Alterthums so oft vor dem Ziel aller ihrer Unternehmungen übereilte. Sie suchte nun aus seiner Leidenschaft alle nur mögliche Vortheile für den gegenwärtigen Augenblick zu ziehen, und, da der Graf nichts weniger als geizig war, verschwendete er unermeßliche Summen, ihr tausend Abwechselungen von Vergnügen zu verschaffen. Beyde dachten an Vermeidung des Argwohns und an die Zukunft nicht; böse Zungen sagten sogar schon in der Stadt sich ins Ohr, ihre Bekanntschaft sey von sichtbaren Folgen gewesen. Ein Theil dieser Nachreden mochte sich auch wohl von Hohendorf herschreiben; sie bekamen sie selber zu Ohren, ohne sich darüber sehr zu kränken, oder ihre Aufführung behutsamer einzurichten, so daß man am Ende Renatchen überall nur die Gräfin nannte.

Zerbin hörte diese Benennung und viel ärgerliche Anekdötchen in allen Gesellschaften, die er noch besuchte; seine Göttin so von ihrer Würde herabsteigen, so tief erniedrigt zu sehen, konnte nicht anders, als den lezten Keim der Tugend in seinem Herzen vergiften. Er suchte sich eine bessere Meynung vom Frauenzimmer zu verschaffen, er suchte sein Herz anderswo anzuhängen; es war vergeblich. Der Herr des Hauses, das er und der Graf zusammen bewohnten, hatte eine Tochter, die dem Bücherlesen ungemein ergeben war, und sich zu dem Ende ganze Wochen lang in ihr Kabinet verschloß, ohne sich anders als beym Essen sehen zu lassen. Er beredete den Grafen, ihm bey seinem Hausherrn die Kost auszudingen, welches der mit Freuden that, weil dieser Tisch wohlfeiler, als der im Gasthofe, war, und er zu seinen verliebten Verschwendungen jezt mehr als gewöhnlich zu sparen anfing. Zerbin suchte bey Hortensien (so hieß die Tochter seines Wirths) wenigstens den Trost einer gesellschaftlichen Unterhaltung – aber leider! muste er auch hier die gewöhnliche Leyer wieder spielen sehen. Sie legte alles, was er redte und that, als Anstalten zu einer nähern Verbindung mit ihr aus, zu der sie denn auch nach der gewöhnlichen Taktweise einen Schritt nach dem andern ihm entgegen that. Es ist ein Mann, sagten alle ihre Blicke, alle ihre Mienen, alle ihre dahin abgerichteten, ausgesuchten, in ihrem Kabinet ausstudierten Reden; er will dich heyrathen! Du wirst Brod bey ihm finden; es ist doch besser Frau Magistern heißen, als ledig bleiben, und er denkt honett. Er dachte aber nicht honett; er wollte diese steifen, abgezirkelten, ausgerechneten Schritte in den Stand der heili-

gen Ehe nicht thun, so sehr Algebraist er auch war – er wollte lieben.
Er wollte Anheften, Anschließen eines Herzens an das andere ohne
ökonomische Absichten – er wollte keine Haushälterinn, er wollte ein
Weib, die Freude, das Glück, die Gespielinn seines Lebens; ihre Absichten gingen himmelweit auseinander; er steuerte nach Süden, sie
steuerte nach Norden; sie verstunden sich kein einzig Wort. Doch
glaubte sie ihn zu verstehen; alle seine Gefälligkeiten, alle seine Liebkosungen (denn was liebkost nicht ein Mensch in der Verzweiflung?)
beantwortete sie mit einer stumpfen, kalten Sprödigkeit, die ihn immer entweder mit Blicken, oder wohl gar mit Worten, auf den Ehe-
stand hinauswies, als ob bis dahin keine Verschwisterung der Herzen möglich, oder vielmehr, als ob sie von keiner andern, als die hinter den Gardinen geschieht, einige Begriffe hätte. Der arme Mensch
ging drauf, verzehrte sich in sich selber. Er muste etwas lieben – Hier
fing das Schreckliche seiner Geschichte an.

Seine Aufwärterin war ein junges, schlankes, rehfüssiges, immer heit-
res und lustiges Mädchen. Ihre Gutherzigkeit war ohne Grenzen, ihr
Wuchs so schön als er seyn konnte, ihr Gesicht nicht fein, aber die
ganze Seele malte sich darin. Diese Ehrlichkeit, dieses sorgenfreye,
unendlich aufmunternde in ihrem Auge verbreitete Trost und Freude auf allen Gesichtern, die sie ansahen; lesen mochte sie nicht, aber
desto lieber tanzen, welches ihre Lebensgeister in der ihr so unnach-
ahmbaren Munterkeit erhielt. In der That war ihr gewöhnlicher Gang
fast ein beständiger Tanz, und wenn sie sprach, jauchzte sie, nicht
um damit zu gefallen, sondern, weil das herzliche innerliche Vergnügen mit sich selbst und ihrem Zustande keinen andern Ausweg
wuste. In ihrem Anzug war sie immer sehr reinlich, und an dieser
Tugend sowohl, als selbst im Geschmack, ließ sie ihre Gebieterin unendlich weit hinter sich. – Wie vieles kommt auf den Augenblick an,
zu wie vielen schrecklichen Katastrophen war nur die Zeit, die Verbindung kleiner, oft unwichtig scheinender Umstände die Lunte! Ach,
daß unsere Richter, vielleicht in spätern bessern Zeiten, der göttlichen Gerechtigkeit nachahmend, auch dieß auf die Waagschaale leg-
ten, nicht die Handlung selbst, wie sie ins Auge fällt, sondern sie mit
allen ihren Veranlassungen und zwingenden Ursachen richteten, eh
sie sie zu bestrafen das Herz hätten! – In einem der Augenblicke,
wo die menschliche Seele an all ihrem Glück verzagt, brachte M a r i e
(so hieß die Aufwärterin) Z e r b i n e n den Kaffee aufs Zimmer.
Der Herr des Hauses war eben mit seiner ganzen Familie zu einem
Landfestin zwey Stunden vor der Stadt herausgefahren, von dem er
vor Abend nicht wiederkam. Z e r b i n hatte den Morgen einem
Bürger, der ihm zu einem Spazierritt schon vor einer Woche das
Pferd geliehen, den lezten Groschen aus dem Beutel gegeben; es fiel
ihm, als er sie tanzend hereintreten sah, ein, indem die Empfindung

des Mangels kalt und grauenvoll über ihm schwebte, dieses gutartige
holde Geschöpf könne wohl in dem Augenblick eben so bedürftig
seyn, und aus Größe der Seele, oder aus jungfräulicher Schüchternheit, ihren Verdruß über das lange Aussenbleiben seiner Bezahlung
verbeissen: er fragte sie also mit einem ziemlich verwilderten Gesicht: Jungfer! ich bin ihr ja auch noch schuldig; wieviel beträgts
denn?

    Ob sie nun aus seiner Miene geschlossen, daß ihm die Bezahlung
izt wohl schwer fallen dürfte, oder ob etwas in ihrem Herzen für ihn
sprach, das nur wünschte durch eine Handlung der Aufopferung sich
ihm weisen zu können – genug sie wuste mit einer so eigenen Nai-
vetät ein erstauntes Gesicht anzunehmen, die Hände so bescheiden
zu falten, so beklemmt zurückzutreten, daß Z e r b i n selber drüber
irre ward. «Sie mir schuldig, mein Herr? seit wann denn? – Woher
denn?» – «Hat sie mir nicht fünf Gulden von ihrem Lohn geliehen –
und nachher noch fünfe von ihrer guten Freundin verschaft?» – «Sie
träumen. Ich glaube, die gelehrten Herren haben zuweilen Erscheinungen.» – «Ich muß es ihr bezahlen, Jungfer. Ich will meine Uhr
versezen.» – Um meinen Leserinnen und Lesern dieses Betragen unserer artigen Bäuerin in ein besseres Licht zu sezen, müssen wir hier
erinnern, daß sie Tochter eines der reichsten Schulzen aus einem benachbarten Dorf war, und nicht sowohl wegen des Lohns, als wegen
alter Verbindlichkeiten, die ihr Vater dem Herrn vom Hause hatte,
bey ihm diente.

    Sie sezte sich hierauf in eine noch feyerlichere Stellung, und that
die schrecklichsten Schwüre, daß er ihr nichts schuldig wäre; er sprang
auf, weinte für Scham, Wut und Dankbarkeit; sie fing mit an zu
weinen, sagte, wenn er wieder was nöthig hätte, sollte er sich nur an
sie wenden, sie hätte einen reichen Vaterbruder in der Vorstadt, sie
würde schon Mittel finden, etwas von ihm zu bekommen; er schloß
sie in seine Arme; ihre bebenden Lippen begegneten sich – Einsamkeit, Stille, Heimlichkeit, tausend angsthafte, freudenschaurige Gefühle überraschten sie; sie verstummten – sie gleiteten – sie fielen.

    Diese Trunkenheit des Glücks war die erste und einzige, die Z e r -
b i n e n für seine Lebenszeit zugemessen war, um ihn in desto tiefe-
res Elend hinabzustürzen. Zwar wusten Beyde auch nachmals noch
Gelegenheit zu finden, ihre Zärtlichkeiten zu wiederholen; aber wie
der erste Schritt zum Laster, so mit Rosen bestreut er auch seyn mag,
immer andere nach sich zieht, so ging es auch hier. Z e r b i n s hohe
Begriffe von der Heiligkeit, aufgesparten Glückseligkeit, von dem
Himmel des Ehestandes verschwanden. Die Augen fingen ihm, wie
unsern ersten Eltern, an aufzugehen, er sah alle Dinge in ihrem rechten Verhältniß, sah bey der Ehe nichts mehr, als einen Kontrakt zwischen zwey Partheyen aus politischen Absichten. H o r t e n s i a und
ihr steifes Betragen hatte nun in seinen Augen gar nichts Widriges

mehr, da der Vater eine ansehnliche Stelle im Magistrat bekleidete, und zehntausend Thaler mitgeben konnte: er ward vernünftig. Er hatte die Liebe seiner Marie zum voraus eingeerntet; Liebe schien ihm nun ein Ingrediens, das gar nicht in den Heyrathsverspruch gehörte; die große Weisheit unserer heurigen Philosophen ging ihm auf, daß Ehe eine wechselseitige Hülfleistung, Liebe eine vorübereilende Grille sey; eine Misheyrath schien seinem aufgeklärten Verstande nun ein eben so unverzeihbares Verbrechen, als es ihm ehemals der Ehebruch und die Verführung der Unschuld geschienen hatten. In ein Dörfchen zu gehen, und mit seinem freundlichen Marichen Bauer zu werden – oder dem Vorurtheil aller honetten Leute in Leipzig Troz zu bieten und seine schöne Bäuerin im Angesicht all seiner galanten Bekanntschaften zu heyrathen – welch ein unförmlicher Gedanke für einen Philosophen, dem izt erst die Fackel der Wahrheit zu leuchten anfing, der izt erst die Beziehungen der Menschen, die Abweichungen der Stände, die Thorheiten phantastischer junger Leute, die Irrthümer der Phantasey, und das unermeßliche Gebiet der Wahrheit im ächtesten Licht übersah! Von dieser Zeit an faste er den Entschluß, Professor der ökonomischen Wissenschaften, neben an des Naturrechts, des Völkerrechts, der Politik und der Moral, zu werden. Saubere Moral, die mit dem Verderben eines unschuldigen Mädchens anfing! Er räsonnirte nun ungefähr also:

Der Trieb ist allen Menschen gemein; er ist ein Naturgesez. Die Gesellschaft kann mich von den Pflichten des Naturgesezes nicht lossagen, als wenn diese den gesellschaftlichen Pflichten entgegen stehen. So lange sie sich damit vereinigen lassen, sind sie erlaubt – was sage ich? sie sind Pflicht. Ich darf also die Achtung, die ich der Gesellschaft schuldig bin, nicht aus den Augen sezen. Folglich, wenn ich Marien dahin bringen kann, daß sie um einige Zeit eine Reise zu ihren Verwandten vorschüzt, so sie insgeheim nach Berlin führe, wo ich gleichfalls meinen Vater zu besuchen habe, ihr dort ein Zimmer miethe, das Kind auf die Rechnung meiner künftigen Erbschaft von dem und dem alten Bekannten meines Vaters in der Stille erziehen lasse – unterdessen wiederkomme und eine reiche Parthie – Marie bleibt immer mein, und je verstohlner wir nachher zusammen kommen, desto süsser – Liebe hat ihre eigene Sphäre, ihre eigene Zwecke, ihre eigene Pflichten, die von denen der Ehe himmelweit unterschieden sind.

Er sezte sich sogleich hin, an seinen Vater zu schreiben, ihm durch die unvermuthete Entdeckung, daß er noch lebte, eine Freude zu machen, und sich zugleich für seine bedrängten Umstände, und zu einer Reise nach Berlin, eine Hülfe von hundert Friedrichd'or auszubitten. In diesem Augenblick trat Marie ins Zimmer. Er kleidete ihr sein Projekt in solche lügen- und schmeichelhafte Farben ein, daß sie mit Thränen in alles willigte. Wiewohl sie ihm die Freuden eines eingezogenen, schuldlosen Lebens, in einem Dorf, wo ihr Vater ihn mit beyden Händen würde aufgenommen haben, mit Worten vormalte, die Steine erweicht haben würden: aber seine Politik drang dießmal durch. Sie wollten sich in Berlin so lange aufhalten, bis sein Vater todt wäre, und er förmliche Anstalten zu einer öffentlichen Verheyrathung mit ihr machen könnte. Sie ergab sich endlich in seine höheren Einsichten, warf sich in seine Arme, drückte ihm ihre Liebe nochmals auf die Lippen, und erhielt von ihm die Versiegelung seiner noch immer eben so heftigen Leidenschaft.

Alles ging gut: er fing hierauf an, statt der verdrüßlichen Lehre von Potenzen und Exponenten, ein Kollegium über die Moral und eins über das Jus Naturä zu lesen, das ihm gar kein Kopfbrechen kostete, und ungemein gut von der Lunge ging. Er bekam einen Zulauf, der unerhört war, und es währte kein halbes Jahr, so ließ er für seine Lesestunden ein neues Kompendium der philosophischen Moral, gepfropft aufs Natur- und Völkerrecht, drucken, das in allen gelehrten Zeitungen bis an den Himmel erhoben ward. Unterdessen blieb das arme M a r i e c h e n, die Veranlassung aller dieser Revolutionen, ein unglückliches Mittelding zwischen Frau und Jungfer; ihre glückliche Lustigkeit verlor sich; die Rosen auf ihren Wangen starben; die Zeit ihrer Entbindung nahte heran; Z e r b i n fing an verlegen zu werden, wenn sie auf sein Zimmer trat. Ein unangenehmer Vorfall kam noch dazwischen.

Dem Hause des Herrn F r e u n d l a c h gegenüber lag ein Kaffeehaus, das H o h e n d o r f so wohl, als A l t h e i m, in der Zeit ihrer ersten Bekanntschaft mit R e n a t c h e n, gleich nach dem Essen gewöhnlich zu besuchen pflegten. In der Zeit des Noviziats, da es bey Beyden noch immer hieß:

> Ich aber steh', und stampf', und glühe,
> Und flieg' im Geiste hin zu ihr,
> Und bleib', indem ich zu ihr fliehe,
> Stets unstät, aber immer hier,
> Weil, bis mich Glück und Freundschaft retten,
> Die oft ein langer Schlaf befällt,
> Mich hier, mit diamantnen Ketten,
> Das Schicksal angefesselt hält.
>
> U t z.

Obzwar H o h e n d o r f izt fast gar keinen Zutritt in dem Hause mehr hatte, oder doch wenigstens von dem Idol seiner Wünsche allemal sehr frostig empfangen ward: so blieb doch ein gewisser Zauber um dieses Kaffeehaus schweben; er fühlte allemal nach dem Essen einen geheimen Zug hinzugehen, von dem er sich selbst nicht Rechenschaft zu geben wuste. Da sah er denn sein geliebtes R e n a t c h e n sehr oft mit A l t h e i m e n am Fenster, und rächte sich, oder glaubte sich mit verachtungsvollen Blicken recht herzlich an ihnen zu rächen. A l t h e i m selbst kam auch noch bisweilen dahin, wenn R e n a t c h e n etwa sich nicht sprechen ließ, oder einen Besuch bey einer Verwandtin machte, die er nicht wohl leiden konnte, weil sie beyden immer so spizfündige Reden gab.

An einem dieser Nachmittage kam H o h e n d o r f mit A l t h e i m in einem Billardspiel, wo mehrere Personen um den Einsaz spielen, in einer sogenannten Guerre zusammen, und es traf sich unglücklicher Weise, daß die beyden Nebenbuler grade auf einander folgen musten. H o h e n d o r f, der schon lang eine Gelegenheit an A l t h e i m suchte, machte, ohne daß es ihm selbst Vortheil brachte, seinen Ballen, welches wider die Regel vom Spiel ist. A l t h e i m zeigte seinen Verdruß darüber; H o h e n d o r f schüttelte lächelnd den Kopf; als die Reihe wieder an ihn kam, machte er, nun wirklich unversehens und wider Willen, den Ballen des A l t h e i m zum andernmal. A l t h e i m, fest versichert, daß dieß in der Absicht geschehe, ihn zu beleidigen, warf ihm den Billardstock ins Gesicht; sie griffen nach den Degen; man trennte sie; den andern Morgen ritten sie vor der Stadt hinaus ins Rosenthal, sich auf Pistolen zu schlagen, wo A l t h e i m so glücklich oder so unglücklich war, seinen Gegner zu erlegen, und sich ungesäumt aus dem Staube machte, ohne nachher, weder seiner Geliebten, noch unserm Z e r b i n, seinem Mentor, jemals mit einer Sylbe Nachricht von sich zu geben.

Z e r b i n wuste also auch die anderweitigen Schulden, die er, auf die Rechnung der vom Grafen zu bekommenden rückständigen Pension, gemacht hatte, nicht zu bezahlen; er muste eine ganz andre Haushaltung anfangen. Um seinen Hausherrn in guter Laune zu erhalten, redete er nun, bisweilen räthselhaft, bisweilen ziemlich deutlich, von gewissen Absichten, die er auf seine Tochter hätte, deren Jugend und Schöne sehr stark zu sinken anfing. Sobald M a r i e bey ihren geheimen Zusammenkünften sich unruhig darüber bezeigte, wuste er sie mit der Nothwendigkeit dieser Maskerade zufrieden zu sprechen, damit ihn der Herr des Hauses nicht wegen Hausmiethe und Kostgeld mahnte, welches in der That auch nicht erfolgte, und seine Sicherheit und stillschweigende Verbindlichkeit gegen H o r t e n s i e n immer grösser machte. Seine ganze Hofnung, der lezte Anker, den er ausgeworfen, stand nun auf die Antwort von seinem Vater. Man stelle sich M a r i e n s Entzücken vor, als sie ihm selbst den Brief aus Berlin von dem Posthause brachte, und den Uebergang zu ihrer Verzweiflung, als sie nun aus seinem Munde hörte, daß auch hier der Tau zerrissen sey. Sein Vater war, durch einen der kühnsten Diebstäle, da man ihn selbst und seine alte Magd geknebelt hatte, rein ausgeplündert worden, und izt im allerkümmerlichsten Mangel, da er, wegen seines bekannten Wuchers, bey niemand einmal Mitleiden fand. Er bat seinen Sohn, ihn, wo möglich, mit

Geld zu unterstüzen, oder zu sich nach Leipzig kommen zu lassen. Es blieb M a r i e n nichts übrig, als Weinen und Schluchzen; sie warf sich ihm zu Füssen; er sollte mit ihr in ihr Dorf gehen, um ihr bey ihrem Vater Vergebung zu verschaffen. Alles war umsonst; er stellte ihr vor, daß eine Geschichte von der Art, wenn sie bekannt würde, ihn unfehlbar um seine Stelle bey der Universität bringen würde, daß er sich durch sein Ansehen, durch seinen Kredit, durch seine Gelehrsamkeit wohl noch so weit bringen würde, sein berlinisches Projekt mit ihr auch hier in Leipzig auszuführen, daß er ein Werk unter der Presse hätte, für welches ihm die Buchhändler dreyhundert Thaler geboten, daß er die zur Erziehung des Kindes verwenden wolle, daß sie ihm versprechen solle, sich an ihre Freundin in der Vorstadt zu wenden, ihr ihren Zustand zu gestehen, eine schleunige Krankheit bey ihr vorzuschüzen, unter dem Vorwand in ihrem Hause zu bleiben, bis die Entbindung vorüber wäre, und unter der Zeit eine andere Magd in ihre Stelle zu miethen u. s. w. Sie versprach alles aus Liebe zu ihm; sie ging von ihm, fest entschlossen, allen möglichen Stürmen des Schicksals Troz zu bieten, um ihm seine Ehre und guten Namen in der Stadt zu erhalten; an den Ihrigen dachte sie nicht einmal. Ihre Hände noch naß von den Thränen, mit denen er sie beschworen hatte, die Sache geheim zu halten, dachte, sah, begriff sie keine Schwierigkeiten bey dieser Sache, fing sogleich an den Anfang ihrer Rolle zu spielen, und sich bey ihrer Jungfer über Kopfweh und Fieberschauer zu beklagen. Den Nachmittag hatte sie den Plan gemacht, ihrer Freundin einen Besuch zu geben, und da, gleich als ob sie unvermuthet von einem hizigen Fieber überfallen wäre, sich zu Bette zu legen.

Aber wie wenig wuste das gute Mädchen, was sie versprochen hatte! Als sie zu ihrer Freundin kam, fand sie sie eben im Ausräumen begriffen, weil sie ihre Miethe aufgesagt hatte, und ein anderes Haus beziehen wollte. Mann und Frau hatten, wie es bey dergleichen Gelegenheit zu gehen pflegt, Händel zusammen bekommen, und maulten izt mit einander. Sie ward mit einem bewölkten Gesicht empfangen; die Furcht, ihr zur ungelegenen Stunde zu kommen, verschloß ihr den Mund. Das Herz entfiel ihr; all ihre Anschläge verwirrten sich, sie wuste nicht aus noch ein. Sie sagte ihrer Freundin, daß ihr nicht wohl wäre; sie ward kaltsinnig bedauert. Ach, ein Ton der Stimme, eine trockene Miene ist, in dergleichen Gelegenheiten, schüchternen und zarten Seelen ein Donnerschlag! Sie kam halb ohnmächtig wieder nach Hause, und doch liebte sie Z e r b i n e n zu sehr, um ihn durch Erzählung dieses ersten mislungenen Versuchs in Bekümmerniß zu sezen. Sie sah nun ihr Schicksal als eine Strafe Gottes für ihren Leichtsinn an, der höchste Grad der Melancholey, und fand ihren Trost, ihre Wollust in verborgenen Thränen. Sie wagte es dennoch, nach ein paar Tagen zum andernmal hinzugehen, nachdem sie

Zerbinen eingebildet hatte, es sey alles schon in Richtigkeit: sie fand ihre Freundin nicht zu Hause. Auch dieß sah sie als etwas übernatürliches an; ihr Herz entfiel ihr immer mehr; es war, als ob ihr jemand zuriefe: du sollst dich deiner Freundin nicht entdecken! – O Richter, Richter, habt ihr die Gefühle eines jungen Mädchens je zu Rath gezogen, wenn ihr über ihre That zu sprechen hattet! Ahndet ihr, was das heist, seine Schande einer andern entdecken, was für Ueberwindung das kostet, was für ein Kampf zwischen Tod und Leben in einer weiblichen Seele, die noch nicht schamlos geworden ist, da entstehen muß? Sie faste nun den Vorsaz, in die Hände Gottes, nicht in die Hände der Menschen zu fallen, wie sie nachher ihrem Beichtvater selber gestanden hat. Sie wollte sich ihrem Schicksal überlassen, und das Schlimmste abwarten, ohne Zerbin oder irgend einem Menschen ein Wort davon zu sagen. – Die Taschen, die damals auch Personen geringen Standes durchgängig trugen, verhehlten ihren Zustand; kurz die Frucht ihrer verbotenen Vertraulichkeit kam, nach ihrem lezten Geständniß, todt auf die Welt.

Nach den Gesezen ist eine verhehlte Schwangerschaft allein hinlänglich, einer Weibsperson das Leben abzusprechen, wenn man auch keine Spur einer Gewaltthätigkeit an dem Kinde gewahr wird. Marie hatte das ihrige in der Geschwindigkeit ins Heu verbergen wollen, da eben das Haus, wegen eines Schmauses in der Vakantzeit, voller Gäste war, und sie alle Augenblicke gebraucht wurde. Der Kutscher war in ihrer Abwesenheit auf den Heuboden gestiegen, den Pferden etwas Futter zu langen, und er war der erste Angeber dieses unglücklichen Mädchens.

Sie ward gefänglich eingezogen: Zerbin ließ sich nichts merken. Man stelle sich die Entschlossenheit, die Großmut, die Liebe dieses unglücklichen Schlachtopfers vor: sie war durch keine Mittel dahin zu bringen, den Vater ihres Kindes herauszugeben. Alle Klugheit, alle Strenge der Obrigkeit war umsonst; nichts als unzusammenhängende Erdichtungen konnten sie aus ihr bringen. Das war eine Scene, als ihr Vater, der Schulz aus dem Reichsdorf, zu ihr ins Gefängniß trat.

Du Alleweltsh – war sein Willkomm, was machst du hier? Hab ich dich so gelehrt, Gottes Gebot aus den Augen sezen?

Sie weinte.

Durch Henkershand dich verlieren – Wer ist der Vater dazu gewesen, sag mirs! Gottes Gericht soll mich verfolgen, wo ich es nicht so weit bringe, daß der Kerl – hier kniff er die Daumen ein, sah in die Höhe, biß die Zähne zusammen, und der Schaum trat ihm vor den Mund.

Sie weinte immer fort.

O du Gottsvergessene –– nenn mir den Kerl nur! – Er sezte sich bey ihr auf eine zerbrochene Tonne nieder.

Ich weiß ihn nicht, Vater, ich kenn' ihn nicht.

Du kennst ihn nicht – so wird Gott ihn finden, Gottes Gericht ihn
finden! Du kennst ihn nicht? Du wirst dir doch nicht im Schlaf so
was haben anräsonniren lassen – Meine einzige Tochter auf dem
Schaffot – Nenn' mir ihn, sag mir ihn, ich will ihm nichts zu leide
thun! – Freylich war's so gut als im Schlaf, Vater, im Rausch, Vater!
als wir von einer Hochzeit kamen. Es war ein Schuhmachersgesell,
den Maynzer nennten sie ihn.

Gott wird ihn finden, den Schuhmachersgesellen – O mein Kind,
mein Kind! Hier umarmte er sie heulend, und drückte sie, unter er-
schrecklichem Schluchsen, zu wiederholtenmalen an sein Herz. Wenn
ich mich hier in deine Stelle sezte; du bist jung; du kannst noch lange
leben –

Ich überlebte es nicht –

Ich hatte dir mein neues Haus zugedacht; es ist unter Dach; Du
solltst mir den Nagler R e i n heyrathen; es ist ein junges frisches
Blut, und hat dich jederzeit so lieb gehabt. Alle Abend bin ich mit
meinem alten Weibe hinspaziert, und haben nach dem Bau gesehen
und von dir geredt, wie wir im Winter so vergnügt miteinander leben, und fleißig zu einander zu Licht gehen wollten. Ich habe noch
fünf Pfund von dem schönen weissen Flachs; die soll sie mir abspin-
nen helfen, sagte sie. Sie wird doch izt in der Stadt nicht so galant
geworden seyn, daß sie das Spinnrad nicht mehr in die Hand nehmen
darf – ach, du gottloses Kind! es war, als ob sie das im prophetischen
Geist gesagt hätte.

Sie, auf seine Hand weinend: Könnt ihr mir denn nicht verzeihen,
Vater.

Er, der Nagler R e i n, stund denn so dabey und lächelte, und die
Thränen quollen ihm in die Augen. Sag ich doch, es war, als ob's uns
allen geahndt hätte.

Grüst den guten R e i n, sagt, ich werde noch in der Ewigkeit für
ihn beten, daß er eine bessere Frau bekomme, als ich ihm gewesen
wäre. Sagt ihm, es soll ihm nicht leid seyn um mich.

Wem sollt' es nicht leid seyn um dich. Hier heulte er wieder an
ihrem Halse. Darf deine Mutter auch kommen, dich zu sehen?

Meine Mutter – wo ist sie – wo ist meine gute Mutter? Geschwind
last sie hereinkommen! Ich habe nicht lange mehr hier zu bleiben.

W a l t e r (so hieß der Alte) schlug in die Hände. Ist denn keine
Gnade, kein Pardon nicht möglich? Ich will mich dem Gerichtsherrn
zu Füssen werfen –

Meine Mutter, W a l t e r! – Ich schwör' euch, es stirbt kein Mensch
so gern als ich – sie flog an die Thür: Meine Mutter! Last meine Mutter hereinkommen!

Hier traten die Mutter und einige Verwandtinnen herein; es ging
ein allgemeines Geheul an, das den Kerkermeister selber aus seiner

Fassung brachte, daß er das Zimmer verlassen muste. Die grausame Stunde rückte heran. Man sprach noch immer in der Stadt davon, sie würde Gnade bekommen; bis zum lezten Augenblick, noch da ihr die Augen verbunden wurden, stand das Volk in dieser Erwartung; man konnte es nicht begreiffen, nicht fassen, daß eine so liebenswürdige Gestalt unter Henkershänden umkommen sollte; der Prediger war nicht im Stande, ihr ein einziges Trostwort zuzusprechen — — vergeblich! Die Geseze waren zu streng, der Fall zu deutlich; sie ward enthauptet.

Sie hat bis an den lezten Augenblick die liebenswürdige, milde Heiterkeit in ihren Mienen, sogar in ihrer ganzen Stellung, in dem nachläßigen Herabsinken ihrer Arme und des Haupts, noch beybehalten, die ihren Karakter so vorzüglich auszeichnete. Sie stand da, etwa wie eine von den ersten Bekennerinnen des Christenthums, die für ihren Glauben Schmach und Martern getrost entgegen sahen. Sie wandte sich noch oft sehnsuchtsvoll herum, gleich als ob ihre Augen unter dem gedrängten Haufen Volks jemanden mit Unruhe suchten. Jedermann sagte, sie suche ihren Liebhaber, und die nah bey ihr gestanden, versichern, sie haben sie noch in den lezten Augenblicken einen Namen sehr undeutlich aussprechen hören, der von einem heftigen Thränenausbruch begleitet wurde. Sie hielt sich sodann eine Minute die Hand vor die Augen, welche sie hierauf, wie ausser sich, halb ohnmächtig dem Scharfrichter reichte, weil sie sich nicht mehr auf den Füssen erhalten konnte. Er band ihr die Augen zu — und die schöne Seele flog gen Himmel.

Zwey, drey Tage war alles in der Stadt in Bestürzung; man sprach in allen Gesellschaften von nichts, als der schönen Kindermörderin. Man schrieb Gedichte und Abhandlungen über diesen Vorfall: Z e r b i n ging bey alle dem wie betäubt umher, das gewöhnliche Schicksal abgewürdigter Seelen, wenn sie in ausserordentliche Umstände kommen. Wenn ich einen Roman schriebe, so würde ich es nimmer wagen, meine Geschichte mit einem Selbstmorde zu schliessen, um den Verdacht der Nachahmung zu vermeiden, da diese Saite nun einmal von einer Meisterhand ist abgegriffen worden. So aber darf ich mich von meiner Urkunde nicht entfernen, und welch ein Unterschied ist es nicht mit alledem unter einem Selbstmorde, der, durch die Zaubereyen einer raphaelischen Einbildungskraft, zu einer schönen That ward, und das höchste Glück des Liebhabers beförderte, und unter einem, der nichts, als die gerechte Folge einer schändlichen That, und mehr wie eine Strafe des Himmels, als wie ein Fehltritt einer verirrten Leidenschaft anzusehen war! Er kroch, unter der Last seiner Schuld, und der ihm allein empfindbaren Vorwürfe aller seiner Zeitverwandten, stumm und sinnenlos zu der ihn erwartenden Schlachtbank. Folgende Papiere, die man in seinem Schreibpult gefunden, können dennoch einiges Mitleiden für ihn rege machen. Wir wollen

sie, unter den Zeichen *A* und *B*, nach Muthmassung der Zeit, in der
sie geschrieben seyn können, hier einrücken.

«*A*. Ich komme zu dir, meine M a r i e – ich komme, mich mit dir
vor denselben Richterstul zu stellen, und von dir mein Urtheil zu erwarten. Die Welt dammet mich, es ist mir gleichgültig, aber du –
solltest du keine Verzeihung für mich haben, Heilige! – So soll es
mir süß seyn, wenigstens von dir meine Strafe zu erhalten. Du allein
hast das Recht dazu.

B. Ich schreibe dieses, sie vor den Augen der ganzen Welt zu rechtfertigen. Unsere Ehe war kein Verbrechen; zwar war sie von keiner
Priesterhand eingeweiht, aber durch unverstellt brennende Küsse versiegelt, durch fürchterliche Schwüre bestätigt. Dieser Lehnstul, an
dem wir beyde auf den Knieen gelegen, dieses Bette, auf dem ich
mich noch heulend herumwälze, sind Zeugen davon. Ich war die einzige Ursache, daß unsere Verbindung nicht öffentlich bestätigt ward
– meine eingebildete Gelehrsamkeit, mein Hochmut waren die einzigen Hindernisse. Ich schmeichelte ihr, ich würde sie nach Berlin
bringen, und meinem Vater vorstellen, bloß um ihre Wünsche, ihre
Bitten in die Länge zu ziehen. Ich kann nicht trauren über alles dieses; mein Herz ist zu hart. Aber daß sie mich nicht verrathen hat,
daß sie für mich gestorben ist, war zu großmüthig; das verdiente ich
nicht! Ich eile ihr das zu sagen – ich warne alles Frauenzimmer vor
einer so gränzenlosen Liebe gegen unwürdige Gegenstände. Ich wollte ihr nichts aufopfern; sie opferte mir alles auf. Ich kann mich nicht
hassen, aber ich verachte mich!»

Er schlich, ohne einem Menschen ein Wort zu sagen, in trübsinni-
ger Schwermut einige Tage hin, sprach selbst von dieser Geschichte
mit H o r t e n s i e n und andern, wiewohl allemal sehr kurz. Am
dritten Tage Abends kam er nicht zu Hause; den vierten Tag ward
am Morgen seine Leiche in dem zu der Zeit mit Wasser angefüllten
Stadtgraben gefunden, in den er sich vom Wall herabgestürzt hatte.
Jedermann erschrack; bis endlich, bey Durchsuchung seiner hinterlas-
senen Papiere, den Leuten die Augen aufgingen. H o r t e n s i a
ward schwermütig, und R e n a t c h e n soll nach der Zeit die Religion verändert haben, und in ein Kloster gegangen seyn.

Meynungen eines Layen
den Geistlichen zugeeignet

Stimmen
des Layen
auf dem
letzten theologischen Reichstage
im Jahr 1773

Brief
eines Geistlichen

Ich danke Ihnen für die zugesandte älteste Urkunde des Menschengeschlechts. Sey auch der edle grosse Verfasser wer Er sey, Er ist ein Mann von Gott kommen!

Ich möchte Ihnen eine Gegenfreude machen, nehmen Sie dies Manuscript, lesen Sie's. Ueber sechs Monate schon lag's unter meinen Papieren. Es sind Meynungen eines Layen, der ehmalen mein Busensfreund auf der Akademie war, und nun seit langer Zeit von meiner Seite getrennt ist. Eben schreibt er mir: «Laß die Meynungen nur bekannt werden samt deinen Anmerkungen, mein Name aber bleibe dem Publikum immer verborgen, würkts nur wie's soll!» —

Und nun, mein Bester! ich entspreche seinem Verlangen, meine Anmerkungen mögen aber immer hinweg bleiben. Ihnen* theil ich sie nebst gegenwärtigem Brief mit, so viel Zeit und Umstände gestatten, und erwarte die Ihrigen.

Mit dem Ganzen bin ich treflich zufrieden, wann ich schon da und dort mit dem Layen nicht einig bin. Er hat den richtigsten Gesichtspunkt, da er die Bibel nicht so wohl für unmittelbare Offenbarung, als vielmehr für die Geschichte der Offenbarungen angiebt. Das hebt alle die greulichen Misdeutungen auf, durch die sich so viele mit der besten Absicht berechtigt glauben, uns die Bibel aus den Händen zu nehmen. Mein Gott! es graut mir, wenn ich an die kritischen Zeiten gedenke, worinn wir leben. Es ist an dem, daß man uns die naivsten Nachrichten von der Haushaltung der Erstgeschaffenen und ihren lieben alten Kindern und Nachkommen für nichts mehr als jüdische Fabeln geben will. Nehmen Sie nun an, mein Liebster, wir hätten diese Nachrichten nicht, und denken Sie Sich da die muthmaßenden, die zweifelnden Philosophen und all' die denkenden und sprechenden und schreibenden Menschenkinder an ihrem Pult. Bewahr Gott! welch ein Reichthum! Welch ein Ocean von Muthmaßungen, Träumen, idealischen Gemälden, Fabeln, Hypothesen! — und welche Armuth für's dürstende Menschenherz! welche wasserlose heiße Sandwüsten! Izt seyd ihr noch reich, ob ihr gleich die Quelle verstopfen wollt, ärgert euch doch daran nicht, daß sie so sanft daherrinnt und nicht braußt wie der Strohm, den ihr doch immer von ihr herleiten müßt.

Jahrhundert! du giebst dir einen stolzen Namen, aber laß sehen, ob nicht eine magere Kuh zwischen dem Schilf hervor ans Ufer komme, dich mit all deiner überschweren Fettigkeit aufzehre und man's ihr nicht ansehe.

Wir wünschen bey einem grossen Manne den Gang und die Bil-

* Der Herausgeber fand für gut, diesen Brief statt des Prologs voranzuschicken, ob ihn gleich der Geistliche nicht in der Absicht geschrieben hatte.

dung seines Geistes zu kennen und mit den ersten Jahren seiner Entwickelung bekannt zu seyn, und wollen doch auf eben das bey der
Bildung des Menschengeschlechts Verzicht thun.

Den ersten Menschen offenbarte sich Gott nach den Fähigkeiten
die sie hatten, sollte darum die Offenbarung des himmlischen Vaters weniger göttlich seyn? Den geschickten Lehrmeister eines Kinds,
der, um seinem Lehrling faßlich zu seyn, selbst Kind wird, schätze
ich so hoch als den würdigsten Lehrer auf dem Katheder. Gott offenbarte sich dem Menschen durch die Schöpfung sein selbst auf die kürzeste Art, der erste Mensch ward durch die Hervorbringung eines
einigen Menschen zuerst an die Idee der Einheit, der Quelle aller
unsrer Erkenntnis und Religion gewöhnt –– durch die nachmalige
Hervorbringung des Weibes an die Idee der Zusammensetzung und
Verbindung mehrerer Dinge zu einem Zwecke. Sehen Sie da den
Keim aller nachmaligen Künste und Wissenschaften, aller menschlichen Bemühungen und Glückseligkeit. Das waren die ersten Offenbarungen Gottes an den Menschen, die ihnen gegeben wurden, ohne
daß sie sich derselben bewußt waren, und doch alle ihre Fähigkeiten
zuerst entwickelten und ihnen den Stoß gaben. Die nachmaligen Offenbarungen Gottes wurden perceptibel. Niemand aber hat dran gedacht, daß diese in dem Verhältnisse mit den zunehmenden sich entwickelnden auch wohl oft zurücksinkenden Fähigkeiten der Menschen
fortschreiten, also menschlich und unvollkommen seyn mußten, obwohl sie zu vollkommenern Offenbarungen führten.

Sie sehen aus all dem, warum ich es so überaus gern sehe, daß
diese Meinungen bekannter werden. Man schreyt ja doch von allen
Seiten her, was kanns dann schaden, wann auch ein ehrlicher Laye
sein Wörtchen dazu giebt? das doch auch manchem ehrlichen Mann,
wenn er nicht sehr eigensinnig ist, da und dort einen richtigen Gesichtspunkt geben mag, und selbst einige anfangs absurd scheinende
Gedanken, sinds bey näherer Untersuchung nicht mehr. Freilich werden einige hin und wieder mehr Beweiß und gründlichere Untersuchung wünschen, allein diese mag des Buchs Titel befriedigen, es sind
ja Meynungen, und Meynungen eines Layen. Wie gut wärs, wann
würdige Männer von unserm geistlichen Stande sich ein Gewissen
draus machten, das zu thun, was ich von meinem Freunde bey seinen
Umständen nicht erwarten kann.

Sie wissen z. B. wie sehr ich immer am Dogma von der Erbsünde
zweifelte, und doch konnte ich nie die Sache ganz wegwerfen. Ich hab
sie immer als Realität angesehn, und (weil die Sache doch einmal,
seitdem Augustin – zum Heil der Kirche? – schrieb, es so erfordert)
gewünscht, daß ein redlicher, erfahrner scharfsinniger Mann, so weit
es möglich wäre, die Natur des Menschen, die Bestimmung aller seiner Triebe und Fähigkeiten, und das Verhältniß, in dem wir mit Gott
und der Natur stehen, untersuchen möchte. Dies, deucht mich, wäre

der Ort, davon auszugehen wäre, um zu bestimmen was Erbsünde ist, – der Name ist freylich ärgerlich. Ich meyne immer, das, was so genennt wird, sey zu Erreichung unserer Bestimmung durchaus nothwendig, also keine Folge des Falls, der nur partikular war. Was meynen Sie?

Ferner sind noch verschiedene andere Punkte da, die mir wichtiger scheinen, als der erste Anblick sie zeigt. Z. B. Sind die Opfer göttlichen Ursprungs? Ich weiß nicht, ob darüber schon was gründliches ist gesagt worden, und doch hat diese Untersuchung den wichtigsten Einfluß in die ganze Gestalt der Religion, daher ist auch die Lehre vom Verdienste unsers Erlösers und Herrn noch immer in so dunkelm Licht und so vielen einschläfernden und schädlichen Misdeutungen ausgesetzt, oder wird – gar weggeworfen!

Ferner. Mit offenem forschenden Aug hat der Verfasser am Opfer Abels kein Blut sehen können. Cheläph (das Fett) kommt her von Chalaph (die Milch) und giebt nicht coagulirte Milch Butter? Fett? Daher geben die Ebräer eben den Namen allen Mark und Milchsaft habenden Pflanzen. Abel opferte also von den Erstlingen seiner Heerde, und was von ihnen? von ihren Fetten! ohne sie zu schlachten, von ihrer Milch. Wo ist also ein einziger Tropfe Bluts?

Den Ursprung der Opfer zeigt der Laye so ungezwungen und natürlich, daß ich ihm nichts dagegen einwende. Was meynen Sie? Freylich ist nicht zu läugnen, daß nachher die Opfer von ihrer Einfalt abarteten. Hören Sie, wie in der *Praep. Evang.* des Eusebius *Lib. I. c. 9.* und *IV. c. 14.* der Porphyrius drüber seufzt, deklamirt, räsonnirt und mehrere mit ihm.

Anfangs hatten die Menschen, stärker als jemals nachher, Grauen vor jedem Bilde, das sie an die Zerstöhrung ihres Leibes erinnerte, wie konnten sie also je auf Vergiessung des Bluts und auf Schlachtopfer fallen? Kain beweißt nichts. Er schlug seinen Bruder todt, aber er wollte ihn nur prügeln, konnte er wissen, daß der Tod auf den Streich eines Knüttels erfolge? Es mußte wunderbare Wirkung auf ihn machen, da er sah, daß er liegen blieb. –

Nach vieler Jahrhunderte Verfluß waren sie mehr an das Absterben der Thiere und der Menschen selbst gewöhnt, und konnte es also eher ihnen einfallen. So wurde es nach und nach Sitte des Volks, Thiere zu opfern, und da dieser Brauch den grösten Eindruck auf die Moralität und Gemüthsruhe der Menschen machte; so behielt Gott selbst dieselben bey, gab ihnen göttliche Autorität und zu Mosis Zeiten wurden sie nicht aufs neue befohlen Jerem. VII, 22. sondern beybehalten, wurden Gesezgebung für die Juden und Schwung, ihre Gesezgebung in Gang zu bringen.

Mein Blatt ist voll, bester Freund, ich lasse Sie izt beym Layen allein, und hoffe, den Inhalt Ihres Gesprächs mit ihm, schriftlich zu erfahren. Ich bin   etc. etc.

Meynungen eines Layen

den Geistlichen zugeeignet

Ich mache mich hier nicht anheischig, Ihnen historische Beweise *a posteriori* oder philosophische Beweise *a priori* von der Authenticität oder Autorität der biblischen Bücher vorzukramen. Bloß ihre innere Vortreflichkeit soll den Ausschlag geben. Und keine Religion auf der Welt ist, deren Wahrheit auf eine andere Weise erhärtet werden kann.

Religion soll uns glücklicher machen, sonst nehmen wir sie nicht an. Und soll sie das, so muß sie empfunden werden, denn Glückseligkeit besteht in Empfindung.

Nun die Hauptfrage, die jeder im geheimsten Winkel seiner Vernunft aufs sorgfältigste versteckt, zu schamhaft, seine Unwissenheit darüber öffentlich zu gestehen. Was ist Empfindung? Wir sind uns wohl bewußt, empfunden zu haben, aber nie so deutlich, daß wir Rechenschaft zu geben wüßten, was damals in uns vorgegangen sey.

Eine zarte Schwingung und Zitterung unserer Nerven, die angenehme Kützelung und Bewegung unserer Lebensgeister, der dadurch beschleunigte, erleichterte, beglückte Umlauf unsers Geblüts − − − alles, was uns die Aerzte schönes davon vorzusagen wissen, ist Gefühl, ist noch nicht Empfindung.

Nur um einen Ton tiefer gestimmt geht bey allen Thieren eben das vor.

Empfindungen sind geordnetes in Verhältnis gebrachtes Gefühl, Gefühl das gewissen Vorstellungen untergeordnet ist, Gefühl unsrer Seele.

Die Kraft, die in uns Vorstellungen abreißt, sammlet, ordnet, unterordnet, in Verhältnis zu einander bringt, ist unsere Seele, unsere Vernunft, wie Sie sie nennen wollen, in unserm Körper in immerwährender Bewegung handelt sie durch denselben oder in demselben. So bald sie aber empfindet, ruht sie, leidet sie. Denken ist eine Handlung, Empfinden ein Zustand, der aber so auf ein Haar der vorhergegangenen Handlung entspricht, daß es uns schwer fällt, diese so innig mit einander verwebten Modifikationen unsrer Kraft von einander zu reissen und vor unser Anschauen zu bringen.

Wir können also nichts empfinden, das wir uns vorher nicht in einem gewissen Verhältnis gedacht, vorgestellt. Und je nachdem dies Verhältnis grösser, mehr umfassender, richtiger und deutlicher, je nachdem auch unsere Empfindung.

Was für glückliche Einflüsse ein so in Proportion und Harmonie gebrachtes Gefühl auf den Umlauf unsers Geblüts und also unsere ganze Gesundheit und Behaglichkeit haben müsse, springt hier von selbst Ihnen in die Augen.

Ich darf meinen Zweck nicht verlassen. Das vorige könnt' ich noch durch ein Exempel deutlicher machen. Eine Kuh, ein Taglöhner, ein Künstler sehn ein vortrefliches Gebäude mit denselbigen sinnlichen Werkzeugen an, mit demselbigen Gefühl, aber welch einen Unterschied macht die bey jedem wirksame Kraft in der verhältnismäßigen Stimmung dieses Gefühls, in den Empfindungen.

Mit alle dem ist doch das Gefühl der Stamm, auf den alle dies gepfropft werden muß. Ja das Gefühl hat sogar dem Geiste in uns all seine ersten Ideen geben müssen.

Und wo er selbst nicht Gelegenheit gehabt, hat er sich auf die verglichenen und bewährten Gefühle andrer verlassen müssen, hat also glauben müssen. Ohne Glauben wäre also unsere Erkänntnis und die sich darauf beziehende Empfindung so arm, daß einem die Lust zu leben vergehn möchte. Doch ist ein überflüssiger Reichthum, den wir nicht zu brauchen wissen, der auf der Oberfläche unsrer Wißbegierde liegen bleibt, ohne eine einzige unsrer Empfindungen in Bewegung zu setzen, ohne ihr eine andere angenehme Richtung oder Schwingung zu geben, eben so gefährlich. Das ist der Fehler unsrer meisten Gelehrten, und daß ichs auf meinen Zweck anwende, unsrer meisten Gottesgelehrten in der Religion gewesen. Es ist besser wenig zu glauben, aber das, was man glaubt, in seinem ganzen Umfang zu empfinden, als alles zu glauben und nichts zu empfinden.

Das ist es, was ich einigen meiner individuellen Aussichten in unsre Religion, die ich Ihnen hiemit ankündige, voraus zu schicken für nöthig erachtet.

Erster Abschnitt
Paradies. Sündenfall

In eine lachende Himmelsgegend versetzt, von tausend ausgesuchten Sinnlichkeiten umringt, denken Sie sich ein Paar nackter aus der Hand des Schöpfers gerad hervorgegangener, unverderbter, mit den feinsten Organen beglückter Menschen – Welch ein Gefühl! Alles Wollust, vom göttlichen Hauch noch ganz frisch beseelt, in Wonnegenuß der ganzen sie afficirenden Schöpfung. Ich rede von Zweyen, und sollte von Adam allein reden. Noch ist aber alles verworrenes Gefühl, bis er, wie Herder schön entwickelt hat, zu unterscheiden, zu nennen, zu sprechen anfieng. Da entstanden Verhältnisse in seinem Kopfe, da wards Empfindung. Und als ihm die Gottheit die höchste Lieblichkeit der Natur im Grundrisse, das Weib, entgegen führte, da fühlt er sich in allen Nerven seines Gefühls getroffen, fühlt es, daß es Fleisch war wie seines, Bein wie seins, und nannte – Männin – Hier ward Verhältniß zu ihm selbst – hier ward Empfindung.

So geht der Gang fort. Und ich wünschte, mein Auge wäre scharf genug, alle die werdenden um sich kreuzenden Verhältnisse von

Adam bis auf uns in einen Gesichtspunkt zu fassen, es sollte mir nicht schwer werden, die ganze Welt zum Beyfalle dieser Erzählungen zu bringen.

Aber noch unterschied der Mensch die Gottheit nicht, zu sehr mit den ihn umringenden Freuden beschäftigt. Schliessen, urtheilen konnt er noch gar nicht, es ist eine Welt, folglich muß sie eine Ursach haben, folglich – – Unsinn wäre das von ihm zu glauben.

Die Gottheit mußte er also empfinden lernen, ihre Macht und Gewalt empfinden lernen, um das Verhältniß zwischen sich, Ihr und der ganzen Natur zu bekommen. Er wär Atheist geblieben und der unschuldigste, der je auf Gottes Erdboden herumgieng.

Verbot – – und der Macht, etwas zu verbieten, Strafen angehängt. Zerstörung dieser ganzen Maschine, deren er sich eben mit so unaussprechlicher Wollust bewußt worden war.

Und weil er noch nicht traute, das war ganz natürlich bey seiner sich entwickelnden Seele, weil er das Verbot übertrat; so mußte die Erinnerung dieser angedrohten Strafe Furcht bey ihm erwecken, alle diese in großer Symphonie jetzt eben zu spielen anfangende Empfindungen, seine dunkeln Ideen von der Macht, von der Erhabenheit dieser Gottheit über ihn, stärken, erhöhen, erweitern, und so die Mutter neuer Empfindungen werden.

Die Sünde – der physisch damit verknüpfte Tod, waren also die einzigen Mittel, wodurch die Gottheit ihren ganzen Abstand von ihm, ihm zu fühlen geben konnte.

Lassen Sie sich das nicht schröcken, es ist nur eine Wolke, die das Sonnenlicht mildert, das auf einmal unserm Auge unerträglich worden wäre. Diese Empfindungen der Ehrfurcht vor Gott gab allen übrigen Empfindungen der ersten Menschen den Ton und das rechte Verhältniß. Wir sollten nicht bloß in die Breite, sondern auch in die Höhe empfinden. Freundschaft gegen seines gleichen verliert sich zuletzt in sanften Schlummer, es muß Stufenordnung und Vorzug da seyn, wenn diese Empfindungen ihr Leben erhalten sollen.

Und so zeigte sich Gott bey heranwachsendem und fortsündigendem Menschengeschlechte immer schröcklicher, um dem Menschenverstande Gelegenheit zu geben, sich eine ganze und große Idee von ihm zu fassen, die sonst immer nur bey seines gleichen stehen geblieben und endlich gar entschlafen wäre.

In dieser Proportion geht immer Zorn und Schröcklichkeit Gottes mit der Sünde fort. Sünde ist nichts anders, als Vernachlässigung des Verhältnisses, in welchem wir mit der Gottheit stehen.

Die morgenländischen Redefiguren: Gott baute Heva, Gott redete mit Adam, Gottes Stimme wandelte im Garten, die Schlange redete u. s. w. mögen Sie sich selbst erklären, wie Sie's am besten begreifen können. Ich finde nichts Unnatürliches, nichts Mystisches, nichts Sybillianisches darinn, wenn ich unter diesen Bildern Unterwesen, aber

von höherer Gattung als wir, Geister denke, die sich auf eine gewisse
apperceptible Art in die Angelegenheiten der Menschen mischten,
der Gottheit zu dienen oder ihr zu widerstehen, wie wir in unserer
sichtbaren Körperwelt davon ja täglich Proben haben.

Ich werde Sie hinten an diesen Abschnitt erinnern und zeigen, daß,
da jetzt für unsere Erkänntnißsphäre der Begriff der Erhabenheit
und Schröcklichkeit Gottes seine geziemende Höhe erreicht hatte, die
Gottheit sich nun unter einem gefälligern Bilde uns zeigen mußte,
um auch Liebe und Vertrauen, mit der vorhergegangenen Ehrfurcht
verbunden und dadurch ins rechte Verhältniß gesetzt, in uns rege zu
machen.

Mich dünkt, es ist eben sowohl vorwitzig zu behaupten, die Religion
sey bloß dazu da, unsere Erkänntnisse und Empfindungen zu ordnen, als zu behaupten, sie sey uns bloß gegeben, unsere Einsichten zu
erweitern, und dem zufolge Meynungen, Hypothesen und Systeme
darinnen aufzusuchen.

Die Religion soll uns weder fromm noch gelehrt ganz allein machen, sondern glücklich.

Die Theologen haben unrecht gethan, aristotelische und scholasti-
sche Philosophie in der Bibel aufzusuchen, die so lauter und klar in
ihren Lehren für die allerunphilosophischsten Layen dahin rinnt.
Aber, die die dunkeln und mystischen Ausdrücke der biblischen Bücher für Gallimathias und Nonsense halten, den es der Mühe nicht
lohne zu entziffern, irren gewiß um nichts weniger.

Wenn Gott in der Schöpfungsgeschichte seine Befehle unmittelbar
an die Erde richtet, wenn er bey Schöpfung des Menschen in der
mehreren Zahl spricht (welches auf die drey Personen in der Gottheit zu deuten, ein erleuchteter Theologe schwerlich das Herz haben
wird, da eine solche Berathschlagung dem Begriffe von Einheit des
göttlichen Wesens, also auch des göttlichen Willens zu sehr widerspricht) verglichen mit einigen Stellen im Hiob, in den Reden Christi,
Paulus und andrer, so sind dies so ganz undeutliche Winke nicht zu
Bestätigung einer Hypothese, die uns den Schlüssel zu den aller-
erstaunendsten und unerklärbarsten Phänomenen in der Oekonomie
Gottes geben würde.

Ich meyne die Lehren einiger ältesten Philosophen und Mystiker
von einem Weltgeist, der freywillig nach gewissen ihm vorgesetzten
Zweken handelt und unter der Oberherrschaft der Gottheit steht,
aber freywillig.

Wann jeder Planet* seine Seele hätte, und sich in freywilliger

---

* Eine alte Meynung der Juden giebt so gar einzelnen Ländern und Pro-
vinzen ihren Geist. Der Geniusse der andern Völker nicht zu gedenken,
Woher das alles?

Harmonie, doch allezeit seine Abhängigkeit von der Gottheit emp-
findend, um den andern bewegte – so könnte Hiobs Ausdruck: da
mich die Morgensterne lobten – – ziemlich nach dem Buchstaben verstanden werden.

Nach dieser Hypothese (die ich aber für nichts mehr ausgebe) wären die Thiere ganz, der Mensch auch, in so ferne er Thier, den Ein-
flüssen dieses Weltgeists unterworfen, der nach seinen einseitigen
Zwecken handelt, um dem auf ihm sich regenden Thiere so viel Genuß zu verschaffen, als es ihm möglich ist.

Unsere Selbstständigkeit wäre da erst angegangen, als Gott seinen
lebenden Odem in diese aus irdischen Theilen so künstlich zusam-
mengesetzte Maschine blies. Dieser Odem Gottes, diese unsre Kraft
sollte nun die Einflüsse der Weltseele ordnen, erweitern, erhöhen,
nach höhern Zwecken wirkend und frey.

Jetzt haben Sie, wann Sie wollen, Principium für die Erbsünde,
wann Sie sie so nennen wollen. Ich nenne sie Natur. Haß, Neid,
Mord, Ehebruch, alles liegt in der Natur, ob aber in der häßlichen
Gestalt, das können nur die zugeben, deren Phantasey in dem schwarzen Reiche höllischer Phantomen veraltert ist. Die Natur hat ihre
Zwecke, der wahrhaftig freye Mensch die seinigen, und die Vereinigung dieser Zwecke giebt das vollkommenste Ganze.

Kains Geschichte

Ich weiß in der ganzen Natur kein rührenderes Gemälde, als die ersten Aeltern von dem Engel, der sie mit der ganzen wohlthätigen
Natur befreundet hatte, aus ihrem entzückenden Wohnplatze heraus-
geschröckt, dunkle furchtbare Ideen von ihrem Schöpfer, jetzt von
der ganzen Natur – so schiens – ausgestossen, trostlos und verlassen einander in die Arme fallen, sich in der ganzen Schöpfung wechselseitig als das letztübrige Gut fühlen, Schmerz, Verzweiflung waren jetzt die Bande, die sie so dicht in einander fesselten als unter-
gehende Schiffbrüchige an das letzte Bret, das sie umklammert halten
– und alles dies sich in Liebe, Wollust und Entzücken auflösen. Und
Adam erkannte sein Weib Heva. Gewiß, wann das keine Empfindung
in der Seele nachließ, so konnte es nichts. Und diese Empfindung ehli-
cher Treue ward hernach der höchste Segen all ihrer Nachkommen.

Ohne Gesetz lebten jetzt die Menschen, das eine war übertreten
und für sie ohne Verbindlichkeit. Es hatte aber dunkle Gefühle der
Furcht für einem höhern Wesen, das sie weiter nicht kannten, in
ihnen nachgelassen.

Beyläufig muß ich nochmals erinnern, daß unsre Phantasie Freyheit hat, sich die Art, wie Gott das erste Gesetz vom Baume des Erkenntnisses gab, auf die ihr faßlichste Weise vorzustellen, wenn das

Faktum nur bleibt, auf die Vorstellungsart desselben kommts nicht
an. Mich deucht es wenigstens sehr einfältig, und daher wahrscheinlich, daß derselbe Cherub, der, nach dem Grundtexte, als eine rothe,
wehende Flamme vor dem Paradiese stand, auch so vor dem Baume
gestanden, und also stillschweigend das Verbot gegeben, die Schlange dem ohngeachtet sich dem Baume genähert, und dadurch das für-
witzige Weib lüstern gemacht u. s. w.

Begierde und Neid sind in der Natur aller Thiere schon so genau ver-
schwistert, daß dies den Philosophen unmöglich unaufmerksam lassen kann. Eine ist in der andern gegründet, sie erhöhen sich wechselsweise. Zwey gleiche Bissen zwey Hunden vorgeworfen, der eine, in
dem die Natur am lebhaftesten wirkt, verläßt seine Beute, fällt über
den andern her, und glaubt in dem, jenem entrissenen Gut ein grö-
ßeres Gut zu genießen.

Besonders ist es, daß in der ganzen Haushaltung Gottes moralisches Uebel, Verletzung der von Gott eingerichteten Verhältnisse immer mit dem physischen in gleichen Schritten geht. Schon Adam kam
vom Apfelbaume als Exulant auf ein Feld voll Unkraut, wo er sich
die Nahrung mit Schweiß zusammen suchen mußte. Kain, ein rüsti-
ger Sohn der Natur, über den Heva gleich bey seiner Geburt ausrief,
das ist ein Mann, ein Herr,* (Gott hatte ihr ankündigen lassen: die
Herrschaft sey bey den Männern), Kain, mehr Nachahmer als Genie,
mehr Thier als selbstständig denkender Mensch, folgte Adam in seinem Gewerbe nach. Abel, mit feinern Organen versehen, dachte auf
eine leichtere Art, sich Genuß zu verschaffen, merken Sie wohl, er
dachte – welches damals viel sagen wollte.

Kain mochte von seiner Mutter die Geschichte des Baums gehört
haben. Engherzigkeit und Furcht sind allemal die Gefährten eines
eingeschränkten Geistes. Er schlos, das über ihn erhabene Wesen
werde dadurch beleidigt, wann er genöße, er theilte also mit ihm.
Abel fühlte dieses Wesen zu sehr erhaben, als daß es ihm einen Genuß beneiden könnte, aber er kam nach dem Genusse, und goß das
übrige seiner Milch zum Zeichen seiner Erkenntlichkeit vor diesem

---

* Anmerkung des Verfassers. Meine Erklärung ist richtig. Gott
eignete sich den Namen Jehovah erst zu den Zeiten Mosis zu, gab ihm einen
Befehl darüber, diesen seinen Namen nicht zu mißbrauchen. Er drückte den
Begriff am besten aus, den wir uns von der Gottheit zu machen haben.
Etwas das lebt, gelebt hat, leben wird, alles um sich belebt. Ursprünglich
heißt das Wort nichts anders als ein Vater des Lebens, und Heva hatte recht,
so über ihren Sohn zu rufen, da Adam, als ihm im Paradiese der Tod für
seine Vergehung angekündigt wurde, mit voller Seele rief: Heva! und sein
Weib ansahe, du bist eine Mutter des Lebens, du wirst wenigstens Leben
noch fortpflanzen, wenn ich todt seyn werde. So hier Heva: ich habe wieder
einen lebendigen Mann, einen Vater des Lebens, einen Herrn.

Wesen aus, von dem ihm seine Eltern auch schon manches Gute musten erzählt haben.

Nothwendig muste Gott das Opfer besser gefallen, und er (durch den Cherub vielleicht) es Abeln bestätigen lassen, daß er sich bessere Begriffe von der Gottheit gemacht, als sein Bruder Kain.

Hier fieng die Natur ihr Spiel an, der Neid erwachte, Zorn, Begier, den von dem hohen Wesen besser Begünstigten aus dem Wege zu schaffen. Er redete mit ihm vermuthlich sehr lakonisch — kaum waren sie aus dem Angesichte des Engels, so schlug er ihn todt.

Und nun sollt' er empfinden, in welchem Verhältnisse er mit seinem Bruder, (itzt nur noch als ein bloßer Nebenmensch), gestanden. Die ganze Erde nahm Theil daran, gab ihm, wo er baute, das Vermögen nicht. Diese physische Strafe, die ihm angedräut wurde, verstand er vielleicht noch nicht, da er damals noch schwerlich den eigentlichen Ackerbau schon getrieben, aber die dunkle Vorempfindung davon setzte ihn in ein unnennbares Schrecken. Meine Sünde ist größer, als daß sie mir vergeben werden kann. Setzen Sie sich in seine Stelle, ein Mensch, der keinen andern Hinterhalt wuste, als Aehren, die die Natur ihm bot, itzt fortgeschröckt in eine Gegend, wo die Natur, auch wenn er Kunst anwendete, ihm nicht ihr Vermögen geben würde. Welche Empfindung von seinem Unrecht muste diese physische Strafe in ihm zurück lassen, zugleich welche Empfindung des Verhältnisses, das er verletzt hatte.

Das folgt auch unmittelbar darauf. Siehe, nun wird mich auch todtschlagen, wer mich antrifft. Hier entwickelte sich sein Verstand mit seiner Furcht. Und Gott muste ein Zeichen thun, irgend eine ihn befremdende Begebenheit, ein Wunder, um ihm wieder Muth beyzubringen, seinen neuen Kolonistenstand anzutreten.

Hier giengen die Entwickelungen schleunig, die Noth, die große Lehrmeisterin, machte ihn und seine Kinder verschmitzt. Sie bauten sich Häuser zusammen, Embryonen von Städten, trieben Heerden zusammen, durchwühlten die Gebirge, verschafften sich Eisen, das rauhere Feld mildthätiger zu machen, erfanden schon Pfeiffen und schöne Künste, sich das verdoppelt mühsame Leben angenehmer zu machen. Der Geist, den die Gottheit in sie gelegt, wirkte immer stärker, je nachdem sich die Schwürigkeiten anhäuften, die ihnen in Weg traten. Noch aber hatten sie keinen Begriff von ihren gegenseitigen Verhältnissen und Beziehungen zu einander, außer daß sie aus ihres Vaters Erzählung wußten, daß Todtschlag ein Uebel sey, das von siebenfältigen Widerwärtigkeiten als Strafen begleitet würde. Lamech, ein heftiger Mann, wie es aus seinen Reden erhellet, schlug in einem Anfall des Jähzorns zwey auf einmal todt, und seine Furcht ward um sieben und siebenzigmal größer als Kain seine, ob sie aber in Erfüllung gegangen, scheint mir sehr zweifelhaft. Widerwärtigkeiten als Strafen werden ihm gewiß des Exempels wegen zugestossen seyn, ob aber in der Proportion, wag ich nicht zu sagen. Lächerlich scheint es mir, wenn ihn einige gutmeinende Geistliche mit Hübnern darum so gottesvergessen ausschreyen, weil er zuerst zwey Weiber genommen. Ein stillschweigendes Gesetz hatten freylich die Menschen schon für die Monogamie, aber sie waren noch nicht fein genug, es zu empfinden, geschweige mit dem Verstande einzusehen, wozu ja die Welt noch heut zu Tage nicht alt genug ist. Was die Ausdrücke: Gott nahm das Weib aus des Adams Ribben – gab ihm, nachdem er ihm die ganze beseelte Natur vorbey geführt, diese Einzelheit zum Kompliment aller seiner Existenz – sagen wollen, empfinden nur die in seltenen glücklichen Stunden, die nie auf den Namen eines Gelehrten Ansprüche machen werden, schuldlose und arbeitsame Landleute, ihrem Glauben und ihrer alten Sitte getreu, ohne Idee von Lastern, die ganz über ihre Sphäre erhaben sind, und abgesagte Feinde aller Schnörkel des Verstandes und Herzens.

Seth

Wir wissen aus der Geschichte, daß bey allen ersten Völkern bey jedem Neumonde Zusammenkünfte zum Lobe ihrer Gottheiten üblich waren. Nicht undeutlich führt uns die Bibel auf den Ursprung und Urheber dieser damals so löblichen Gewohnheit. Zu Seths Zeit fieng man an des Herrn Namen anzurufen.

Verdiente ein Mann nicht vorzügliche Gunst der Gottheit, der mit jedem neuen Monath die Idee des Einigen über alles Erhabenen auf seine Kinder und Enkel fortpflanzte. Verdienten seine Kinder, so in Ansehung des einfachen Wesens und der Erhabenheit der Gottheit erleuchtet, nicht vorzügliche, in die Augen fallende Fürsorge derselben, der keine Sorge so anliegen konnte, als wie der ächte und wahre Begriff von ihr bis an die Ende der Erde und zu den entferntesten Zeiten fortgepflanzt werden möchte? Daß Seth persönliches Verdienst mit dieser Begünstigung der Gottheit verbunden, darinn kommen alle alten Geschichtschreiber überein. Die Kainiten selbst verehrten ihn (vielleicht wegen seinen Sternerkundigungen und des Anfangs, den er machte, steinerne Säulen mit gemeinnützigen und hieroglyphischen Figuren zu beschreiben, die den Egyptiern nachmals so zu statten kamen, und unsere ganze Buchstabenlitteratur gegeben), als einen Gott, und seine Kinder hießen Kinder Gottes.

Da die Egyptier die Namen der zwölf himmlischen Zeichen überkommen, so läßt sich mit eben so sicherm Grunde schließen, daß sie auch den Labyrinth und die Gewohnheit durch eine Bilderschrift dem ganzen Volke den Anwachs des Nils und andere gemeinnützige Sachen mitzutheilen, den Sethiten zu verdanken haben. Josephus Erzählung von den steinernen Säulen, die Seth mit astronomischen Fi-

guren soll beschrieben haben, (welches wohl nichts als Nachbildun-
gen der Constellationen waren), hernach die ebräischen Buchstaben,
die er soll erfunden haben, welches unmöglich die seyn können, die
wir itzt besitzen – scheinen dies zu bestätigen.

Opfer

Noch unter den Philosophen niemand hat einen Schlüssel zu dem
seltsamsten aller moralischen Phänomenen gesucht, daß überall, auf
unserer alten Welt, Menschen die Gottheit mit dem Blute unschuldiger Thiere zu versöhnen suchten. Hat der Mensch von Natur Wohlgefallen an Blut, so gehört er unter die Raubthiere, und ist noch
schlimmer als die. Hat ers nicht, wie konnt' er je auf die Raserey
kommen, seiner Gottheit diese häßliche Eigenschaft anzudichten.

Und doch waren nach den Dokumenten der Offenbarung die
Brandopfer älter als die Sündfluth, weil Gott in Rücksicht auf selbige,
Noah mehr reine als unreine Thiere in den Kasten nehmen läßt.

Dagegen waren die Opfer Kains und Abels nur Speisopfer, wie sie
im dritten Buch Mosis beschrieben werden, Mehl, Oehl, Milch, Fettig-
keiten nach dem Grundtexte, denn Thiere zu essen, also auch zu
schlachten, hatten sie damals weder Befehl noch Erlaubniß, noch auch,
wie mich mehr als wahrscheinlich dünkt, das Herz.

Auch findet sich der Name Brandopfer nicht eher als nach der Sündfluth, und daß ein wesentlicher Unterscheid auch in Absicht des
Zwecks unter den Speis- und Brandopfern war, erhellt aus dem ganzen Ceremonialgesetze. Sonderbar, daß erstere gewöhnlich immer mit
dem Worten im dritten Buch Mosis begleitet sind: Zum süßen Geruch
dem Herrn. Es waren ursprünglich Opfer der Erkenntlichkeit für ge-
habten Genuß, wie die Libationen bey den Heiden, die, wie mich
deucht, zum Andenken des frommen Abels beybehalten, und nachmals geheiligt wurden.

Noch von keinem einzigen moralischen Verhältniß hatten die Menschen ein positives Gebot Gottes, sollten auch keines bekommen,
sondern sich selbst eines zu ihrem gemeinen Besten abstrahiren. Das
ist die beständige Oekonomie Gottes im alten und neuen Testamente. Kain muste selber fühlen, daß er unrecht gethan, aus den Erfolgen
seiner raschen That sich den Grundsatz abziehen: es ist nicht recht,
Blut seines Bruders zu vergießen. Die Gottheit hat durchaus nie un-
terrichtende Wunder thun, nie vom Himmel herab reden wollen.

Beyspiel war in den damaligen Zeiten alles, Beyspiel war, was bey
uns Katheder, Kanzel, Tribunal. Vor Kain war nie Blut vergossen
noch gesehn worden. Mit seinen Kindern in Mangel und Noth auf
einem harten Boden – einer seiner Kinder schlug ein Vieh todt, um
es zu essen. Panischer Schrecken überfiel ihn, Blut, Angst und Stra-

fen waren Ideen, die sich damals ganz natürlich bey jedem associir-
ten. Das Beyspiel Kains ward also nun auch Moralist, Gewissensrath,
Richter. Er theilte sein geschlachtet Vieh mit dem obersten erzürnten
Wesen, um allenfalls dessen Mißfallen an seiner Sünde damit auszusöhnen, er verbrannte es vor ihm, Friede erhub sich in seiner Seele,
er fühlte, daß Gott sein Sündopfer genehmiget hatte.

Sündfluth

Von der Ehe hatten die Menschen eben so wenig ein positives Gesetz,
aber sie hatten Beyspiel, redendes Beyspiel von Adam an. Da sich
aber die Menschen begannen zu mehren, näher zusammen drängten,
nicht sich Familienweise zu zerstreuen brauchten, hiengen sie dem
Naturtriebe ohne Auswahl nach, was ihnen schönes vorkam, beschlie-
fen sie.

Die schrecklichen Folgen der Venus vulgivaga springen nicht deutlicher in die Augen, als in der Geschichte und Reisebeschreibungen
von Amerika und Afrika. An den Ufern des Senegal und auf den
Antillen, besonders Hispaniola, von wo wir sie nach Europa mit
amerikanischem Golde herüber gebracht haben, wütet die venerische
Krankheit ungestört und unumschränkt. Und wie ein Engel des allgemeinen Weltgerichts flog sie zu den Zeiten Karls des achten durch
Europa, und Millionen Aeser streckte ihr seelverderbender Athem
danieder.

Zu geschweigen, daß eine solche willkührliche ungeordnete Ver-
mischung alle Bande und Beziehung der menschlichen Gesellschaft
zerriß, wodurch ihre allgemeine und individuelle Glückseligkeit allein aufrecht erhalten werden und glänzend bleiben kann: so hätte
eine solche Generation Menschen in der Folge der Zeit die elendeste
Nachkommenschaft geben müssen, denn ungeachtet es heißt, daß Rie-
sen aus diesem Beyschlaf entsprungen, welches anfangs wegen der
ungebundenen, und blos durch Lust und Reiz beförderten Begehun-
gen natürlich war, so läßt sich doch auch nur bey mittelmäßiger
Kenntniß eben dieser Natur ein Schluß machen, wie in der Zeitfolge,
durch zu oft und vielfach wiederholte Erschöpfungen die ganze
menschliche Race abgeartet, und elend an Körpern und Geistern geworden seyn müßte.

Das Beyspiel riß um sich wie die Pest. Noah und seine Söhne waren allein ausgenommen, denn es heißt: sie hatten Weiber. Alles
Fleisch hatte seinen Weg verderbt, es mußte ein Naturphänomen kommen, das die Menschen bis auf Enkel und Urenkel über diesen Punkt
belehrte. Wir finden vorher nirgends die Nachricht: Gott hatte noch
nicht regnen lassen auf Erden, durch eine Gegennachricht aufgehoben. Die Sündfluth war der erste Regen, dessen Moses gedenkt, und

also auch der drauf erfolgende Regenbogen kein neu erschaffener, sondern eine natürliche Folge des ersten Regens. Und dieser erste Regen wird Ueberschwemmung, und um den Nachkommen Noah die Furcht zu benehmen, daß nicht etwa wieder beym nächsten Regen dasselbe erfolgte, setzte Gott ihnen den Regenbogen, das natürliche Phänomen, zum Zeichen ein.

Wo bleibt nun das Wunder, und alle Apologien desselben?

Nachholungen aus der Geschichte der Sündfluth

Mich deucht, ein Hauptfehler bey dem Gesichtspunkte, aus dem Bibelerklärer und Layen bisher die Bibel angesehen, ist, daß sie sie für eine unmittelbare göttliche Offenbarung halten, da sie doch nichts anders als die genuine Geschichte der göttlichen Offenbarungen ist. Wir werden dieses im folgenden unter dem Artikel Moses näher auf die fünf Bücher Moses anwenden, und dieser Gedanke wird, hoffe ich, uns ein Licht in mehr als cimmerischen Finsternissen aufstecken, wenn von Widersprüchen die Rede ist, deren sich der Geist Gottes schuldig gemacht haben soll und die doch bloß auf der Rechnung des menschlichen Geistes stehen.

Die Menschen wollen sich meinen Geist nicht strafen lassen, kann, meiner Meynung nach, auf keine Weise vom H. Geiste verstanden werden, von dessen unmittelbarer Einwirkung wir unten weiter handeln wollen, wenn von Propheten die Rede ist.

In dem ganzen Zusammenhange dieser Worte können sie hier nichts anders heißen, als: was um Jahrtausende später Christus als Sünde wider den Geist verdammte: die Menschen handeln wider ihre Ueberzeugung.

Lassen Sie uns die Imagination anstrengen, uns in jene Zeiten zurück zu setzen, denn dazu gehört Abstraktion von unserer ganzen heutigen Welt. Die Kinder Seth (oder in der Bibel die Kinder Gottes) unterrichtet von einer Gottheit, die ein Ehepaar geschaffen, umringt mit lauter Beyspielen von Ehen, seyen es nun Monogamien oder Bigamien, ein Heer aufblühender Schönen füllt ihnen Aug und Seele mit Wohlgefallen, sobald sich aber die Begierden empörten, raßten, mit Ungeduld gestillt wurden, löschte dieses Wohlgefallen aus, sie sehnten sich nach anderm Fleisch, um sich das gehabte Vergnügen zu reproduciren, mit jedem neuen Versuche verlor dies Vergnügen von seiner Entzückung, am Ende nervenlos, erschöpft, nur Asche noch, in der die ersterbende Flamme ohnmächtig glimmte – konnte ihr Selbstgefühl, ihr Bewustseyn, konnte der Geist, den Gott in sie gelegt, sie ungestraft lassen? Und doch ließen sie sich nicht von ihm bestrafen, sündigten bey jedem neuen Anlaß wider ihr ruhiges Gefühl, wider ihre Ueberzeugung fort.

Wir sehen, daß diese Erklärung nothwendig die wahre seyn müsse, aus dem Zusatze, daß Gott ihnen hundert zwanzig Jahre Zeit gelassen, damit sie durch die physischen Folgen ihrer Laster zur Erkenntniß derselben gebracht würden, und da sie dem ungeachtet ihrer bessern Erkenntniß entgegen handelten, folgte Gericht und Untergang.

Kanaan

Wir finden nach der Sündfluth eine noch bedeutungsvollere Begebenheit, wie mich deucht, von allen Bibelerklärern, wo nicht übersehen, doch mißverstanden und das bloß aus Mangel der Abstraktion und Zurücksetzung in jene Zeiten.

Die Reihe sitzender Geschöpfe, die bisher über die heiligen Bücher gebrütet, haben unter andern Romanen und Visionen, die sie hinein getragen, auch diese, daß durch die Sündfluth die Erde verderbt worden, ihre ganze vorige Fruchtbarkeit, Anmuth etc. verloren habe, wie durch den Sündenfall. Aus dem Garten Eden, einem Platze voll Obstbäumen, machen sie ein Feenschloß, und aus der Erde nach der Sündfluth eine wüste Robinsonsinsel. Und doch pflanzte Noah unmittelbar darauf Weinberge, oder vielmehr er erzog die Weinreben, die die Natur gepflanzt hatte, und ehe noch die Erde ganz trocken war, finden wir die erste Erwähnung von Oelbäumen. Ich denke, der zurückgelassene Schlamm kann dem Boden nicht übel gethan haben, da ja ganz Egypten ihm seine Fruchtbarkeit zu danken hat. Und so hätte sich, meiner Meynung nach, der Erdboden verbessert, an statt sich zu verschlimmern, ja vielleicht war die Sündfluth (neben der moralischen Absicht) eine physische Veranstaltung Gottes, uns einen Boden für den Weinbau zu geben.

Noah nach einigen Versuchen kostete zu viel von dem daraus bereiteten berauschenden Moste, sein erhitztes Blut brachte die Lebensgeister in Unordnung, er entschlief, lag aufgedeckt. Kanaan sein Enkel, noch im Knabenalter, sah ihn, freute sich über den Anblick, rief den Vater hinzu, und bekam dafür den Fluch, der in späterer Zeit auf die schröcklichste Art an seinem ganzen Volke in Erfüllung gieng.

Worinn bestand sein Verbrechen?

Wir wissen aus der Epistel an die Ebräer, daß bey den Patriarchen der letzte Segen an ihre Kinder Weissagung war. Und der Fluch gewiß nicht weniger, denn wer kann sich einen Vater denken, der, ohne ein wildes Thier zu seyn, die Frucht seines Leibes verwünschen könnte?

Der Fluch, den er Kanaan giebt, scheint mir eher eine trauervolle

Weissagung zu seyn, Noah sah in die Zukunft, sah das ganze End-schicksal der Kananiter.

Ich finde hier den Ursprung der dem ganzen menschlichen Ge-schlechte so verderblichen Selbstbefleckung, die Onan nur hernach-mals, vermuthlich durch das Beyspiel eines Kananiters angesteckt, wiederholte. Noah hatte eine Samenergießung gehabt, Kanaan, ein unreifer und fürwitziger Knabe, freute sich darüber, Sem und Japhet voll Ehrfurcht deckten mit verwandtem Angesichte ihres Vaters Schwachheit zu: als Noah erwachte und man ihm den Verlauf der Sache erzählte, sah er die unglücklichen Folgen alle vorher, die diese Entdeckung auf den jungen Kanaan und durch sein Beyspiel verviel-fältigt, dereinst auf seine ganze Generation haben würde. Zorn, Nie-dergeschlagenheit, Schaam beklemmten wechselsweise sein Herz und machten ihn in betrübte Prophezeihungen ausbrechen.

Man setze sich nun in die Gemüthsverfassung Noahs, noch in ganz frischem Andenken, das göttliche Strafgericht über den *concubitum promiscuum*, bey dem immer doch der Endzweck der Natur, die Fort-pflanzung des menschlichen Geschlechts noch erhalten wurde, zu ei-nem Kützel Gelegenheit gegeben zu haben, der bey Entstehung eines Weibes, mit so wenig Mühe, so geschwind und so heimlich befriedigt wird, ein Wurm wird, der das ganze junge menschliche Geschlecht in seiner Blüthe annagt, und dem von menschlichen Anordnungen nichts einmal in den Weg gelegt werden kann, und das auf Enkel und Ur-enkel fortgepflanzt – eine furchtbare Perspektive!

Noch ist in der Sündfluthsgeschichte das Opfer merkwürdig, das Noah brachte, und wodurch er, wie mich deucht, sich erst die positive Erlaubniß Gottes, geschlachtete Thiere zu essen, erworben hat, die seinen Vorgängern immer noch ein halbes Verbrechen geschienen war.

Moses

Lassen Sie uns hier diesen merkwürdigen Mann als Geschichtschrei-ber beäugen, eh wir ihn weiter unten als Gesetzgeber kennen lernen wollen.

Man darf nur einen aufmerksamen Blick auf das, was uns aus der Zusammenstimmung der meisten alten Geschichtschreiber, denn das nenn' ich Geschichte, von der ersten bürgerlichen und religiösen Ver-fassung der Aegypter bekannt ist, werfen, um einen Wink zu be-kommen, wo Moses seine Weltgeschichte her hatte, und wie authen-tisch sie war.

Daß die Egyptier, wie die meisten alten Nationen unsers *orbis anti-quus,* es von ihnen gelernt, Steine mit Hieroglyphen beschrieben, an geheiligten Oertern aufbewahrten, deren Erklärung sich die Priester, ihre einzigen Gelehrten, anmaßten, ist bekannt. Auf diesen Steinen verewigten sie ihre Gesetze, ihre Geschichte, ihre Geheimnisse. – Als die Buchstabenschrift erfunden ward, gab diese Bilderschrift, (deren wahrer Sinn mit der Zeit vernachläßigt ward, verlohren gieng, höchstens in den Händen der Priester blieb, die, um sich mit ihrer Religion zugleich dem Volke wichtig zu machen, einen geheimnisvollen Schleyer drüber zogen) Gelegenheit zur Idololatrie und den unerschöpflichen Bereicherungen fabelnder Dichter, die blos wegen ihrer Erfindungskraft den Namen Poeten bekamen.

Herder nennt die Geschichte des babylonischen Thurmbaues ein morgenländisch Poëm, es scheint, er nehme das ganze erste Buch Mosis für eine Überlieferung gewisser Volksgedichte an, die Moses zuerst gesammelt. Mich deucht, man könne mit mehrerem Grunde es eine morgenländische Hieroglyphe nennen, Geschichte unter symbolischen Vorstellungen in Stein gehauen, die Moses, in den Geheimnissen der egyptischen Priester unterrichtet, entzifferte, erzehlte. Wenigstens entspricht der ganze Charakter der Genesis dieser Vorstellungsart, sein Styl ist ungleich bilderreicher als aller andern Mosisbücher, und immer bilderreicher, je tiefer ins Alterthum zurück, je weniger Worte – willkührliche Zeichen die Menschen hatten, je mehr all ihre Erkenntniß noch Anschauen, Bild, Gemählde war.

Daß solche Monumente da waren, läßt sich aus den Monumenten der Egypter, aus der beständigen Gewohnheit der Egypter, zum Andenken merkwürdiger Begebenheiten gewisse Denkmäler aufzurichten, welches die eigentliche Entstehungsart der Altäre ist, mehr als wahrscheinlich machen. Und nun kommen wir auf Noahs Opfer zurück, von dem zuerst steht, daß er dem Herrn einen Altar gebauet.

Was ist natürlicher, als daß dieser Altar nichts anders war, als ein Denkmal, eine Verewigung der Geschichte der Sündfluth? und daß Noah nicht auf diesen Einfall gekommen wäre, wenn es nicht schon vor der Sündfluth üblich gewesen, merkwürdige Geschichten durch gewisse symbolische Zeichen zu verewigen?

Sollte aber ein bloßer Steinhaufe ein redendes Gemälde einer so und so charakterisirten Begebenheit seyn? Wo blieb die Aehnlichkeit, das Verhältniß dieses Zeichens zu der bezeichneten Sache?

Mich deucht, dieser Altar bestand aus einigen wenigen Steinen mit Hieroglyphen, die Noah als eine Bibliothek in die Arche mitgenommen, er setzte sie hier zusammen, und fügte einen neuen Stein hinzu, auf dem die Geschichte der Sündfluth unter gewissen symbolischen Zeichen eingehauen war.

Noah als Prophet

Wir finden, daß Gott mit Noah geredet. – Die Art, wie die Gottheit sich den Propheten des alten Testaments verständlich gemacht, wagen wir nicht zu bestimmen. Paulus in der Epistel an die Ebräer, als

der beste Kommentar, den wir darüber haben können, sagt uns freylich, es sey πολυμερως auf verschiedene Weise geschehen, doch
giebt er uns einen Wink, den wir unmöglich mit dem seligen Luther
so ganz aus der Acht lassen können, er redete εν τοις προφηταις in
den Propheten. Mich deucht, die Sprache Gottes war an den Geist dieser Leute gerichtet, wiewohl vorher gewisse äußerliche Zeichen, Erscheinungen, Gesichte, sie auf eine nun nähere Offenbarung des göttlichen Willens können aufmerksam gemacht haben. Sie fühlten sich
in einem außerordentlichen Zustande, alle ihre Kräfte waren gespannt, alle ihre Geister waren erhöht und von einem unaussprechli-
chen Wonnegefühl durchdrungen. Und dieser göttlichen Offenbarung
glaubten sie, theilten sie als gewisse Wahrheit mit, und erwarteten
getrost ihre Erfüllung. Doch muß ein gewisses c h a r a k t e r i s t i-
s c h e s Z e i c h e n dieselbe immer vergesellschaftet haben, um sie
zu vergewissern, daß kein Betrug ihrer Phantasey mit unterlaufe,
wie bey unsern neuen Schwärmern, und dies Zeichen nannten sie
G o t t : und Gott redete.

Eine jede dergleichen Offenbarung war freylich ein Wunder, aber
kein kosmologisches, sondern ein psychologisches, sie fühlten in ihrer Seele Regungen, Gedanken, Worte, die in keines Menschen Herz
kommen waren, sie fühlten sie so anschauend, so klar, deutlich, daß
sie ihnen in dem Augenblick keinen Zweifel übrig ließen, obgleich
hernach, wenn diese Helle in ihrer Seele verschwunden war, manche
trübe Gedanken und Zweifel in derselben aufsteigen mochten, die sie
aber durch das, was der Apostel Glauben nennt, die Heldentugend
des Gottseligen, glücklich überwanden, und überschwengliche Belohnung dafür empfiengen.

Bey dieser Erklärungsart ganz allein und bey keiner andern kann
ich begreifen, warum Paulus uns ihr Exempel mit so mächtigen,
nachdrucksvollen Worten anpreißt. Was für Verdienst hatte Noah,
wenn er Stimmen vom Himmel aus zerrissenen Wolken hörte: er solle sich ein Schiff bauen? Würde es in seinen Umständen nicht jeder
andere alsdenn ihm nachgethan haben? Aber er überwog das gesetz-
lose zügellose Verhalten seiner Mitmenschen, er fühlt' es, das könne
ohne Strafe nicht bleiben, Gott müß' es sich reuen lassen, solche Menschen gemacht zu haben etc.

Alles das zusammen genommen, vielleicht auch Wolken, die er
auf einmal an dem tausend Jahre lang heitern Sonnenhimmel ur-
plötzlich aufziehen sah, veranlaßten Wort Gottes — Ueberzeugung
in seiner Seele, er gieng hin, sann, baute. — Die Worte Pauli: «durch
den Glauben ward Noah gewarnt für Dinge, die er noch nie gesehen, er verehrte diese Warnung, baute sich eine Arche zur Rettung
seiner Familie, und durch diesen Glauben sprach er der Welt das Urtheil, und ward ein Erbe der Gerechtigkeit, des Rechtthuns, das allein
aus dem Glauben kommt.»

Noah prophezeyhte also nicht wie die nachmaligen Propheten, mit Worten, sondern durch Handlungen, er baute sich, seit der Zeit vielleicht, da die ersten Wolken angefangen sich sehen zu lassen, ein Schiff, und wahrscheinlicher weise hat ihm dieser Bau hundert und zwanzig Jahre Zeit gekostet: da denn die Menschen noch Zeit hatten, sich durch diese Anstalten eines Mannes, der sich durch seine besondere Ehrfurcht vor der Gottheit berühmt gemacht, schröcken zu lassen. Sieben Tage vor der Sündfluth aber bekam er die zweyte göttliche Offenbarung, welche ihn antrieb, nun mit seinem ganzen Hause und Provisionen in den Kasten zu gehen, und hinter sich zuzuschließen. Er gehorchte.

Sein Opfer scheint mehr als Abels Opfer, nicht mehr Ergießung des Herzens in Dank für verliehenen Genuß allein, sondern Darbietung eines seiner grösten Reichthümer, seines geschlachteten Thiers zu einer Art Aussöhnung der Gottheit gewesen zu seyn, die ihm itzt einen Widerwillen gegen das ganze menschliche Geschlecht gefaßt zu haben schien. Und während des Opfers noch ward er plötzlich der ihm ganz neuen trostvollen Erscheinung des Regenbogens gewahr, der hernach noch spät bey den Heiden Iris, der Bothe der Götter hieß – das war ihm Offenbarung, hier geschah ihm Wort Gottes in der Seele, sein Opfer sey angenehm, die Gottheit sey versöhnt, dies sey das Zeichen, daß künftighin die Welt niemalen mehr durch einen Regen von der Art gestraft werden solle. Zugleich Erlaubnis, die er sich scheint erwünscht, erbethen zu haben, geschlachtete Thiere zu essen, nur nicht in ihrem Blute, denn Scheu mußte die junge Menschenwelt, vor dem Blute alles dessen das sie umgab, behalten, das war hier das erste positive Gesetz Gottes * (obwohl in menschlicher Seele gereift und abstrahirt), wer Menschenblut vergießt, deß Blut soll wiederum vergossen werden, ich Gott, der sich itzt an deinem Herzen hören läßt, wills sogar an allen Thieren rächen.

Abraham. Melchisedeck

Ich habe Ihnen nun, m. H., den Faden in die Hand gegeben, nach welchem Sie glücklich durch alle ältere Offenbarungen der Gottheit bis an die letztere, die durch Christum geschehen ist, zu kommen,

---

* Anmerkung. Aus einer Stelle des Ovids erhellet, im 15ten B. seiner Verwandlungen, daß diese Stelle: denn des Thiers Leben ist in seinem Blute, eher als eine Erläuterung der Erlaubnis, Thiere zu essen, anzusehen. Man fürchtete nemlich, es werde die Nahrung von dem Fleische dieses Thiers, Einfluß auf den Geist der Menschen haben, und sie zu den Eigenschaften der Thiere geneigt machen. Gott sprach hier: wenn ihrs nur nicht noch esset in seinem Blute, so kann das auf eure Sitten und Neigungen keinen Einfluß haben, denn der Thiere Seele ist in ihrem Blute.

vermögend sind. Dieses charakteristische Zeichen, das dergleichen Entzückungen begleitete, war das substantielle Wort Gottes ὁ λογος, das erst in der Person Christi verkörpert ward.

Zugleich giebt uns dies einen Wink auf die ganze Absicht der Erscheinung Christi im Fleisch, über die wir aber noch den Schleyer wollen liegen lassen, bis uns unsre anderweitige Betrachtungen dahin werden geführt haben.

Abraham reißte auf den göttlichen Befehl in seiner Seele nach Kanaan, dort erschien ihm dies Zeichen mit dem Worte der Verheissung in seiner Seele: dies Land wird dein. Er glaubte, baute dieser Erscheinung einen Altar, ein Denkmal, auf dem er sie verewigte.

Kurz darauf hatte er aber eine weit wunderbarere und bedeutungsvollere Erscheinung, als er einstens nach einem Siege den Weg durch Salem, das nachmalige Jerusalem, nehmen mußte. Hier nahm dieses Zeichen die Gestalt eines Königs und Hohenpriesters zugleich an, um ihm einen Blick in die ganze zukünftige Haushaltung Gottes zu geben, welches Christus nennt, er habe seinen Tag gesehen. Unaussprechlich müssen hier die Worte der Offenbarungen Gottes in seiner Seele gewesen seyn, weil wir sie nur in Dank und Preis der Gottheit kurz ausbrechen lesen, daß er aber dies ganze prophetische Gesicht vollkommen verstanden, zeigt die Handlung, die auch Paulus so sehr aufnimmt: «er gab ihm den Zehenten von allem.» Er verstand nemlich, Salem würde in Zukunft der Ort seyn, wo das ganze Volk Gott Opfer bringen, wo die ganze Priesterschaft dazu bestellt und eingerichtet werden würde, und zu dem Ende den Zehenten des ganzen Vermögens seiner Nachkommen empfangen – er verstand, daß dieses Opfer sich zuletzt in bloßen dankbaren Genuß des Brodtes und Weines auflösen würde – doch, warum will ich Sie hier schon an Geheimnisse führen, die vielleicht erst unsern Nachkommen vollkommen deutlich werden, und die Abraham damals mit einem einigen entzückten Blick durchschaute!

Wem über diese Erklärungsart noch Zweifel übrig bleiben, der lese das achte Kapitel an die Hebräer ohne schwindelnden Kopf, und wenn er anders diese Epistel für eines erleuchteten Mannes würdig hält, kann er keinen Augenblick anstehen, mir beyzufallen. Nur einige seiner Worte: «Ohne Vater, ohne Mutter, ohne Geschlechtsregister, weder Anfang der Tage noch Ende seines Lebens kennend, aber ähnlich gemacht, (merken Sie es) ähnlich gemacht dem Sohne Gottes, (dem im Fleische erschienenen Christus.)»

«Bedenkt aber, wie groß der seyn muß, dem Abraham, der Patriarch den Zehenten gab.»

«Die Priester verzehnten ihre Brüder, als aus Abrahams Lenden mit ihnen hervorgegangene.»

«Dieser aber, nicht aus ihrer Stammtafel, verzehnte Abraham – segnete den – der schon die Verheissungen hatte.»

«Ohn allen Widerspruch muß doch der Segnende größer seyn als der Gesegnete.»

«Bey ihnen verzehnten sterbliche Menschen, hier aber der, der bestätigt ist, daß er lebe.» Und so geht er fort, und beweißt, daß die Erscheinung nicht blos den alten Opferdienst allein, sondern auch schon die Aufopferung Christi und sein Hohespriesterthum angedeutet habe. Und führt den Beweis aus einem Schwur der Gottheit: Gott schwur durch David: du bist der Priester nach dem Symbol des Melchisedecks.

Wer kann wider einen solchen Beweis was einwenden?

Mosaische Gesetzgebung

Einleitung

Wir überhüpfen itzt alle Zwischenerzählungen, so wichtig sie uns sind, und werfen uns auf einmal in die Mitte des Tempels unserer Religion, um von da freyern und weitern Gesichtspunkt bis in ihr allerheiligstes zu bekommen.

Wollte Gott Geist und Herz der Menschen erweitern, um ihn ganz zu erkennen, ganz zu fühlen, so mußte er von außen anfangen, ihre Verhältnisse zu einander zu bestimmen, damit, wenn sie die wohlthätigen Einflüsse einer richtig geordneten Gesellschaft erführen, das Resultat davon früher oder später, die höchstmöglichste Glückseligkeit, ihre Empfindung gegen den Gott, der sie dazu erschaffen, auf den höchsten Grad der Dankbarkeit triebe.

Vergleichen wir, mit einem ganz lautern, von Partheylichkeit unbefangenen Blicke, Moses den Gesetzgeber, mit den Gesetzgebern andrer alten Völker, so zeigt sich uns ein ganz besonderer Charakter seiner Gesetze im Ganzen genommen, der uns anfangs befremdet, bey längerm Nachhängen der Aussicht aber unser Auge mit dem Ziel dieser Gesetzgebung befriedigt.

Alle seine Gesetze, wenigstens die wichtigern, sind negativ, verbieten, zwecken nicht zum Glanz, zur Größe, zur Macht seiner Nation unmittelbar ab, wie die anderer Legislatoren. Und diesen Charakter haben sie sogar mit allen Gesetzen Christi und seiner Apostel gemein.

Und eben das beweißt uns, daß sie nicht einzelne Gesellschaften, sondern eine Welt umfassen sollten. Wir wollen dies mit Exempeln erläutern.

Lykurg hatte vorzüglich zum Fokus seiner Gesetzgebung, den edlern Theil seiner Nation zu braven Soldaten zu machen. Solon beförderte durch ein merkwürdiges Gesetz alle Künste überhaupt, da er den Söhnen untersagte, ihre Eltern zu ernähren, wenn diese sie nicht in ihrer Jugend zu einer Kunst angehalten hätten. Ein anders positives Gesetz (so nenn' ich die Gesetze, die unmittelbar dazu abzwecken, den äusserlichen Wohlstand, Macht und Glanz einer Nation zu befördern) war, daß bey einem Tumult diejenigen, die neutral blieben, am härtesten gestraft wurden, weil er durchaus keine Bürger haben wollte, die sich nicht für das Wohl des Vaterlandes auf eine oder die andere Art interessirten. Das gab Enthusiasmus von Vaterlandsliebe.

Bey den alten Gesetzgebern suchte der Staat seine Stützen, seine Erhaltung in sich selbst zu gründen, in dem Nationalgeist, der allen Bürgern so natürlich worden war, wie dem Vieh die Luft und dem Fische das Wasser.

Bey Mose nichts von diesem. Mag sich den Kopf zerbrechen wer will, politische Staatsverhältnisse in dieser Gesetzgebung aufzufinden, sein Gesichtspunkt ist falsch, die Erfolge habens bewiesen, wenn Moses nichts weiter als Politikus gewesen wäre, so war das jüdische Volk das übelberathenste auf dem Erdboden, allein er wollte und sollte das nicht allein seyn.

Der Juden Gesetzgebung war Religion, Gesetzgebung für das ganze menschliche Geschlecht. Das Volk kam hier in keinen weitern Betracht, als in so fern es Vehikulum war, diese Religion auf die ganze bewohnte Erde auszubreiten. Daher alle die göttlichen Anstalten, die sonst umsonst gewesen seyn würden, das Volk sollte sich nicht anders selbst erhalten, als durch seine Furcht vor Gott, durch seine Treue in dem ihm übertragenen Glauben, durch seine Befolgung der moralischen Gesetze Gottes, wich es davon, so ward es gestraft, das riecht so orthodoxisch, so alt, m. H., aber es ist wahr.

Alle moralischen Gesetze sind n e g a t i v, müssen negativ seyn, sie zeugen uns, was wir unterlassen müssen (sey es nun in Rücksicht auf uns allein oder in Rücksicht auf andere, auf die wir wechselseitig einfließen) falls wir uns nicht in Schaden und Unglück verwickeln wollen. Was wir zu thun haben, kann uns kein Gesetzgeber vorschreiben, oder er macht uns zu Klötzen und Blöcken, zu Maschinen und Rädern, die herumgedreht werden müssen, weil sie nicht von selber laufen können. Das mag der Fall wohl beym politischen Gesetzgeber seyn, der die Seele seiner Staatsmaschine ist, der das unbehelfsame Volk mit Gebiß und Zaum regiert wie ein Knabe den Elephanten – aber beym moralischen Gesetzgeber, der freyhandelnde selbstständige Wesen bilden will, ist ers nicht und kann es nicht seyn.

Jetzt haben wir den Standpunkt, von dem ich Sie beschwöre, kein Haar breit abzuweichen oder Ihre ganze Kenntniß der Religion schwimmt. Hier schärfen Sie Ihr Auge und wir wollen in die tiefsten ihrer Geheimnisse dringen, wie Orpheus und die himmlische Schöne zum zweytenmale aus der Hölle auf die Erde bringen.

So Moses – so Christus – und seine Apostel – Daher heißt das, was anfangs Gesetz war, nachmals frohe Botschaft, Leben und Seligkeit, Glückseligkeit κατ' Εξοχην. Es bildet den Menschen bis zu dem Punkte, da er zu leben anfängt – und darnach läßt es ihn laufen.

Zurück Unheilige, die ihr hier Schminke entlehnen wollt, Laster und Tod zu bestreichen. Eurenthalben hat der beßre Theil der Welt lange trostlos nach Licht geschmachtet, und eine thörichte Behutsamkeit schröckt die Weisen der Erde, ihnen Licht zu geben, damit sich nicht irgend ein Teufel in die Gestalt eines Engel des Lichts einzukleiden wage.

Doch lassen Sie uns diese herrliche Aussicht eine Zeitlang einschränken und aufsparen, lassen Sie uns vom Abstrakt zum Konkret zurückkehren, wie ein Reisender, der von einem außer Wegs liegenden Hügel die herrliche Königsstadt von weitem sah, nach der er im Schweiße des Angesichts eilt.

Verstehen Sie mich recht, ich muß mich hier wiederholen, um Ihnen recht deutlich in der Folge zu werden. Moses wollte keine mächtige, dauerhafte, glänzende N a t i o n bilden, aber den Grundriß wollt' er legen zu einem Gebäude der M e n s c h h e i t, er war also nicht Gesetzgeber seines Volks, sondern der Menschheit, nicht Seele seiner S t a a t s m a s c h i n e, sondern Mund der Gottheit, um i h r g r o ß e s W e r k in Gang zu bringen, und zwar zunächst an seinem Volke. Dies war der Grundriß des Gebäudes, das Gott durch ihn zeichnete, was geht michs an, daß seine Gesetze auch das äussere Beste des jüdischen Volks als jüdischen Volks bewirkten, das war Veranstaltung der Providenz, die überhaupt alle ihre moralischen Gesetze spät oder früh, nah oder fern, auch mit äußerer Glückseligkeit zu verbinden pflegt, daran war Moses als Politikus so unschuldig als ein Kind in der Wiege, oder er müßte ein Gott von Einsichten gewesen seyn. *Pace tua sit dictum* deutschhebräischer Montesquieu, dem ein für allemal von der Grille der Kopf umgeht, Mosen, den alten ehrwürdigen Mosen so gut in den Geheimnissen seiner Religion, aber so schlecht in der Kameralistik unterrichtet, zum neufränkischen Staatsminister oder lieber zum Professor in Göttingen zu machen, und der uns damit aus dem ganzen Gemälde göttlicher Oekonomie eine willkührliche Karrikatur zerrt.

Moses, Christus und seine Apostel (denn die drey hängen alle zusammen) gaben also niemalen positive Befehle von Pflichten, von Schuldigkeiten, von – das haben sie ohne Zweifel den heutigen Moralsystematikern nicht vorgreifen wollen, die uns so schön nach Zoll und Linien zu berechnen wissen, was recht gehandelt sey, so und nicht anders – – nichts von diesem, wenn jene ein positives Gesetz zu geben scheinen, so war es nichts als Hülse zu einem oder dem andern negativen Gesetze, daß uns die Unterlassung dieser Sünde e r l e i c h t e r t e. Sie waren also im e i g e n t l i c h s t e n Verstande

Aerzte des menschlichen Geschlechts – aber keine Pfuscher, wie die heutigen philosophischen und theologischen Moralisten, die uns mit Aderlassen und Purganzen unsere besten Lebenskräfte abzapfen wollen, Christus allein verdient im vollkommensten Verstande den Namen ιεσους, den Namen eines Arztes, und es war der Gottheit würdig, ein Arzt für das durch den unrechten Gebrauch seiner Freyheit beschädigte, verirrte, bis in die Knechtschaft der Moralsysteme verirrte menschliche Geschlecht zu werden. –

Doch um Gottes willen laßt uns von diesem heiligen Hügel herabsteigen, ihm ein Mahl aufrichten und zu der mosaischen Gesetzgebung zurückkehren.

Rückschweifungen

Um auf einige Gesetze Mosis ein Licht zu werfen, müssen wir von den Erzählungen der Erzväter und ihrer Angehörigen und Zeitverwandten zu Hülfe nehmen. Sie scheinen aus Monumenten und mündlichen Ueberlieferungen (vielleicht in Volksgesängen) von Mose zusammengezogen zu seyn.

Aus der Geschichte sowohl Abrahams als Isaaks erhellt, daß zu ihrer Zeit auch unter den benachbarten Nationen der Begriff der Ehe schon gereift, ja zu einem Gesetze geheiligt war, dessen Uebertretung mit dem Tode bestraft wurde. Siehe das Verbot Abimelechs an seine Unterthanen über Rebekken. Ja es scheint (vermuthlich) die Sündfluth das Verbrechen des Ehebruchs in der Idee der Postdiluvianer so schwarz gefärbt zu haben, daß sie sich aus einem Todschlag weniger Gewissen machten. Abraham zweymal und Isaak einmal gaben ihre Weiber für Schwestern aus, um nicht erschlagen zu werden. Hätte man Fremdlingen nicht ohne Todschlag ihre Weiber abfodern können, so gut als man es hernach mit ihren Schwestern that?

Oder vielleicht hatte man von diesem Verbrechen noch kein Exempel, und folglich überall keine Idee.

Der Hurerey scheint es nicht besser gegangen zu seyn, wenigstens finden wir kurz drauf, daß ein Sohn Jakobs seine Schwiegertochter, eine Wittwe, in der ersten Uebereilung wollte verbrennen lassen, weil sie außer der Ehe schwanger worden war.

Zwey andere Söhne Jakobs richteten aus eben so ausschweifender Moralität eine Bluthochzeit an, die ihnen ihr Vater auf dem Todbette scharf genug verwies.

Alles dies beweist uns, daß sich die Menschen ihre Ideen vom Recht und Unrecht hierinnen selber machten – und selber machen mußten, die Vorsicht winkte ihnen nur durch die physischen Erfolge ihrer Handlungen ein Gesetz für derselben zu.

Ein solcher Wink war der Auftrag der Beschneidung, nachdem

Abraham mit seiner Magd Hagar gehurt hatte, obwohl auf Erlaubniß oder Befehl vielmehr seiner unglaubigen Frau, die, weil sie die
ihrem Manne von Gott geschehene Verheissungen nicht augenblicklich in Erfüllung gehen sahe, ungeduldig ward.

Zugleich hatte diese Ceremonie ihren medicinischen Nutzen, da die
Patriarchen unter einem Volke wohnten, das alle mögliche Arten von
Ausschweifungen so gar geheiligt hatte. In dem Gesetzbuche Mosis
sagt Gott einmal über das andere: sie hurten ihren Göttern nach,
darum sollten sie ausgerottet werden, und nach dem Josephus trug
der Princeps von Sichem an einem Feyertage kein Bedenken, eine
Fremdlingin, die aus der unschuldigen Absicht hingegangen war, ihren Gebräuchen zuzusehen, zu nothzüchtigen. In der Bibel heißt es,
sie habe die Töchter des Landes sehen wollen, vermuthlich wie die
das Fest feyerten, und Sichem that wohl nichts Ungewöhnliches noch
Auffallendes, vielmehr wird das als etwas Sonderbares von ihm erzählt, daß er sich hernach noch einfallen ließ, dieses fremde Mädgen
zu h e y r a t h e n.

Daß die Erzväter die Beschneidung gleichfalls für das genommen,
Strafe und Verwahrungsmittel für Hurerey, sehen wir daraus, daß
sie Sichem nicht eher ihre Schwester lassen wollten, als bis er dieser
Kirchenbusse sich mit seinem ganzen Volke unterzogen hatte.

Jetzt werden wir den Ausdruck in der Geschichte Ger, eines Sohns
des Juda, der von seinen Brüdern sich separirt und mit den Kanani-
tern befreundet hatte, besser verstehen: er war böse vor dem Herrn,
darum tödtete ihn der Herr. Wer an Mosis Art sich auszudrücken
gewöhnt ist, siehet hier gleich, daß Ger sich durch die Ausschweifungen der Kananiten so verderbt hatte, daß, als er Thamar die eheliche
Pflicht leisten sollte, er sich so erschöpfte, daß er in eine tödtliche
Krankheit fiel.

Da sprach Juda zu Onan – hier ist der Ursprung der nachher so
merkwürdigen Leviratsehen, den Michaelis und Euler in der Polian-
drie suchen, und das aus der unrecht verstandenen Stelle 5 B. Mos.
25: wenn Brüder bey einander wohnen –

Ein Gesetz des Solon, das er vermuthlich von den Phöniciern, zu
denen er als Kaufmann nothwendig Reisen gethan haben mußte, her-
übergebracht, giebt dieser verwickelten Materie, wie mich deucht,
kein kleines Licht. Besonders da es vermuthlich durch seine Neuheit
damals, wie Plutarch sagt, einigen abgeschmackt und lächerlich, andern aber billig vorgekommen, es war nemlich, daß die Frau eines
Unvermögenden die Erlaubniß hatte, sich unter seinen nächsten Anverwandten einen Vicar auszusuchen, damit bey der Ruptur seine
Schande nicht bekannt würde.

Vergleichen wir mit diesem Gesetze die Worte des Juda, lege dich
zu deines Bruders Weib, daß du ihm Saamen erweckest, das Verhalten
des Onan, das Straffällige darinn, so wenig brüderliche Zärtlichkeit,

seines Bruders Schande nicht zuzudecken, weil der Saame nicht sein eigen seyn, das heißt, das Kind nicht nach seinem Namen genennt werden sollte, so wenig Gehorsam für den Befehl seines Vaters, die göttliche Strafe, vermuthlich bey öfterer Wiederholung dieser Handlung, eine Krankheit, an der er am Ende starb (denn warum hier wieder ein Wunder annehmen?) so wird uns im Deuteronomion das Gesetz nicht die mindesten Scrupel mehr machen, «wenn Brüder bey einander wohnen», das heißt, wenn nach diesem durch Onans Geschichte, als Gesetz geheiligten Beyspiel, ein Bruder die Schande des andern dadurch vertuscht, daß er seine Stelle bey seiner Frau vertritt, so soll nach des erstern Tode der andere gehalten seyn, sie zu ehelichen, und der erste Sohn, merken Sie es wohl, der erste Sohn soll noch nach dem Namen des verstorbenen Bruders genannt werden, im Falle sie nicht schon bey Lebzeiten desselben von diesem Stellvertreter einen Sohn gehabt. Gefällt sie ihm aber alsdenn nicht, so sollen die Aeltesten vor ihm ausspucken: Pfuy schäme dich, deines Bruders Haus nicht einmal erbauen zu wollen. Das ist aber auch seine ganze Strafe, und er tritt sie darnach mit der Verlassenschaft des Bruders einem andern Anverwandten ab. So finde ich in dem ganzen Gesetze nichts als die äußerste Billigkeit, ich finde es eines göttlichen Gesetzgebers würdig. Aus der Geschichte der Ruth läßt [sich] hierwider nichts einwenden, das war keine Leviratsehe im eigentlichen Verstande, es war nichts weiter als die Erfüllung des Naturgesetzes, daß wer die Nachlassenschaft eines Mannes in Besitz nehmen wollte, verbunden war, seine Wittwe dazu zu nehmen. Boas sagt freylich, er nehme sie zum Weibe, daß er dem Verstorbenen einen Namen erwecke auf sein Erbtheil, daß sein Name nicht ausgerottet werde, aber dies war eher eine Großmuth als eine Verbindlichkeit, wir finden auch nicht, da doch der ganze Proceß mit solcher Umständlichkeit beschrieben wird, daß vor dem nähern Erben ausgespuckt worden, weil er sich geweigert, Ruth zu heyrathen, denn er hatte n i c h t m i t i h r e m M a n - ne zusammen gewohnt, auch würde, wenn das Schuldigkeit gewesen wäre, Naemi Ruth nicht eine Handlung gerathen haben, die ein ganz verstolnes Ansehn gewann, und da der gute Boas überlistet, nicht gezwungen werden sollte. Vielmehr würde sie selbst zu ihm gegangen seyn und ihn freymüthig an seine Pflicht erinnert haben. Auch hat das ganze Volk diese Großmuth des Boas anerkannt, sie brechen in Lob und Preis aus, welches ganz überflüßig und ungereimt auffällt, so bald wir annehmen, daß Boas nichts weiter that, als was er nach den Gesetzen thun m u ß t e.

Sollten wir über dies Gesetz Mosis philosophiren, ob schon hier noch nicht der Ort dazu ist, so würden wir finden, daß er und nach ihm Solon nichts weißlichers erdenken konnte, um allen möglichen Unordnungen in den Ehen vorzubeugen. Wiewohl Solon immer auch hier sich mehr als Politikus, Moses mehr als Moralist zeigt. Solon erlaubte dies nur den reichen Weibern, die ihren Männern viel mitgebracht als ein Mittel, und zwar das kräftigste, die Handhabung eines andern Gesetzes zu befördern, an dem ihm weit mehr gelegen war, vermöge dessen er allen Bräuten, außer drey Kleidern und einigem Hausrathe, die Aussteuer entzog, und das darum, damit seine Bürger nicht aus Nebenabsichten heyratheten, sondern um Kinder zu zeugen, und aus Liebe. Denn er hatte Verstand genug, einzusehen, was aus einem schaalen zweydeutigen Bande entsprossene Kinder für schaale zweydeutige Bürger geben müßten. Moses aber, dem an Heiligkeit und Unverbrüchlichkeit der Ehen, aber auch am Hausfrieden eben so sehr gelegen war, erlaubte es ohne Einschränkung, daß zwey Brüder bey einander wohnten, und es ward als eine edle That, als ein Beweiß der brüderlichen Liebe angesehen, wenn ein Bruder sich dazu von seinem Bruder und dessen Weibe erbitten ließ, die Unterlassung desselben aber als etwas schimpfliches, das die Verachtung der Richter selbst nach sich zog. Eben diese Erlaubniß scheint aber hernach in Ehebruch ausgeartet zu seyn, und den schröcklichen Fluch nach sich gezogen zu haben, der um 2 Kapitel weiter aufgezeichnet steht: Verflucht sey, wer bey seiner Schwieger liegt, und weiter unten die Wiedervergeltungsstrafe: ein Weib wirst du dir vertrauen lassen, aber ein anderer wird bey ihr schlafen. Und widerspricht also das Eheverbot: du sollt deines Bruders Weibes Schaam nicht blößen im Leviticon, dem im geringsten nicht, sondern scheint blos durch diesen außerordentlichen Fall veranlaßt zu seyn, von dem Uebermuth und die Lust so gern Gelegenheit nahmen, Ehebrüche zu begehen, die in Gottes Augen abscheulich seyn mußten, denn vor wem soll ein Ehemann sicher seyn, wenn ers nicht einmal vor seinem leiblichen Bruder seyn kann. Wenn aber ein Mann von der äußersten Schande getrieben, (denn bey den Orientalern mußte die noch unendlich größer seyn als bey uns, da Fruchtbarkeit in der Ehe allezeit das Hauptobjekt ihrer Glückseligkeit und Macht ausmachte), wenn er so kam, seinem Bruder sein Weib hingab, dem Bruder, den dies Weib ihm selbst vorgeschlagen, weil er sie nicht befriedigen konnte, um seinen Schimpf zuzudecken, das Geheimnis in der Familie zu behalten — so war das kein Ehebruch, so war das das einzige Mittel, allem E h e b r u c h vorzubeugen.

Mosaische Gesetzgebung. Christi Gesetzgebung und Tod

Ich will, um würdig zu beschließen, um Ihre Geduld nicht zu ermüden, in diesem meinem letzten Federzug nichts thun, als erzählen, und so viel möglich mit den Worten der Offenbahrung. Wird das Gemählde, das ich hier aufstellen will, nicht jedem schön in die Augen fallen, vielleicht weil er den rechten Standpunkt noch nicht genommen – so soll michs wenigstens trösten, daß es wahr ist, im geringsten nicht geschmeichelt, im geringsten nicht übertrieben, sondern mit verjüngtem Maasstab getreu von Gottes großem Urbilde kopirt.

Wenn es wahr ist, was uns unsere tägliche Erfahrung bestätigt, daß uns nichts empfindsamer für die Rechte unserer Mitmenschen mache, als eigene Ungerechtigkeit, unter der wir seufzen, so konnte der Acker, in den Gott moralischen Saamen streuen wollte, nicht besser bearbeitet, so konnte das erste Volk, das die würdigste und menschlichste Gesetzgebung erhalten sollte, nicht besser dazu vorbereitet werden, als durch Dienstbarkeit und Zwang unter einem fremden Joch.

Moses, der sich, daß ich so sagen mag, in die Welt hineingestohlen, vierzig Jahre an einem der politesten und glänzendsten Höfe die fürtreflichste Erziehung genossen, fühlte auf einmal sein ganzes jüdisches Blut in den Adern empören, als er von seinen spekulativen Beschäftigungen mit Religion und Staatskunst den ersten Blick in die Welt that. Da war Unterdrückung, Thränen, Seufzer, Blut eines Volks, das seine Unterdrücker ehemals in der Person Josephs aus Hungersnoth und Untergang gerettet, er konnt es länger nicht ertragen, den hundischen Egypter, der seinem Bruder Ebräer, der schon an der freywillig übernommenen Kette für ihn arbeitete, noch obenein mishandelte, er erschlug ihn und verscharrt ihn in den Sand. Floh – ward ein unbekannter Einsiedler aus dem Helde, den er sich fühlte, hütete Schaafe, statt Armeen, die er vorher geführt, wenns wahr ist, was Josephus von ihm erzählt. Plötzlich erscheint ihm das Zeichen des Gott Abrahams, von dem er so viel geahndet, mit dessen vormaligen Erscheinungen er sich in denen davon übrigen Monumenten so oft beschäftigt, in die er sich so anhaltend hinein studirt hatte – ich bins – und die Zeit ist da, deine nach Hülfe schmachtende Brüder zu befreyen – und wie heißt dein Name, du, vor dem ich hier niederfalle, und mein Angesicht verhülle? «Jehovah, ich werde seyn, der ich seyn werde» – der Name blieb allen Israeliten nachmals heilig, und winkte ihnen zu, daß der, der sie führte, ihnen Gesetze gab, namenlos – und sein Wesen, seine Eigenschaften unendlich seyen, wie seine Schöpfungen.

Mit dieser trostvollen Erscheinung unterredete sich Moses nachmals wie ein Freund mit dem andern: nichts in der Welt rechtfertigt mehr den Namen, den sich Gott mehrmalen im Alten Testament in Beziehung aufs Menschengeschlecht giebt, den Namen eines Vaters, es war ihm dran gelegen, diese junge Menschenwelt am Gängelbande zu führen, daß sie gehen lernte, und darum ließ er sich so weit herab, mehr als einen Versuch zu wagen, damit sie von sich selber gehen lernten.

Er eröfnete seine Gesetzgebung damit, daß er ihre Feinde und Unterdrücker vor ihrem Angesichte vertilgte, eben in dem Augenblick, da die Angst für dem letzten Effort ihrer Tyranney in den Herzen dieser entrinnenden Sklaven aufs höchste gestiegen war. Da das ganze Heer ihrer Tyrannen, mit Roß und Wagen hinter sich, mit aufgehabenem Arm, sie in neue zehnfache schwerere Ketten zu schmieden, drohte, damit sie ewig nicht wieder entrinnen könnten – und todt sind sie im Augenblick, da der Herr winkt, da der Qdem des Allmächtigen ausgeht. Und Mose muß das sichtbare Werkzeug seyn, er reckt nur die Hand aus, und das Meer fällt wieder zusammen. Und hier versuchte sie der Herr, und stellte ihnen Gesetze und Rechte, ob sie itzt in der Disposition seyn würden, aus Dankbarkeit Befehlen zu gehorchen, die zu nichts weiterm abzweckten, als – zu ihrer G e s u n d h e i t. «Denn ich bin der Herr, dein Arzt.» 2 B. Mos. 15.

Nach vielen andern Wunderwerken, (dann hier waren sie am rechten Ort), – sie sollten den Gott verehren lernen, der ihnen Bürge für ihre Glückseligkeit ward – hub Moses an, ihnen das Geheimnis zu entdecken, das für sie und ihre Nachkommen ewiglich von der äußersten Wichtigkeit seyn sollte. Drey Tage blieben sie in Erwartung, wuschen sich, enthielten sich vom Weibe, eine Wolke bedeckte den heiligen Berg, das ganze Volk an seinem Fuße ward Zeuge und Zuschauer für alle ihre Nachkomen ewiglich, Donner und Blitz eröfnete die Scene, und Orkane heulten laut, wie Posaunen – welche Erwartung! Mose redete, Gott antwortete ihm laut, vermuthlich durch einen Donnerschlag, foderte ihn herauf, er stieg hinan in die Dunkelheit, zum Beweis, welches Vorzugs er gewürdigt wäre, kam wieder hinab mit dem Befehle, wer sich dem Berge nahete, würde zerschmettert werden. Und nun mit dem Posaunenthone erschollen diese Worte, als Worte des lebendigen Gottes, für das ganze Universum, das hier durch das jüdische Volk repräsentirt ward. Ich bins – keine andere Götter neben mir – stark und eifrig denen, die mich hassen, aber Barmherzigkeit denen, die mich lieben – feyert den Tag, an dem die Welt fertig ward, zur Erinnerung, daß ich sie schuf, aber auch zur Erholung von euern Geschäften, ehret Vater und Mutter, so lang ihr lebt, und dann werdet ihr lange leben, denn ihr Segen wird auf euch haften. Tödtet nicht – brecht die Ehen nicht – stehlt nicht – verläumdet nicht – laßt euch keines Guts gelüsten, das einem andern mit Recht gehört – Das Volk betäubt, erstaunt, erschrocken vom Sturm und Blitz, floh, aber Mose, der ihn in seiner Seele fühlte, sprach ihnen Muth ein, fürchtet euch nicht, denn es ist Gott, der nur will, daß ihr euch durch die angezeigten Handlungen nicht unglücklich macht, und so stieg er der schauervollen Wolke entgegen, und alles was hierauf folgt, ist nichts weiter als eine Erklärung und Anwendung dieser allgemeinen Naturgesetze auf den gegenwärtigen Zustand des Volks.

Ich will nur einige dieser Anwendungen heraus heben, die für uns am interessantesten sind, obgleich ich mich getraue zu sagen, daß kein

einziger Buchstab, kein Titel, kein Jota in diesem mosaischen Gesetze
für uns ganz überflüßig sey, wenn es wohl verstanden, wenn d e r
moralische Geist desselben richtig herausgezo-
gen wird.* Und ich sage dies nicht für meinen Kopf, sondern
habe eine allgewaltige Authorität vor mir, die Worte Christi von diesem Gesetze selber.

Das erste, das Gott Mosi, da er allein mit ihm war, anbefiehlt, ist,
nicht mehr wie vorher, ihm einen Altar von gehauenen Steinen zu
machen, sondern von Steinen, über die kein Messer gefahren. Sie
werden aus dem, was ich eben gesagt, die Absicht dieses Befehls leicht
einsehen. Nicht mehr auf Steinen die Volksgeschichten zu verewigen,
sondern sie zu schreiben. Dieses Buch, nebst den speziellen Volksge-
setzen, die Moses auf den innern Befehl der Gottheit vierzig Tage
und vierzig Nächte lang auf dem Berge Sinai entwarf, wo ihn die
göttliche Wolke ins einsame nahm, hieß hernach das Buch des Bun-
des, das Mose und nach ihm der Hohepriester dem Volke von Zeit zu
Zeit öffentlich vorlas.

Wir sehen aber, daß er nichts ohne göttlichen Befehl that, sogar
die ganze Veranstaltung der Stiftshütte war ihm in einem Gesicht
auf dem Berge im Bilde gezeigt worden. Und diese Veranstaltung,
die ganze Einrichtung der Priester, die ganze Einrichtung der Opfer
zeigt von der tiefsten göttlichen Weisheit, ihre moralischen Entzwecke
mit dem jungen Menschengeschlecht auf die leichteste und kürzeste
Art auszuführen. Die Sinne wurden auf die allerangenehmste Art gefesselt, ein Richterstuhl stand da, und bekam den Namen Gnaden-
stuhl, weil hier die Verbrechen nicht gerichtet — sondern vergeben
werden sollten, ein Tisch vor demselbigen, auf welchem geheiligtes
Brod lag, das ihnen einen Wink auf die spätesten Geheimnisse des
Christenthums gab, von denen sie durch Abrahams mündliche Ueberlieferungen schon eine dunkle Idee haben mußten. Die Priester
waren auf die für die damaligen Zeiten reichste, schönste, glänzend-
ste Art gekleidet, die lieblichsten Gerüche von Spezereyen erfüllten
den Vorhof dieser Hütte der Gottheit, die schon an und für sich
selbst, wie Paulus sagt, das herrlichste Symbol der göttlichen Oekonomie war. Und nun die Opfer? — können jemals moralische Fertig-
keiten auf eine bessere Weise in Gang gebracht werden, als wenn der
Unglückliche, der dadurch auf sein eigenes Leben, Gesundheit, Gemüthsruhe und Freude stürmt, in die Nothwendigkeit gesetzt wird,
für jedes Vergehen von dieser Art einen Theil seines Vermögens der
Gottheit, die er dadurch als den Schöpfer am meisten kränkt, wenn er

---

* Dieses wäre unmaßgeblich eine bessere Beschäftigung für Theologen,
als Dogmatiken auswendig zu lernen. Besonders empfehle ich für unsere
Zeiten das dritte Buch Mose, unter den andern das 15te Kapitel vom 16ten
Vers an, und die drauf folgenden.

ihr Geschöpf verŵahrlost, darzubringen. Und warum diese Opfer
alle bluten mußten, wird in der Folge erst recht klar, erst recht ehr-
würdig werden. Die andern Opfer, die Speisopfer, Trankopfer, Dank-
opfer etc. waren lauter Veranstaltungen, Dankbarkeit gegen die
Gottheit, Gastfreyheit, Mildthätigkeit, gesellschaftliche Freuden in
einen ewigen Gang zu bringen, zu heiligen. Da aß sich der Fremd-
ling mit satt, da fanden Wittwen und Waysen Freude und Ueberfluß,
da tanzte man, und frohlockte, und fühlte seine ganze E x i s t e n z
in allen die mit genossen, jeder genoß für tausend.

Gehen wir die andern Verordnungen durch, was finden wir anders
als den zärtlichst besorgtesten Vater für das Wohl seiner Kinder,
nicht seiner Unterthanen. Die Gesetze für den Aussatz, für den Saa-
menfluß, für die Zeiten der Weiber, was ists anders als Medicin für
Leib und Geist, Verhütung der Zerrüttung unserer Maschine, in der
Gott mit aller seiner Seligkeit gern wohnen möchte. Itzt kommen wir
an den Stein des Anstosses unserer heutigen Philosophen, die so
gern ihren eigenen Gesichtspunkt dem ganzen menschlichen Ge-
schlechte für den Gesichtspunkt Gottes aufdringen möchten. Welche
Fülle von Vergnügen wird eröfnet, wenn wir Mütter ansehen können, ohne den zweydeutigen Geschlechtertrieb gegen sie zu fühlen,
der uns nur einen Augenblick sie in einem hellen Lichte darstellt, darnach aber alle edle Triebe, an denen einer Mutter bey ihrem Kinde
so viel gelegen seyn muß, in Erschöpfung und Gleichgültigkeit aus-
löschen, in Nacht zurück fallen läßt? wenn wir ohne eigennützige
Wünsche ihre Mutterhand mit den reinen Thränen der Dankbarkeit
baden können, die keine andere Begier erpreßt hat als die: ein edler,
ein dankbarer Mensch zu seyn? welche Fülle von Freuden, wenn eine
Tochter ohne Zurückhaltung und Furcht ihre, in der Blüthe düftende
Unschuld mit dem Himmelsgefühl eines von Dank, und Ehrfurcht
und Zutrauen entflammten Mädgens, wenn sie so ihren Vater um-
halsen kann, und er ganz rein und unvermischt die Wonne, den Stolz
fühlt, der Welt einen Engel geschenkt zu haben. O meine Herren!
wer noch nicht das Glück gefühlt hat, eine Empfindung ganz aus zu
empfinden – ohne Furcht, ohne Zurückhaltung, mit S i c h e r h e i t
sich ihr zu überlassen – der hat noch kein Glück gefühlt, nur Schim-
mer vom Lichte, nur Tropfen von der geweihten Schaale gekostet, nicht
mit vollen Zügen Herz und Existenz in diesen Nektar eintauchen lassen. Was die übrigen Grade anbetrift, (merken Sie wohl, ich rede hier
nur von denen, die in der Bibel stehen), so sind sie alle von der Art,
daß die Empfindungen, die durch die Verwandschaft entstehen, nah
an die ehelichen gränzen, daß also, wenn da nicht Schranken gesteckt
werden, die eine die andern wo nicht ganz aufheben, doch nothwendig in Furcht, Zurückhaltung und Aengstlichkeit ausarten würden?
Wo aber bleibt die freye Ergiessung des Herzens, dieses einzige Band
aller wahren Gesellschaft, dieses einzige Familienglück, guter Gott,

wo bleibt sie, wenn ich fürchten muß, was der, der, der meiner Verwandten thut, thut er nicht aus brüderlicher Liebe, aus Freude, Interesse, Theilnehmung an meiner Existenz, sondern aus eigennützigen Absichten, einen Trieb zu stillen, der mich, wenns hoch kommt, wohl zu seinem Weibe macht, aber nicht zu seiner Verwandtin. Ich muß also auf einen von diesen beyden Namen Verzicht thun, oder sie beyde ganz aufheben. Zu geschweigen, daß bey diesen Geschwisterehen die ganze Welt, die nur eine Familie ausmachen sollte, ewig abgesonderte kleine Familien geblieben wäre, und kein Band mehr ausfündig gemacht werden könnte, diese sich ganz fremden Gesellschaften zuletzt in ein Ganzes zu ziehen.

Ich kann unmöglich in ein weiteres Detail der ganzen mosaischen Gesetzgebung gehen, wer sich in dies Heiligthum wagen will, dem empfehle ich Herrn Michaelis Werke, eines Mannes, der von einer gewissen Seite so große Hochachtung nicht des deutschen Publikums allein, sondern eines jeden Publikums verdient. Freymüthig aber mußt' ich von ihm reden, so bald er seine ausgebreiteten und tiefen Kenntnisse dem einfältigen Gefühl von unserer Religion, das sich, dem Himmel sey Dank! wie das prometheische Feuer noch seit Anfang der Erde auf unserm Planeten erhalten hat, entgegen stellt, anstatt es damit zu unterstützen.

Itzt, meine Herren, wünscht' ich meinem Pinsel den Schwung eines göttlichen Genius, um eine Skitze zu vollenden, die nur den Augen höherer Wesen ihre hellesten Farben entdeckt, wenn ich sie gleich nur in diesem Regenbogen von der Sonne auffasse. Sie sehen, daß die ganze mosaische Gesetzgebung nicht die Gesetzgebung eines M e n s c h e n, sondern die Gesetzgebung G o t t e s selber war. Sie sehen, daß die Juden, wenn sie den göttlichen Wünschen entsprechen wollten, kein Haar breit von derselben abweichen, sondern jeden vielmehr, der es unternehmen wollte, diese Gesetzgebung umzuwerfen, auf das härteste mit dem Tode bestrafen mußten. Ewig hätte sie fortwähren können, und die Menschheit wäre glücklich unter ihrem Schatten gewesen, aber noch nicht h ö c h s t glücklich. Die Gottheit interessirte die Menschen noch zu wenig, blieb immer nur noch über sie erhaben, konnte sich noch nicht aufs innigste mit ihnen vereinigen. Sie ward also selbst das Mittel unsers Lebens, sie ward Mensch, um für uns sterben zu können. Alle diese Opfer kosteten dem Menschen zu viel, er mußte ein Mittel haben, das zu allen Orten, allen Zeiten, unter allen Umständen für ihn geschwind, nah, hinreichend wäre, seine Verbrechen (denn welcher Heiliger ist frey davon) im Augenblicke auszusöhnen, um durch das Gefühl von der Freudigkeit und Freyheit aller Gewissensbisse sein Leben ganz auszuleben, ohne es zu v e r leben – denn nur in soferne nennt sich unser Gott unser Leben, in soferne wir uns von seinen ewigen Gesetzen nicht entfernen, die alt und unveränderlich sind, wie er selber. Und nur in soferne kann uns die Lehre vom Verdienst Christi etwas nützen, als wir in dem Augenblick anfangen nach diesen alten ewigen Gesetzen zu leben, ohne daß uns das alte begangene einmal drüber einfällt. Und itzt, welche Idee von der Gottheit! – * es war ihr nicht genug, als Gottheit über uns erhaben, an unserm Unglück und Tode Theil zu nehmen, sie mußte M e n s c h werden, um es auch als Mensch zu empfinden. Ja sie empfindet es noch, so oft wir durch eine rasche That von der wahren menschlichen Existenz zurück sinken, sie wird, wie der Apostel mystisch ausdrückt, durch jede neue Sünde von neuem gekreuzigt. Eben so empfindt sie mit uns jeden edlen Gedanken, jede reine Freude, jede süße Thräne, die Wollust und Zärtlichkeit von keiner Sünde vergiftet aus unserm Auge schwärmt. Und selbst – selbst wenn du fällst, Mensch – ist ihre hülfreiche Hand ausgestreckt, wallt ihr göttliches Blut dir zum Söhnopfer entgegen – damit du nicht nöthig habest zu bereuen –

O meine Herren! preise und rühme jeder seine Gottheit, wie er am besten vermag, mahle er sie sich mit allen Farben der Erhabenheit und des Glanzes, ich staune sein Bild an, ich freue mich mit ihm. Aber er erlaube mir, sie an ein Kreuz zu heften, und, indem ich das Fußgestell meines Krucifixes umschlinge, mit brünstig drauf gehefteten Blicken den finstern Pfad durchs Leben zu machen, tausend Freuden ohne Namen zu erhaschen, die mir mein Gott nicht misgönnt, weil er als Mensch fähig war, sie mit zu empfinden, und voll göttlicher Zuversicht, weil ich den Allgewaltigen in meine Arme schließen, an mein Herz drücken darf, zu jauchzen

Fractus si illabatur orbis
Impavidum ferient ruinæ.

* Siehe den Anfang.

Stimmen des Layen

auf dem letzten

theologischen Reichstage

im Jahre 1773

Erste Stimme

Meine Herren!

Wenn wir uns selbst ansehen, so finden wir – was? einen Körper, der Materie enthält, die aber auf eine wunderbar vollkommene Weise zusammengesetzt und organisirt ist, deren Geheimnisse alle angewandte Bemühungen der Anatomiker uns noch nicht haben entschleyern können, und alle⟨r⟩ anzuwendenden Bemühungen der grösten mechanischen Künstler, nachzuäffen, noch viel vergeblicher seyn würden. Doch sagt uns die Vernunft, – und die Vernunft der ältesten Nationen hat es schon von jeher gesagt – daß diesem auch aufs künstlichste zusammengesetzten Körper noch etwas fehle, ihn in Bewegung zu setzen, in ihm zu denken, zu empfinden, zu urtheilen und zu wollen, der prometheische Funke, wie ihn die Griechen nannten, der vom Himmel seinen Ursprung nehmen mußte, die lebendige Seele, wie sie Moses nennt, die Gott selbst in unsre Maschine hinabhauchte. Die Theorie dieses Götterhauchs, den wir in uns fühlen – und weh dem, der ihn nicht fühlt! – stellen wir bey Seite, so viel wissen wir, daß diese uns belebende Kraft der edelste Theil unsers Selbst ist, daß von ihrer Bildung, Erhöhung, Erweiterung die Bildung, Erhöhung und Erweiterung unserer ganzen Glückseligkeit abhange, wer das nicht glauben will, der lasse es bleiben, die Sache redt von sich selbst, je größer die Sphäre ist, in der wir leben, desto beglückter und würdiger unser Leben, wer aber taub ist, dem wird, freylich ewig vergeblich, in die Ohren geschryen werden.

Wir wissen, daß sich die Materie nicht selbst bewegt, alle Kräfte müssen von aussen auf sie wirken, sonst ruht sie ewig, verharrt ewig in ihrem Zustande. Unser Geist aber hat in sich den Ursprung seiner Bewegung, kann denken was er will, wollen was er will, unsere Körper bewegen, wohin und wie er will – es ist thöricht, daß ich auf die ersten Wahrnehmungen eines Kindes zurück führe, aber, um der falschen Weisheit Einhalt zu thun, um die Ikarischen oder Phaetonischen vermeßnen Bestrebungen herab zu ziehen und zu demüthigen, ist oft kein beßrer Rath, als bey den uns jetzt Thorheit dünkenden Beobachtungen unsrer Kindheit wieder in die Schule zu gehen, auf unsre abgeworfene Kinderschuhe zu treten, und wieder von forne anfangen gehen zu lernen, eh wir fliegen können. Unser Geist also ist eine

Kraft, die sich selbst bewegt, und doch auch zugleich seine Würksamkeit auf Dinge außer sich äußert, sie bewegt und verändert. Das sind lauter Erfahrungen, die wir machen, so bald wir zu erfahren anfangen, die mir also nicht können bestritten werden. Nun kommt es darauf an, zu wissen, ob diese Kraft ewig sey, ewig und ohne Zeit in Ansehung ihres Ursprungs, ewig und ohne Zeit in Ansehung ihres Endes, ob sie sich selbst immer in ihrem ganzen Umfang und Stärke erhalten könne, oder ob ein anderer da sey, der sie erhält, unterstützt, vermehrt, erweitert, vergrößert oder vermindert. Die Erfahrung lehrt uns, daß diese Veränderungen in uns vorgehen, die Bibel lehrt uns, von wem sie kommen, lehrt uns, daß einer da sey, der diese Kraft uns gegeben, der ihr ein gewisses Gesetz der Bewegung vorgeschrieben, der nach Maaßgabe der rechten Anwendung dieser Kraft sie in uns vermehre oder vermindere, das heißt, uns belohne oder bestrafe. Und welches ist dann das große Gesetz, nach welchem wir diese Kraft anwenden oder brauchen sollen, um glücklich zu seyn? Ganz einfach! gar nicht weit gesucht, ganz simpel! es ist die völlige Dependenz von dem, der sie uns gegeben hat – von Gott. – Verflucht also die Freyheit, die sich wider ihn empören will, die glücklich seyn will auf einem andern Wege, als den er uns vorgezeichnet, den sein göttlicher Verstand durchgeschaut, sein göttlicher Wille gutbefunden und bestätigt hat. Ja frey sind wir, aber frey vor Gott, wie Kinder unter den Augen ihres liebreichen Vaters frey scherzen und spielen dürfen, kehren wir ihm aber den Rücken, so rennen wir in den Tod, und die Freyheit, die uns von dort entgegen winkt, ist kalt und grauenvoll, ist der Wink des Chaos und der alten Nacht.

War uns also eine nähere Offenbarung des göttlichen Willens nöthig? Hier sind wir wieder an der Frage, die so viel Lärmen in der ganzen Christenheit gemacht hat. Und nicht zu ihrer Ehre. Dann Schande ist es, da uns eine so herrliche Offenbarung geschehen, die wir im Staub hingeworfen mit Dankbarkeit verehren sollten, daß wir jetzt erst fragen, ob eine solche uns nöthig gewesen. Dankest du also dem Herrn deinem Gott, du toll und thörichtes Volk? Hätte der Kamtschadale so gefragt, der von der Bestimmung seiner Seele, von dem höhern Zwecke seiner Schöpfung nichts wußte, sich gern und willig unter die Thiere des Waldes gesellte, mit ihnen fraß, sich gattete und untergieng – hätte der alte Römer oder Grieche so gefragt, der von der Fortdauer seiner Substanz auf längere Zeit, als die achtzig Jahre, die sie unter ihres gleichen sichtbar zubrachten, keine einzige klare Nachricht, nur dunkle schwimmende Ahndungen hatte; aber der Christ –

Nun ja freylich der Christ. – Wir finden unter keiner Sekte in der Welt größere Verbrecher, größere Scheusale, als unter den Christen. Und das wird alles ganz treuherzig nicht den Individuen, nicht den Usurpateurs des christlichen Namens zugeschrieben, sondern der Religion und ihrem Urheber. Das ist eine Lästerung, die unter dem Himmel ihres gleichen nicht hat, und die doch, seit der ersten Ausbreitung unserer Religion, immer mit ihr in gleichen Schritten gegangen ist. Und wer ist Schuld daran, als eben die Christen, die ihren Namen schänden und zu allen Zeiten geschändet haben, die man in der ersten Kirche fein aus den Versammlungen der übrigen Unschuldigen heraus stieß, in den nachfolgenden Kirchenversammlungen aber nicht allein beybehielt, sondern feyerte, vergötterte, krönte und wer weiß nicht was, und um doch das exkommuniciren ja nicht aus der Mode kommen zu lassen, die wahren Christen aus der christlichen Gemeine verbannte. Kann nun die Religion dafür? Ich erzähle hier gar nichts Neues, sondern was jedem Kinde bekannt ist. Aber die Frage scheint immer noch unbekannt zu seyn, ob schon sie freylich auch schon alt genug ist, und der h. Augustin 22 Bücher drüber geschrieben hat: kann nun die Religion dafür?

Daß wir aber von unserm Zwecke nicht abkommen: wenn also eine göttliche Offenbarung nöthig war – und ihr lieben Christen! die ihr darüber so viele Scrupel habt, die ihr jetzt so gut die Regel de tri in Büchern rechnen könnt, ob auch wohl ein Rechenbuch nöthig war, das von nichts besserm anfieng, als von den elenden fünf Spezies, erlaubt mir doch, zu behaupten, daß wenn euch Weisen und Klugen die göttliche Offenbarung nicht mehr nöthig ist, sie doch wohl euren Vorfahren und den Vorfahren ihrer Vorfahren nöthig gewesen seyn könne, die euch nachmals mit vieler Müh, aber wenig Dank, rechnen gelehrt haben – erlaubt mir doch zu behaupten, daß unser lieber Urältervater Adam noch nicht wußte, was er essen sollte, oder was er stehen lassen sollte, wenn er nicht gleich eine göttliche Offenbarung empfangen, daß ihr noch jetzt kein Fleisch fressen und keinen Wein trinken würdet, wenn Gott nicht Noah selber angezeigt, die wilden Thiere zu verfolgen und den Weinstock zu pflanzen, daß die Heiden viel erkenntlicher gegen Gott waren, den sie nicht kannten, daß sie sich von einer unbekannten Macht fortgerissen fühlten, demjenigen göttliche Ehre zu erzeigen, der zuerst ihren Vorfahren jagen, oder Ackerbau, oder Weinstöcke pflanzen gelehrt, denn das ist der Ursprung des heidnischen Götterdienstes, weil sie wohl einsahen, daß der völlig sich selbst gelassene Mensch nicht auf solche Verbindungen würde gekommen seyn – doch wo gerathe ich hin? sey es, diese Unordnung ist eine Pindarische werth – was wäre unsere Welt ohne die beständige Einmischung und Einwirkung der Gottheit – die ihr sie nicht glaubt, lernt zittern vor ihr, wann sie euch richtet und in Erdbeben, Donner, Wasserfluthen daher thönt, aber was wäre unsere Welt ohne den beständigen nahen seligen Einfluß einer höhern Macht, die wir kennen, die das Spiel alle der verborgenen Kräfte, die wir nicht kennen, in Bewegung setzt, und in dieser Bewegung erhält, ohne daß wir nöthig hätten, einen Fuß deshalb vor unsre Thür zu setzen – die Materie läge todt da, unser Geist nur in einer kleinen Sphäre wirksam, wollte der die Erde ihre Bahn laufen machen, wenn nun plötzlich die sie bewegende Kraft ausbewegt hätte und ruhete, wollte der den Pflanzen Oel, den Thieren Lebensgeister geben, wenn irgend ein feindseliger Planet sich auf immer zwischen uns und unsere Sonne stellte, von deren beseelenden Wärme die ganze Freygebigkeit unsers Bodens, das ganze Lebenssystem aller unserer Thiere abhängt? ja was wär auch unsere Welt, wenn alle diese Naturbegebenheiten nach unveränderlichen Gesetzen fortwährten und die Gottheit sich nie einem menschlichen Geiste näher mitgetheilt hätte? Wir sehen es an uns – an uns starken Geistern selber. Welch eine wilde See voll Zweifel, die alle zu keinem Zweck führen? Wer wird unsere Vernunft leiten, gütige Gottheit, wenn du nicht selbst uns einen Kompaß in die Hand giebst, nach dem wir schiffen können. Je weiter wir kommen, je weiter von den Küsten der Sinne und ihrer Erfahrungen uns entfernen, an denen wir doch unmöglich ewig fortfahren können, wenn wir nicht seicht bleiben wollen, desto unsicherer, ungewisser, dunkler wird der Weg. Gütige Gottheit, entzieh uns das Licht deiner Sterne nicht, oder wir streichen die Segel und gehn unter. Was ist aber von denen zu halten, die gern uns Nebel vor diesen Himmelsleuchten hiengen, und den letzten einigen Wegweiser aus unsern Augen entrücken möchten?

O wenn wir erst dort angekommen seyn werden, in diesem unbekannten Lande, wovon so viel pro und contra disputirt, fingirt, philosophirt, negirt, affirmirt, docirt, in Systeme reducirt wird, weil niemand das Herz hat, mit Kolumbus ins Schiff zu steigen und selbst hinzufahren, sondern nur vom Ufer drüber hin und her zu räsonniren, und darnach, wenn ers entdeckt hat, zu sagen, das hätten wir alle eben so gut gekonnt – – alsdenn erst, wenn wir dort angekommen sind, werden wir die Heilsamkeit der Lichter und Sterne, die uns dahin führten, zu erkennen und dankbar zu verehren wissen. Bis dahin laßt uns nicht darüber schwäzen und plaudern, ob der Stern so und so heissen sollte, ob er ein Stern erster oder zweyter Größe sey, ob er sein Licht von sich selber habe, oder von irgend einer andern Sonne – und darüber versäumen, uns einzuschiffen.

Das war eine mehr als poetische Digression. Und nun muß ich sehen, wie ich wieder zu meinem Zwecke zurück komme.

Es war also die Frage, da zur Erhebung und Bildung unserer Seele eine göttliche Offenbarung vonnöthen, weil unserer Seele, als einer wirkenden Kraft, der Weg und die Gesetze ihrer Wirksamkeit mußten vorgeschrieben werden, so gut als den materiellen Kräften in der Welt ihre Gesetze und Harmonie vorgeschrieben ist: auf welche Art diese göttliche Offenbarung am füglichsten geschehen konnte. Nun frage ich, ob man eine bessere Methode anzugeben weiß, sich Geistern, die in Körper eingeschlossen sind, mitzutheilen, als die vom

Schöpfer uns anerschaffenen göttlichkunstreich mechanisirten Organe, und die mittelst derselben hervorgebrachte Sprache, die alle[, die] eben die Organe haben, eben die Ideen durch dieselben auszudrücken gewohnt sind, als ein Medium unter sich stabilirt und festgesetzt haben, ihre Ideen einander wechselsweise mitzutheilen. Wir müssen also für so organisirte Menschen eine göttliche Offenbarung in Worten einer gebräuchlichen Sprache annehmen, und diese Worte müssen auf eine gewisse Weise gestellt seyn, um einen bestimmten Sinn auszudrücken. Sie können aber auch mehr ausdrücken und tiefer gehen, als es beym ersten Anblicke scheint, wie wir diesen Effekt bey allen Schriften von einiger Vortreflichkeit wahrnehmen, die oft erst bey der dritten, vierten Lesung recht hell, erwärmend und belebend werden. Natürlich muß bey einer göttlichen Offenbarung, die für alle Zeiten, alle Völker und alle Umstände brauchbar seyn soll, diese Eigenschaft in der höchsten Vollkommenheit angetroffen werden, und müssen wir also, an statt über die dunklen Stellen derselben uns lustig zu machen, mit vieler Ehrfurcht drüber verweilen, und das ganze enge Maas der Sphäre unsers Verstandes empfinden, der schon am Rande so vieler Abgründe zurückbebt, durch deren Tiefen vielleicht schon die nächstfolgenden Geschlechter ohne Wolken schauen werden. Das verhindert uns aber nicht, all unsre Kräfte aufzubieten, in dieser Dunkelheit schon itzt so weit vorzudringen als wir können, denn die Erfahrung lehrt uns trotz unserer heiligsten Systeme, daß in der Welt nichts übernatürlich zugehe, daß alle Wirkungen und Produkte unsers Verstandes in ihren Ursachen, in den Bestrebungen und Anstrengungen desselben gegründet sind. Aber da gleich beym ersten Schritte umzukehren und zu sagen, das lohnt der Mühe nicht – die Offenbarungen waren nicht göttlich – wahrhaftig! das ist der Weg nicht – das heißt, das kleine von unsern Aeltern übertragene Pfund fein im Schweißtuche vergraben, weil man weiß, daß der Herr strenge war, und erndete, wo er nicht gesäet hatte, uns Sachen sagte, die wir nicht gleich auf den Stutz verstunden, und uns doch nicht die Mühe geben wollten, sie verstehen zu lernen.

Ob also die Wahrheiten, die wir in der Bibel anfangs sparsamer ausgestreut, nachgehends häufiger zusammengedrängt finden, göttlichen Ursprungs seyn, das ist die Frage. Und wie ist die auszumachen, wie ist die zu beantworten? Wie die Wahrheit immer antwortet und seit Anfang der Welt geantwortet hat. Probirt mich, nehmt mich eine Weile auf Treu und Glauben an, aber ohne Tücke, ohne Hinterhalt eurer anderweitigen Afterneigungen und Begierden, und wenn ihr euch glücklich in meinem Besitze fühlt, nichts mehr zu wünschen und zu hoffen fühlt als mich, und immer mehr mich, so behaltet mich bey und sucht auf dem Wege, den ich euch vorlege, immer weiter vorzudringen, um immer neue Länder der Glückseligkeit zu entdekken: denn es sind ganz gewiß welche da, glaubt mir nur. Wer nun ihr glaubt, der schifft ein, wer nicht will, der bleibt am Ufer stehen und lacht die einfältigen Schöpse aus, die sich immer weiter aus seinem Gesichte entfernen, bis sie zuletzt sein Lachen nicht mehr hören, er aber bleibt wie die Bürger in kleinen Reichsstädten, glücklich auf seinem Mist, und wer wollte ihm sein armes Glück mißgönnen?

Das wäre nun genug wider den Unglauben deklamirt – laßt uns aber nun untersuchen, wie viel und wie wenig wir glauben sollen, um weder Don Quischotte zu seyn und spanische Schlösser und verfluchte Prinzessinnen aufzusuchen, wo Windmühlen und Dulcineen stehen, noch auch den Gefährten des Kolumbus ähnlich, die, so bald sie auf der hohen See waren, schon den Muth verlohren, jemals wieder auf festes Land zu kommen. Wie kann Gott sich Menschen geoffenbart haben, wie ist das möglich? Sie zu Maschinen gemacht und durch sie zu andern Menschen gesprochen, wie die heidnischen Orakel durch die delphischen Priester? – Diesen Begriff nahmen gewisse zunftmäßige Theologen, die den Glauben des Pöbels gepachtet hatten, um sich anderweitige Vortheile damit einzutauschen, mit Freuden an, nur dem Namen nach von jenen Priestern des Alterthums unterschieden, die den Göttern ihre Absichten oder auch absichtslose Einfälle unterschoben, um den Pöbel mit dem allerstrengsten und furchtbarsten Zaume und Gebiß zu regieren, die ein menschlicher Verstand nur aussinnen konnte, mit der Ehrfurcht gegen seine Götter. Diesem Begriffe lehrt uns also die Philosophie, der gesunde Gebrauch unsers Verstandes ausweichen – aber lehrt sie uns auch in den entgegengesetzten Begriff fallen, lehrt sie uns das, was von der Gottheit, nicht auf der Gottheit unanständige Art hervorgebracht werden konnte, als gar nicht von der Gottheit hervorgebracht, als bloß menschlich, irrig, unbestimmt, schwankend, und vielleicht gar thöricht und elend wegwerfen? Die Perlen, die nicht vom Himmel gefallen, sondern ganz natürlich aus dem Grunde des Meers hervorgefischt sind, mit Füssen treten? – das sey ferne.

Es hat gewisse Menschen gegeben, die der Gottheit lieber waren, als wir. Fällt uns das so schwer, so unmöglich zu glauben? Ey meine lieben und auserwählten Kinder Gottes, ihr, die ihr ganz allein sein Herz habt, gegen die Petrus und Paulus noch einschenken müssen, und die heiligen Propheten und Märtyrer allzumal doch nur Stiefkinder waren, wie, wenn ich euch frey heraus sage, daß ich doch nicht glaube, daß dem Dinge so ist, wenn ich frey heraus bekenne, daß wir mit allem unserm Wissen kreuz und queer, lang und breit, das uns so jämmerlich schwer auf dem Herzen liegt, doch immer, wenn wir uns an diesen Leuten messen, ihnen durch die Beine durchfallen. Und wo hatten sie das her, ja, lieber Gott! wo hatten sie das her, es waren doch nur Fischer und jene Teppichmacher, und die alten Propheten gar Avanturiers, die auf keiner Universität promovirt hatten. Woher kam ihnen das, worauf nach erstaunenden Bestrebungen unsere größesten Genies endlich doch nur halb blindlings und in der Dämmerung des von ihnen ausgegangenen Strahls tappeten. Vom Geiste Gottes? wahrhaftig nicht, nein, das kann nicht seyn, denn was ist Geist Gottes, zeigt mir ihn, beschreibt mir ihn, definirt mir ihn, mahlt mir ihn an die Wand! Von wem denn? wir wissen nicht.

Soll ich versuchen, Ihnen dies Problem aufzulösen? Sie müssen mich aber nicht auslachen, ich bitte Sie, denn ich lasse mich durch Lachen nicht abweisen. Ich würde Sie vorher auffordern, mir zu beweisen, ob Sie mit Verstand gelacht hätten, und können Sie mir das – nun dann will ich mit lachen. Es hat Leute in der Welt gegeben, wie uns die Bibel sagt, und was ist zu thun, hier müssen wir doch der Bibel glauben, denn es ist das älteste Geschichtbuch, das wir haben, die sich es gleich vom Anfange einfallen ließen, sie könnten doch wohl etwas weniger seyn, als der Gott, der über ihnen donnerte, die also den Entschluß faßten, diesen Gott, dessen Erkenntniß wenigstens nach den Anfangsgründen (die gemeiniglich das beste und sicherste sind, was wir davon haben) ihnen durch die Tradition von Adam an bis auf Enos, und von Enos bis auf Henoch, und von dem bis auf Noah, und von dem so weiter bekannt geworden war, auch allein als Gott zu verehren, und sich seinem Willen in allen Stücken zu unterwerfen, möcht er ihnen auch noch so dunkel und unbegreiflich vorkommen. Diese Leute hießen die Patriarchen, und Gott hat sich ihnen immer von Zeit zu Zeit unter einer sichtbaren Menschengestalt gezeigt, und ihnen seinen Willen, den sie freylich noch nicht immer ganz verstunden, zu erkennen gegeben. Diese Leute erzählen das Ding ihren Kindern, und diese wieder ihren Nachkommen, und so entstand die ganze jüdische Republik, und die ganze jüdische Gesetzgebung. Nach und nach, da die Leute schon gescheuter worden, und nicht mehr zum simplen einfältigen Gehorsam gegen die Befehle der Gottheit zu bringen waren, sondern immer schon das a b e r w i e ? a b e r w a r u m ? wissen wollten, da gieng es nicht mehr an, ihnen in ihrer eigenen Gestalt zu erscheinen, sie hätten sich zu familiär mit der Gottheit gemacht, wie wir in spätern Zeiten schon ein Pröbchen davon sehen werden, und was wär denn aus dem ganzen Gehorsam der Menschen gegen die Gottheit, und aus seinem ganzen Endzwecke der Schöpfung mit ihnen geworden? Er mußte sich also in eine Wolke hüllen, donnern und blitzen um sich her, damit sie mit ihrem überklugen Verstande endlich einsehen lernten, daß er mehr könne als sie, und diejenigen unter ihnen, die noch den meisten Gehorsam, die meiste gänzliche Unterwerfung und Ergebenheit in seinen Willen, das größte Gefühl ihrer Dependenz von ihm zeigten, seiner nähern Offenbarung würdigen, die mochten hernach sehen, wie sie den übergesunden im hitzigen Fieber stolzierenden Patienten die Arzney eingeben, ob mündlich oder schriftlich, ob von Thaten begleitet, die über den Wirkungskreis der erstaunend vernünftigen

Tollhäuser waren, und die sie durch die nach Gottes Weg und Ordnung angewandte und geübte in ihnen liegende Kraft bewirkten, die
aber, weil sie andern Leuten nicht in dem von ihnen erfundenen Weg
und System lagen, durchaus für übernatürlich, unnatürlich oder wi-
dernatürlich gelten mußten, nachdem sie bescheidener oder imperti-
nenter in ihren Urtheilen waren. Solche der vorzüglichen sichtbaren
Offenbarung Gottes gewürdigten Leute hießen Propheten, und es
steht in der Bibel, daß der Herr mit ihnen geredet und daß sie wieder
mit dem Volke geredet, so und so sagt der Herr, und das und das wird
erfolgen, wenn ihr so handelt, und das und das wird geschehen, wenn
ihr anders handelt. Finden Sie nun darinn etwas wider- oder übernatürliches? ich im geringsten nicht. Es ist Mutter Natur, dieselbe,
wie sie aus der Hand Gottes kommt, dieselbe, wie ich sie itzt um
mich herum allenthalben in ihren Wirkungen fortschreiten sehe und
auf meinem Antlitze fußfällig anbete.

Nachdem lang genug Propheten zu dem Volke geschickt waren,
die Leute oft genug gesehen, daß das wahr geworden, was sie ihnen
unter gewissen Bedingungen gedroht hatten, und daß Gott doch klü-
ger und mächtiger sey als sie, nachdem sie also den hellen Glanz
der Wahrheit nicht mehr ableugnen konnten, der ihnen zeigte, daß
sie durchaus Gott gehorchen müßten, um glücklich zu seyn, erschien
Gott endlich selber wieder, in derselben Gestalt, in der er sich den
ersten Menschen, und den Patriarchen und den Propheten allen hatte
sehen lassen, und setzte den Gehorsam und die Dependenz der Menschen auf die höchste Probe, auf die sie nur konnten gesetzet werden.
Ward gebohren wie sie, elender als sie alle, und starb des allerbitter-
sten Todes, den nur je ein Sterblicher hätte sterben können. Und das
gieng ganz natürlich, denn als ein Gott sich unter sie mischte und
sich in nichts von ihnen unterscheiden wollte, als in der Vortreflichkeit seiner Lehre und dem Edlen seiner Thaten, wurd er ihnen zu
gemein, sie konnten ihn länger nicht an ihrer Seite leiden, und wollten ihn also fort aus einer Welt schaffen, in der sie selbst gern die
unbeschränktesten Gebieter und Götter seyn wollten. Er litt mit De-
muth und Geduld, denn das war der Zweck seiner Erscheinung, stellte uns das Muster des tiefsten Gehorsams gegen die göttliche Zu-
lassung des physischen und moralischen Uebels in der Welt auf, des
Gehorsams bis zum Tode am Kreuz — warum? um uns zu zeigen, daß
je weiter diese Unterwerfung, diese Ergebenheit, diese Dependenz
von dem Willen der Gottheit gehe, desto herrlicher der Lohn sey, der
unser warte, daß alle die Einschränkungen unserer zeitlichen Glückseligkeit, die durch die Vermehrung und Ausbreitung des Menschengeschlechts und seiner guten und bösen Begierden, guten und bösen
Thätigkeit nothwendig geworden waren, uns an unserm innern und
geistigen und zugleich ewigwährenden und unveränderlichen Glücke
nicht den geringsten Abbruch thäten, sondern vielmehr als Dämme

anzusehen wären, durch welche der Strohm der Glückseligkeit nur dar⟨r⟩um eine Weile aufgehalten zu werden schiene, damit er hernach desto gewaltsamer und überschwänglicher auf uns zuströhmen könne, und wir hernach in vollem Maaß glücklich und trunken von Seligkeit und Wonne den Himmel im Busen tragen möchten, den die starken Geister läugnen, und die Schwärmer und Abergläubige hundert Brillen aufsetzen ihn aufzusuchen, ich weiß nicht wo.

Das ist meine Ueberzeugung, und ich hoffe, ich werde sie sobald nicht gegen eine andere austauschen, man müßte mir denn ihren Grund und ihre Quelle irgendwo in der Bibel anzugeben wissen. Die nächsten Freunde unsers im Fleische erschienenen Gottes schrieben seine Reden und Handlungen auf, und wohl uns! daß sie es thaten, ich fürchte, durch andere Hände würden diese Geschichte so lauter und unbeschmuzt nicht gegangen seyn, was auch Herr Doktor Bahrdt in Gießen davon halten mag. Die Apostel aber waren von ihm selbst — bedenken Sie, welche Authorität — von ihm selbst ausgewählt, ausgesucht, weil sie den nächsten Umgang mit ihm gehabt, seine Lehren also aus der ersten Hand hatten, sie in der Welt auszubreiten, alle Welt Theil an dieser großen Wahrheit nehmen zu lassen, daß Gott selbst in der Welt sichtbar eine Weile gelebt wie ein andrer Mensch, ausgestanden, gelitten wie ein andrer Mensch, und weit mehr als alle andere Menschen, und doch nicht müde oder muthlos geworden, seinen Weg fortzugehen, menschlich gut und edel, menschlich am besten, am edelsten zu handeln, wenn auch der Tod, und Schimpf und Schand im Tode selbst das Final davon wäre — denken Sie, welch eine Lehre! wie viel Trost! wie viel Aufmunterung für edle Menschen, leidende Helden, leidende Halbgötter. Denken Sie, wenn Kato noch gelebt hätte, und ein Apostel wäre zu ihm gekommen, und ihm das Schicksal seines Gottes erzählt, ob noch Verzweiflung seinen Dolch gegen seine eigene Brust würde gerichtet haben? Dieser Gedanke gehört nicht mein, sondern dem englischen Dichter Kowley, aber er ist vortreflich gedacht und noch besser empfunden, und weil ich ihn nachempfinde, so trag ich ihn hier, wie mich deucht, nicht am unrechten Ort auf.

Die Bibel sagt uns aber noch mehr, sie sagt uns, daß diese Leute den Geist Gottes empfangen, und weil uns das dunkel ist, was der Ausdruck sagen will, sollen wir derohalben die ganze Sache in Zweifel ziehen? Mit nichten, wie viel ist, das ihr nicht begreift, und wie vieles, das euch in der That noch hundert Procent unbegreiflicher ist als dieser Ausdruck selber? Habt ihr denn nicht oft genug gelesen, und sagt ihr selber nicht oft genug, dies und das Buch ist in dem Geiste dies und jenes Mannes geschrieben, diese und jene Uebersetzung ist völlig im Geiste ihres Originals? Ein menschlicher Geist, der in der von Gott durch die ganze Welt bekannt gemachten Ordnung des Rechts und der Wahrheit denkt, forscht und handelt, eine Kraft, die

sich so unaufhörlich nach der von Gott etablirten und uns empfindbaren Harmonie bewegt, hat schon in gewissen Umständen den Geist
Gottes, eine göttliche Gesinnung, eine Gesinnung, die dem Willen
der Gottheit konform ist, und so hatte die ganze erste christliche
Kirche den Geist Gottes. Da ihr aber die Sphäre der menschlichen
Geister nicht immer nach der Sphäre eures eigenen Geistes abmessen
könnet, da ihr nicht wissen könnet, wie hoch es gewissen menschlichen Geistern könne gegeben gewesen seyn, zu der Gottheit empor
zu streben, sich seiner Fülle zu nähern, und aus derselben einen besondern und vorzüglichen gnädigen Einfluß zu erfahren, da ihr ja
eben so wenig die sogenannten Wunder begreifen oder nachmachen
könnt, die die Apostel thaten, und uns die historische Feder eines,
der kein Apostel war, von ihnen aufgezeichnet hat — warum wollet
ihr diese Leute, oder ihre Authorität läugnen, weil sie größer waren
als ihr, weil sie aus höhern Fenstern sahen? Warum wollt ihr wegen
dessen, was euch in ihren Reden und Episteln dunkel ist, das Vortrefliche, dem ihr mit Amen und Händeklatschen Beyfall geben müßt,
das so schön gesagt ist, als es nur gesagt werden konnte, das mehr
als den Stempel des Genies trägt, das eure besten Philosophen nicht
halb so kurz, lebhaft und kräftig würden haben sagen können, für
blos menschlich, für Irthümern unterworfen, für zweydeutig halten?
Lernt sie doch erst verstehen, eh ihr so über sie weg urtheilt, das
Recht gesteht ihr ja dem elendesten Schmierer zu — und kommt ihr
nicht zu eurem Zweck, so schiebt euer Urtheil lieber auf, denn es
könnten andere Leute da seyn, oder noch erst gebohren werden, die
sie nun besser verstünden als wir, und da, wo wir nichts als Unordnung und Verwirrung und Labyrinth sahen, den schönsten herrlich-
sten chinesischen Garten entdeckten — einen Garten Gottes wie Eden,
und wir, die wir uns weidlich darüber mokirt hätten, welch eine Meynung würden wir unsern Nachkommen von unserm Geschmack hinterlassen.

Diese Leute schrieben nun — und hatten den heiligen Geist — das
ist mir genug, und nun werd ich mich schon in Acht nehmen, ihnen
Irrthümer oder Kezereyen zuzutrauen. Daß der heilige Geist es nicht
war, der ihnen den Griffel führte, sondern daß es ihre eigene menschliche Seele war, die die Muskeln ihrer Hand bewegte, weiß ich so
gut als andere, daß sie im übrigen noch immer Menschen mit Einschränkungen blieben wie wir, weiß ich auch, denn nur der Unendliche hat keine Gränzen, und alle geschaffene Geister und Kräfte haben weitere und engere Grenzen, nachdem es seiner Weisheit und
Ordnung beliebt, daß sie also bey Sachen, die mehr die äußere Einrichtung der Kirche, als die innere Aufrichtung und Entwickelung
der menschlichen Geister betrafen, nicht einerley Meynung seyn, pro
et contra disputiren, auch gar irren und fehlen konnten, will ich
alles zugeben, daß sie aber in sofern g e i r r t haben, als sie Apostel

ans menschliche Geschlecht waren, daß sie für uns geirrt haben, in allgemeinen Wahrheiten, die sich nicht auf lokale Umstände beziehen – das glaub ich nimmer und in Ewigkeit, und wer es glaubt, setzt ein Mistrauen in die Güte Gottes, die uns durch die zwölf Apostel auf dem Wege unsers Heils gewiß nicht in der Irre führen wollte –

Diese Abhandlung ist noch theologisch, m. H., ich hoffe aber, es soll die letzte seyn. Man wird sie mir verzeihen – weil heut zu Tage doch die Theologie selber beym Tanzmeister in die Schule gehen, und Komplimente machen lernen muß: es ist mir nichts weiter übrig als die Anwendung derselben auf die Theologen in meinem Vaterland und dann auf die ganze Welt zu machen, meiner Predigt ein honett Bürgerkleid anzuziehen, und dann zu versuchen, wie sie in vornehmen Gesellschaften ihr Glück macht.

Was die ersten anbetrift – meine werthen Herren! so wollt ich Sie als ein Patriot, denn diesen Titel kann mir niemand so wenig als meine teutschen Aeltern und das von ihnen empfangene teutsche Blut streitig machen, recht sehr ersucht haben, anstatt der Neuerungssucht, die gar zu gern an allen ehrwürdigen Monumenten hackt und krizelt, um ihr Alterthum und ihre Ehrwürdigkeit zweifelhaft und zweydeutig zu machen, lieber den Staub und Koth rein abzuwischen, mit welchen alle alte und neue Neuerer seit Konstantins, ja seit der Apostel Zeiten selber sie betragen haben: alle hineingebrachte Meynungen und Systeme und ihnen zu gefallen verdrehte und verstümmelte Sprüche aus dem Wege zu schaffen, und wie Bienen an der alten lieben Wahrheit, die so treuherzig noch immer durch alle den Epheu Unkraut und Brombeer durchschimmert, zu saugen, und lautern Honig, Götterspeise für die Menschen daraus zu bereiten – nicht aber alte Meynungen ausreuten, um neue an deren Stelle hinein zu pflanzen, die eben so bitter und trostlos sind, blos um sich einen Namen zu machen. Ein Spruch in seiner vorigen Lauterkeit wieder hergestellt, sollte uns schätzbarer seyn, als ein neu System, das uns die Bibel überflüssig machen will, die doch älter als alle Systeme, und ohne Zweifel auch besser ist, denn sie führt das System Gottes. Und wenn wir das auch nicht ganz übersehen, laßt uns doch mit einer Ecke von dem herrlichen Gebäude zufrieden seyn, es ist so groß und das Leben so kurz, ein Glück, daß wir mehr als Ein Leben zu hoffen haben. Wenn im Buch Josua keine philosophische Moral mit dürren Worten anzutreffen ist, so stehn da Begebenheiten, die dem jüdischen Volke begegnet sind, und aus denen sich die allersolideste philosophische Moral zubereiten läßt, wenn man nur Philosoph darnach ist. – Ich will hiemit keiner einzigen aller Ihrer Bemühungen vorgreifen oder vorgebaut haben, der menschliche Geist wird, wie Ludovicus Vives sagt, durch Arbeit geweidet, ich möchte sagen, genährt und gestärkt, fehlgeschlagene Versuche haben auch ihren Nutzen,

und da die Wahrheit immer in der Mitte liegt, müssen wir von einer
Seite zur andern balanciren, ehe wir auf dem Seile gehen lernen.

Nun noch ein Wort für die galante Welt. Wir haben itzt das Säkulum der schönen Wissenschaften. Paradox und seltsam genug würd'
es lassen, zu sagen, daß sich aus den Schriften der Apostel, so wie
überhaupt aus der Bibel, eben so gut eine Theorie der schönen Künste abstrahiren ließe, wie aus dem großen Buche der Natur. Verstehn
Sie mich nicht unrecht, ich sage dies nicht grade zu, ich will Ihnen
nur einen Wink geben, daß die wahre Theologie sich mit dem wahren Schönen in den Künsten besser vertrage, als man beym ersten Anblick glauben möchte. Diesen Satz weiter auszuführen, würde mich
hier zu weitläufig machen, erlauben Sie mir nur, ein paar hier nicht
her zu gehören scheinende Anmerkungen anzuhängen, ehe ich schlie-
ße. Man fängt seit einiger Zeit in einer gewissen Himmelsgegend
sehr viel an, von *Sensibilité* (bey den Deutschen Empfindsamkeit)
zu diskuriren, zu predigen, zu dichten, zu agiren, und ich weiß nicht
was. Ich wette, daß der hundertste, der dies Wort braucht, nicht weiß
was er damit will, und doch wird das Wort so oft gebraucht, daß es fast
der Grundsatz aller unsrer schönen Künste, ohne daß die Künstler es
selbst gewahr werden, geworden ist. Der Grundsatz unserer schönen
Künste ist also noch eine *qualitas occulta*, denn wenn ich alle Meynungen derer, die das Wort brauchten, auf Zettel geschrieben, in
einen Topf zusammen schüttelte, wette ich, ein jeder würde dennoch
dieses Wort auf seine ihm eigene Art verstehen und erklären. Und
das ist auch kein Wunder, da wir als Individua von einander unterschieden sind, und seyn sollen, und also jeder sein individuelles Ner-
vengebäude, und also auch sein individuelles Gefühl hat. Was wird
aber nun aus der Schönheit werden, aus der Schönheit, die wie Gott
ewig und unveränderlich, sich an keines Menschen Gefühl binden,
sondern in sich selbst die Gründe und Ursachen ihrer Vortreflichkeit
und Vollkommenheit haben soll? Homer ist zu allen Zeiten schön
gefunden worden, und ich wette, das roheste Kind der Natur würde
vor einem historischen Stücke von Meisterhand gerührt und betrof-
fen stehen bleiben, wenn er nur auf irgend eine Art an diese Vorstellungen gewöhnt wäre, daß er gewisse bestimmte Begriffe damit
zu verbinden wüste. Dessen kann sich aber das Miniaturgemählde
und das Epigramm nicht rühmen, und jener macht eben so wenig
Anspruch auf den Titel eines Virtuosen in der Mahlerey, als dieser
auf den Titel eines Genies κατ εξοχην, eines Poeten, wie Aristoteles
und Longin dieses Wort brauchten, eines Schöpfers. Das muß doch
seine Ursachen haben. Ja, und die Ursachen liegen nicht weit, wir
wollen nur nicht drüber wegschreiten, um sie zu suchen. Sie liegen
darinn, daß jene Produkte hervorzubringen, mehr Geist, mehr innere Konsistenz, und Gott gleich stark fortdaurende Wirksamkeit unserer Kraft erfordert wurde, welche bey dem, der sie lieset oder be-

trachtet, eben die Erschütterung, den süßen Tumult, die entzückende
Anstrengung und Erhebung aller in uns verborgenen Kräfte hervor-
bringt, als der in dem Augenblicke fühlte, da er sie hervorbrachte.
Es ist also immer unser Geist, der bewegt wird, entflammt, entzückt,
über seine Sphäre hinaus gehoben wird – nicht der Körper mit samt
seiner *Sensibilité*, mag sie auch so fein und subtil seyn als sie wolle.
Denn das Wort zeigt nur ein verfeinertes körperliches Gefühl an,
das ich durchaus nicht verkleinere, verachte, noch viel weniger ver-
damme, behüte mich der Himmel! verfeinert euren Körper ins unendliche wenn ihr wollt und wenn ihr könnt, distillirt ihn, bratet
ihn, kocht ihn, wickelt ihn in Baumwolle, macht Alkoholl und Alka-
hest draus, oder was ihr wollt – der ehrliche Deutsche, der noch seiner alten Sitte getreu, Bier dem Champagner, und Tabak dem *eau de
mille fleurs* vorzieht, der nur einmal in seinem Leben heyrathet, und
wenn sein Weib ihm Hörner aufsetzen will, sie erst *modice castigat*,
dann prügelt, dann zum Haus nausschmeißt, hat einen eben so guten
Körper als ihr, und noch bessern wann ihr wollt, wenigstens dauerhaf-
ter, weiß er ihn nicht so schön zu tragen als ihr, nicht so artig zu beu-
gen, nicht so gut zu salben und zu pudern, er braucht ihn wozu er
ihn nöthig hat – und sucht das Schöne – wenn der Himmel anders
unser Vaterland jemals damit zu beglücken, beschlossen hat – nicht
in dem, was seine verstimmte Sensibilität in dem Augenblicke auf
die leichteste Art befriedigt, oder vielmehr einschläfert, sondern in
dem, was seine männliche Seele aus den eisernen Banden seines Körpers losschüttelt, ihr den elastischen Fittig spannt, und sie hoch über
den niedern Haufen weg in Höhen führet, die nicht schwärmerisch
erträumt, sondern mit Entschlossenheit und Bedacht gewählt sind.
Da mihi figere pedem, ruft er, nicht mit halbverwelkten Blumen zufrieden, die man ihm auf seinen Weg wirft, sondern Grund will er
haben, felsenvesten Grund und steile Höhen drauf zaubern, wie Göthe sagt, die Engel und Menschen in Erstaunen setzen. Ist es Geschichte, so dringt er bis in ihre Tiefen, und sucht in nie erkannten
Winkeln des menschlichen Herzens die Triebfedern zu Thaten, die
Epochen machten, ist es Urania, die seinen Flug führt, ist es [die]
Gottheit, die er singt, so fühlt er das Weltganze in allen seinen Verhältnissen wie Klopstock, und steigt von der letzten Stuffe der durch-
geschauten und empfundenen Schöpfung zu ihrem Schöpfer empor,
betet an – und brennt – ist es Thalia, die ihn begeistert, so sucht er
die Freude aus den verborgensten Kammern hervor, wo der arbeitsame Handwerker nach vieler Mühe viel zu genießen vermag, und
der Narr, der euch zu lachen machen soll, ein gewaltiger Narr seyn
muß, oder er ist gar nichts. Ists endlich die Satyre selbst, die große
Laster erst zur Kunst machten, wie große Tugenden und Thaten die
Epopee, so schwingt er die Geißel muthig und ohne zu schonen, ohne
Rücksichten, ohne Ausbeugungen, ohne Scharrfüße und Komplimen-

te grad zu wie Juvenal, je größer, je würdigerer Gegenstand zur Satyre, wenn du ein Schurke bist – kurz –

Wo gerathe ich hin? Ich habe nur mit zwey Worten anzeigen wollen, daß weder Nationalhaß, noch Partheylichkeit, noch Eigensinn
und Sonderbarkeit mich begeisterten, wenn ich jemals Unzufrieden-
heit über die französische Bellitteratur, die so wie alle ihre Gelehrsamkeit mit ihrem Nationalcharakter wenigstens bisher noch immer
in ziemlich gleichem Verhältniß gestanden, bezeugt habe: doch das
ist grad zu und ohne Einschränkung noch nie geschehen, und geschicht auch jetzt nicht.

Zweyte Stimme
M. H.

Die Geduld, die Sie bewiesen haben, bis hieher zu lesen, macht
mich so – wie soll ich sagen? kühn, wankelmüthig, eitel – nennen Sies
nach Ihrem Gutbefinden, Ihnen noch eine Rede zu halten, die nichts
mehr und nichts weniger als theologischen Inhalts ist. Ich mache weder Anspruch auf den Namen eines Heiligen noch eines Helden, wohl
aber auf den eines Menschen, und also unterwerf ich mich in Ansehung meiner letzten Versprech- oder Drohung, «Ihnen nie wieder
mit einer theologischen Abhandlung zu kommen», gern dem Ausspruche Davids: alle Menschen sind Lügner. Ich habe also diesmal
gelogen, mein Wort gebrochen, und doch bin ich noch so eitel zu
hoffen, daß diese meine Sünde Ihnen weder ganz mißfällig noch
ganz unnütz seyn werde. Ich bin ein Laye und wende mich an Sie,
meine Herren! die das System unsers Glaubens studiren, die Sie meine neuliche Schrift mit einer in Ihrer Fakultät sonst nie erhörten
noch geduldeten Nachsicht, Gelassenheit und Standhaftigkeit ange-
hört haben, um der Wahrheit willen, die aus alle dem Schwachen
längst gesagten, und oft genug gesagten, übel verstandenen und übel
angewandten oder übel ausgedrückten, immer noch hervor guckte,
das macht mir Muth zu Ihnen, denn wenn wir unser persönliches
Interesse der Wahrheit nachsetzen können, so deucht mich, sind wir
schon auf gutem Wege, in Wahrheit auf dem besten Wege unter
der Sonne, auf dem Wege·zum Leben.

Da wir also einmüthig annehmen, daß die einzige wahre Religion
auf dem Planeten, den wir Erde nennen, die sey, die Gott selbst unter
der Person Christi uns hat einführen wollen, da wir zugleich, wie ich
von Ihnen allen hoffe, von ganzem einfältigen Herzen die Wahrheit
dessen glauben, was uns die Evangelisten im Angesichte der zwölf
nächsten Freunde und Bekannten Christi, der Apostel, von Ihm erzählt und aufgezeichnet haben, da wir glauben, daß das, was in den
Briefen dieser Apostel mit den evangelistischen Erzählungen so schön
zusammen paßt, harmonirt, übereinstimmt, uns den allerkräftigsten

und sichersten Wink gebe, daß eines sowohl als das andere göttliche – bewährte und unumstößliche Authorität habe – so wollen wir als freye, und von niemand als der Gottheit allein beschränkte Bürger unsers Planeten uns der vor uns liegenden frohen Botschaft getrost und herzhaft nahen, sehen, was für Vortheile fürs menschliche Geschlecht daraus zu holen sind, ihren innern Werth kühnlich untersuchen, und wenn wir ihn schwer und wichtig finden, zu Dank und Anbethung gegen den bereit seyn, der sie mit uns getheilet hat.

Sehen wir in die Geschichte der Welt, und weil wir keinen andern Knäuel in diesem dädalischen Garten haben, laßt uns doch den Faden annehmen, den Moses und alle Geschichtschreiber nach ihm uns darbieten. Menschen, Anlagen zu allem, was groß, edel und vortreflich nachmals nur unter uns ist genennt worden, aber nur immer noch Anlagen, Keime, die nach und nach aufschossen, herunter wuchsen, die Kreuz und die Queer wuchsen, Wurzeln einankerten, erst im Sande, dann in die Tiefe, dann bis in die Hölle hinab, Blätter trieben, Zweige trieben, Stämme wurden, Eichen wurden – bis denn endlich der dunkle undurchsehbare Wald draus worden ist, in dem wir uns jetzt befinden, beständiger Gefahr zu verirren ausgesetzt, ganz ohne Weg und Steg und Licht, wenn es dem Pflanzer und Gärtner selbst nicht beliebt, uns Wege durchzuhauen und Licht hinein scheinen zu lassen. Welch eine unendliche Menge von Begierden, Bedürfnissen, Charakteren, Sentiments, Entschlüssen, Handlungen, Nichthandlungen – o gütige Gottheit! wer anders als du kannst alle die tausendmal tausend Verschiedenheiten von Köpfen huten – mir schwindelts, wenn ich dran denke, daß Philosophen waren, die moralische Systeme fürs Ganze erfinden wollten.

Doch ich deklamire schon wieder, und ich wollte heut durchaus nicht deklamiren, sondern nur fragen, mich belehren lassen, Ihnen Zweifel vorlegen, die Sie mir lösen sollen, zur Beruhigung meines weltlichen Herzens, das nach nichts weniger strebt, als in der geistlichen Republik eine große Rolle zu spielen. Aber ob schon Ein Narr mehr fragen kann, als zehn Kluge beantworten, so lasse ich mich doch damit nicht abweisen, denn diese an sich ganz gute Sentenz ist mit alle dem noch keine Antwort auf die Frage des Narren, wenns ihm um Wahrheit zu thun ist.

Meine Hauptfrage ist also die: Kam Christus auf die Welt, uns ein moralisch System zu lehren, das heißt, uns in seiner Lehre ein moralisches Ideal eines vollkommnen guten verständigen, artigen – kurz – eines Extramenschen zu geben? Nehmen Sie hier ja wohl in Acht, daß ich hier blos frage, blos nur mich will belehren lassen, daß mir die Meynung pro noch so wohl gefällt als die Meynung contra, wer mir unter Ihnen die meisten Gründe und die schwersten für seine Meynung anzugeben wissen wird, der soll mir der willkommenste seyn. Weil ich als Frager aber auch eine Stimme habe, so will ich jetzt

so meine Gedanken drüber und dafür und dawider Ihnen ganz nackend
aufstellen, vogelfrey, eben so bereitwillig kanonisirt, als exkommu-
nicirt oder keins von beyden oder etwas von beyden zu werden, wie
sies verdienen werden.

Wir haben bis auf Christum noch immer Leute auf der Welt gehabt – einige wenige Ausnahmen seitwärts in Griechenland, Mor-
genland und Egypten, die aber auch noch zweydeutig sind, thun nichts
zur Sache – die die Glückseligkeit des Menschen einzig und allein in
dem Genusse sichtbarer und fühlbarer Dinge setzten, die einzige unsichtbare Glückseligkeit, die ihnen noch bekannt war, war die gute
Meynung anderer Menschen von ihnen, Ehre und Ruhm, die Grund-
säulen aller Tugenden und Thaten des Alterthums und des ganzen
Heidenthums. Sollen wir diese Glückseligkeit heruntersetzen, ver-
achten, verdammen? Mit nichten, meine Herren! wie viel und wie
wenig würde denn von der ganzen Summe der Glückseligkeit
in der Welt übrig bleiben. Aber ist sie uns alles, das Final aller unserer Wünsche, alles unsers Strebens, alles unsers erbärmlichen Nisus
und Renisus, das *non plus ultra* unsrer gen Himmel schwingenden
Seele? Das war die große Frage, die damals eben in der Weltasche
schlummerte, und nur bisweilen in kleinen Fünkchen emporglimmte,
als Christus auftrat: Μετανοεῖτε – herüber mit eurem Gemüthe, höher, höher, arme Sterbliche, oder ihr lernt die Gottheit nie kennen,
nie in eurem Busen fühlen. Und wie das zu machen, wo da hinreisen,
wo da einsteigen, was sollen wir einpacken, was sollen wir mitnehmen, womit werden wir uns speisen, womit werden wir uns kleiden,
was wird mein Papa und meine Mama sagen, was wird Bürgermeister
und Rath der und der Stadt dazu sagen, und meine Güter, meine Zinsen, meine liegenden Güter, meine beweglichen Güter, meine zukünf-
tigen Güter, meine Netze, mein Zollhaus, mein Schiff und der Vater
Zebedäus drin, wie wird das, wie geht das, nimmer und in Ewigkeit!
– – Keine Entschuldigung! Folge mir nach, ruft er, mit Füchsen und
Vögeln geh unter Gottes Himmel umher, und laß Vater Vater seyn
und Brüder Brüder seyn, wenns um Wahrheit gilt – und so bringt
er zwölf brave Leute zusammen, die ihm auf sein bloßes «Folge mir»
glauben, thut einige Thaten, daß die Engel drob jauchzen möchten,
unbekümmert, ob sie drob jauchzen oder nicht – tritt itzt auf einen
Berg, um den ein Haufen *Faineans* und *Badeaux* und Zöllner und
Sünder, kurz *la plus vile populace* hinströmt, hinhängt an seinem
Munde und Blicken, um zu hören, was doch der neufränkische unbekannte sonderbare Mann dort sagen wird, wie er sich doch anstellen
wird, um irgend eine neue Sekte aus ihnen zu machen, mit denen er
die Gebürge durchstreicht, wie die damals so häufigen und gewöhnlichen Räuberbanden pflegten, in seiner Lehre sich über den ganzen
römischen Popanz von Weltdespotismus mokiren, ihre Staatsverfas-
sung mit den spitzigsten und abgefeintesten Waffen des Witzes an-

greifen und übern Haufen werfen wird, und sie alle anfrischen wird,
die gewöhnliche Sprache der unruhigen Köpfe, der Sektirer, Empörer,
Heerführer, für die Freyheit dem ganzen Staate in die Haare zu fallen, zu siegen oder zu sterben – –

So etwas und noch vielmehr erwarteten sie von einem Manne, der
plötzlich unter ihnen mit Wunderkräften aufstund, von einem Zau-
berer also, von einem Manne, der alles konnte, und nur noch Leute
brauchte, die mit ihm zogen und seinen Winken zu den erstaunlich-
sten Revolutionen auf dem Erdboden gehorchten, zu Rauch, Dampf,
Blut, Belagerung, Zerstörung und Ruin. – –

Wie sehr mußten sie sich in ihrer Erwartung betrogen, betäubt
und ·betroffen finden, als er seinen Mund aufthat und anfieng: Selig
sind die geistlich arm sind: selig sind die Leyd tragen, selig sind die
Sanftmüthigen und die um der Gerechtigkeit willen verfolgt werden –
o weh! der halbe Haufe hat gewiß vor Erstaunen in den ersten Augenblicken noch nicht zu sich selbst kommen können, diesen Augenblick macht sich Christus zu nutz und redt seine Jünger an: ihr seyd
das Salz der Erde, ihr seyd das Licht der Welt, die Leute verstanden
das schon besser, nun kehrt er sich wieder an die Menge, die derweile
zu ihrer vorigen Besinnung gekommen war: ihr müßt nicht glauben,
ich sey kommen, euer Gesetz, eure Propheten aufzulösen, sondern zu
erfüllen.

Jetzt, meine Herren, ist hier die Frage, heißt das Auflösen hier ab-
schaffen, verwerfen, grad weg, ganz allein, wie es gewöhnlich erklärt
wird, heißt das Erfüllen im Gegentheil vervollkommnen, verfeinern,
verbessern ganz allein: oder liegt in diesen, wie in allen Reden Christi, nicht ein tieferer, ein zweyfältiger, ein Doppelsinn, der aber auf
eins hinaus kommt, der in einem ganz andern Verhältnisse als der
Doppelsinn der heidnischen Orakel, an statt zu betrügen und ver-
wirren, vielmehr, je länger man ihm nachdenkt, mit desto schönern,
fruchtbarern, seligern Entdeckungen uns·belohnt, ein Doppelsinn, der
für die hier hinhörende Menge vollkommen zulänglich und zuträglich
– zugleich aber für die nach ihnen kommenden Nachkommen ihrer
nachkommenden Nachkommen eben so zulänglich, eben so zuträglich seyn konnte und seyn sollte. War ein solcher Doppelsinn Christi
unwürdig? Ich wag es nicht zu sagen: ja. Vielmehr – doch hier sollen
Sie mir sagen.

Wie wärs also, wenn es zugleich hieße, die vorige Bedeutung nicht
ausgeschlossen, ich bin nicht kommen, euch das Gesetz und die Propheten zu erklären, euch euer Moralsystem heraus zu drechseln, sondern zu erfüllen, zu thun und wer's Herz dazu hat, der thue mir nach.
Sehen Sie den Zusammenhang, Sie werden diesen seligen Doppeltsinn fortgesetzt und durchgeführt finden. Denn ich sage euch, dies
Gesetz wird nicht vergehen, bis Himmel und Erde vergeht, das mußte
dem rohen Haufen dort gesagt und ihm erst Ehrfurcht und Scheu da-

gegen eingeprägt werden, aber zugleich kriegen wir einen Wink, und
das ganze menschliche Geschlecht kriegt einen, das Gesetz ist gut und
ewig, wie der Himmel, will er sagen, und muß bis auf den letzten
Titel geschehen, zugleich eine Weissagung, und wird geschehen, es
wird Menschen geben, die es werden halten können, und gleich im
folgenden Vers: Wer nun eins dieser kleinsten Gebothe aufzulösen,
zu erklären im Stande ist, der wird der Kleinste heißen im Himmelreiche, in dem seligen Zustande der Christen, denn eine andere Erklärung vom Himmelreiche weiß ich nicht, also unter den seligen glück-
seligen Geistern wird der der Kleinste heissen, aber wers thut und
lehrt, der wird groß heißen unter ihnen.

Jetzt ist der Uebergang zum folgenden Verse der allernatürlichste,
der gefunden werden kann. Doch ist hier immer Doppeltsinn, doppelter zwiefacher, dreyfacher Sinn, vielleicht hundertfacher in jedem
Worte, und das ist eben das Vortrefliche der ganzen Predigt. Eure
Pharisäer, eure Gesetzausleger sind noch gar nicht die rechten Gesetzausleger, nicht allein darin noch tadelhaft, daß sie das Gesetz nicht
erfüllen, sondern auch darin, daß das moralische Ideal, das sie aus
dem Gesetze heraus heben, noch gar nicht bey weitem nicht an das
rechte ächte nur gränzet, nur anstößt, sondern ganz und gar in einer
andern Himmelsgegend liegt. Beyseite gesetzt, daß, im Falle es auch
das Beste wäre, es doch immer besser wäre, eins von den kleinsten
Geboten Gottes zu thun, und hernach den Leuten darüber die rechten
Aufschlüsse zu geben, als es blos zu lehren.

Jetzt, meine Herren! fordre ich Sie auf, daß Sie [mich] weidlich
durch die Spießruthen der Kritik laufen lassen, ich sage, ich fodre Sie
dazu auf, und das aus vollem Ernste, denn der kaltblütige uneinge-
nommene Kritikus wird hier mir offenbar zeigen können, daß ich der
ganzen Stelle Gewalt angethan, daß Christus im 17ten Vers das Wort
καταλυσαι gebraucht, welches *dissolvere* heißt, zerstören, aufheben
und im 19ten das *simplex* λυση allein, das nichts mehr heißt, als lösen allein, das also noch eher die Erklärung annehmen könnte, von
auslegen, zergliedern: mein Herz sagt mir aber eben umgekehrt, daß
Christus beym Worte καταλυσαι, ob schon es für den Haufen, der ihm
zuhörte, *destruere*, aufheben, hieß, doch vielmehr an auflösen, erklären,
auseinanderlegen gedacht, und hingegen beym *simplex* λυω im 19ten
Vers mehr an e r k l ä r e n a u f e i n e s o l c h e A r t, daß man die Leute
gern von der Verbindlichkeit gegen dies Gesetz losmachen, befreyen
möchte, ihnen das vermeynte Joch los, weit offen machen möchte —
und da sollten Sie nur sehen, wie ich armer Laye bey dieser Gelegenheit bald den Schrevelius, bald das griechische Testament, bald die
lutherische Übersetzung reite, und doch zu der wahren Bedeutung des
Worts καταλυω nicht hinreiten kann, vielleicht weil es durchaus nicht
eine einzige Bedeutung hat und haben soll, denn das verzweifelte
κατα heißt eben so gut *contra* als *versus* und *contre* und *envers* sind

doch durchaus nicht dasselbe Ding, das eine ist Feind, das andre gut
Freund. Hernach sagt mir zwar Schrevelius, denn den Skapula hab ich
nicht, m. H.! und Griechisch versteh ich auch nicht viel, (doch das unter uns) in *compositis* heiße es *de, ad, valde* und *deorsum* – geben
Sie auf das *valde* acht, denn zu dem spühr' ich hier die meiste Inkli-
nation – und jetzt durchlauf ich im Schrevelius alle die Composita
von κατα um aus der Analogie, wie es bey andern Wurzelwörtern
ihre Bedeutung modifizirt, etwas für meine Erklärung zu holen –
denn das können Sie mir nicht verdenken, hierin bin ich allen Bi-
belauslegern vom Dokter Baumgarten bis zum Schuster Böhm gleich,
aus dieser Ursache etwas wider meine Erklärung aufzusuchen, das
überlasse ich Ihnen, und bitte Sie darum – hierin bin ich den vorbe-
nannten Herren nicht gleich. Also die Composita von κατα, καταβαινω,
descendo, das ist nichts, καταβαπτιζομαι, *immergor*, sehen Sie, das
ist etwas, das heißt hier, einen recht sehr tief untertauchen, καταβα-
βρενω *debito praemio privo* – o das ist übel, nein, ich muß so aufrichtig nicht seyn, ich will die andern Composita still durchgehen,
und wenn ich etwas f ü r m i c h f i n d e, dann erst laut werden –

Unterdessen, m. H., lassen Sie uns zum Zeitvertreibe die Lehre von
den moralischen Idealen erst vornehmen, und uns unsere Meynungen darüber abhören, denn ich muß Ihnen sagen, ich habe darüber
noch ein wenig viel auf dem Herzen – von dem Worte πληροω wollt'
ich Ihnen auch noch eine philologische Untersuchung und von dem
Worte ἀντιστημι und von vielen andern Wörtern, doch man muß seine Gelehrsamkeit nicht all auf einmal ausschütten, weil die edle Bescheidenheit – weg Schrevelius!

Was ist von den moralischen Idealen zu halten? Hier, m. H., werden
wir uns wieder zanken, und das ist die Absicht, warum ich aufgetre-
ten bin, denn ich bin Fried und Einigkeit von Herzen feind, und kann
die Leute, die immer Recht geben, eben so wenig leiden, als die immer Recht haben wollen. Ich vor mein Theil halte von den moralischen
Idealen ganz und gar nichts – oder wenn Sie mir Recht geben, halt
ich von ihnen bis zum Sterben viel. Lassen Sie uns das pro und contra hören. Ich stelle mich jetzt zum contra, stellen Sie sich hier gegen
über zum pro – oder meynen Sie anders? nun nun, so will ich mich
denn jetzt vor der Hand zum pro stellen.

Was ist moralisch Ideal? Es ist das beste, was wir von Tugend wissen, das dem Volke auf die beste Art vorgetragen. So haben alle Philosophen und Gesetzgeber aller Völker gemacht und haben sehr Recht
gehabt, nach meiner Meynung, es so zu machen, denn seht einmal,
ihr lieben Leute, wenn man einen krummen Baum grade haben will,
so muß man ihn an einen graden Stock binden, oder wenn man das
menschliche Herz bessern will, so muß man die in der Welt sparsam
zerstreuten Züge der Tugend alle zusammen nehmen, und in ein Gemälde bringen, ein schönes Ganze draus machen, das uns mit seiner

Grazie, mit seinem himmlischen Lächeln die Seel aus dem Körper heraus winkt, und uns mit brünstiger Zuneigung auf diese unwidersteh-
liche Gestalt zufliegen, in ihre Arme an ihren Busen sinken macht
und so dergleichen –

Ich seh, m. H., es will mir nicht recht von Herzen gehen, so viel
Gutes von dem lieben pro zu sagen, es möchte mir Schaden thun, denn
ich habe nun einmal das liebe contra in meine Protektion genommen,
und vor heute will ich dabey bleiben, kommen Sie mir aber nicht nach,
ich bitte Sie, sonst lauf ich wieder zum pro zurücke, denn ich will nun
einmal disputiren, mag es gehen wie es wolle.

Also frage ich jetzt im Namen und von wegen meiner heutigen
Lieblingsmeynung, primo ob ein allgemein moralisch Ideal möglich
ist? für alle Zeiten – für alle Völker – für alle Umstände – bedenken
Sie selber. Ja nachdem der Mann ist, werden Sie sagen. Unser Heiland
zum Exempel, hätte schon ein solch Ideal geben können, denn er sah
in alle Völkerschaften, alle Zeiten, alle Umstände – – aber ich habe
ja gefragt, ob ein solch Ideal an und für sich s e l b s t möglich wäre,
nicht ob für den, oder für den? Doch das lassen wir stehen, es ist hier
der Ort noch nicht, das auszumachen.

Viel schönes hätt ich unterdessen doch für mein contra immerweg
sagen können, zum Exempel, daß es Völker gebe, wo die kindliche
Liebe sich durch den Todschlag zu erkennen gebe, und wieder andere,
wo durch das Prügeln sich die eheliche Liebe zu erkennen giebt, und
wieder andere, wo es moralisch schön ist, ein *cocu* zu seyn, und wieder andere – aber, m. H., all das haben Sie durch die Hülfe einer
heftigen Hand verloren, die die Nerven meines Gehirns so lang auf
und nieder gezogen und gerissen hat, bis das letzte Gränchen Witz
heraus gefallen war, rein deutsch zu reden, ich habe mich frisiren lassen, und da ist mir bey diesem Kammstriche Stern durch den Kopf
gefahren, bey jenem Abbt, beym dritten Wieland, beym vierdten – ja
was soll ich Ihnen mit all den hundert Kamm- und Gedankenstrichen
das Papier verderben, ich will Ihnen nur das Final davon sagen, und
das war (schwer zu rathen wirds Ihnen wohl nicht seyn) Laye! du bist
ein großes Genie – unseliger Gedanke! mit einem Streiche waren alle
Brunnen des Witzes und der Laune und der Vernunft verschlossen.
Ich setze mich an den Tisch, aber ach! nicht mehr der vorige, nehme
die Feder, sehe sie an – – denke an Gottscheden, sage: Laye, du bist
ein kleines Genie, aber leider! auch das will nicht mehr helfen. Wo
seyd ihr schönen Gesichter alle! holde Geister! die ihr mich eurer gnädigen Influenzen würdigt. Aus ist das Licht – und ich sitz in der
Camera obscura, und beweine meinen Unverstand. O meine Herren!
ich warne Sie alle für diesem feindseligen Gedanken, wenn Sie anders jemals ihr pro gut gegen mich vertheidigen wollen. Jetzt sieht
es schlimm mit meinem contra aus, ich will mich anziehen und zu
Tische gehen, und fressen, weil ich nicht denken kann. Aber ach all

ihr Mächte des Olympus! welch ein Unterschied unter fressen und denken. Contra du wirst verlieren, contra steh geschwind auf, geh, bind dir die Schürze vor, laß dich frisiren und suche dir einen andern Liebhaber, der deine Sache besser vertheidigen kann, und dem's nicht mitten in der Hitze des Gefechts, des stärksten Ausfalls auf deine Belagerer einfällt, einfällt, er sey ein großes Genie, und der die Religion besser gefaßt hat, die uns nur unsern lieben Herrn Gott von ganzem Herzen lieben, bewundern und verehren, unsere lieben Nächsten aber für eben so große Genies halten lehrt, als wir selber sind.

Das war eine animalische Digression – denn ich komm eben vom Mittagsessen zurück – oder vielmehr vom Kaffeehause, wo mir ein artiger Vorfall begegnet ist, den ich Ihnen erzählen muß. Ich saß dort in meinem frisenen Nebelrocke, ob zu vornehm oder zu gering, den Sonntag mit meinem besten Kleide zu feyern, darüber blieb das Kaffeepublikum noch so ungewiß als ich selber. Ich sah jemand Unbekanntes die Zeitung lesen, ich bat sie mir von ihm aus, setzte mich zu ihm, um ihm die Müh zu sparen, mich zu suchen. Als er sie ausgelesen, was meynen Sie, wem er sie gab? seinem Nachbar von der linken Seite: ich regte mich – ach mein Herr, sagt' er, nehmen Sies doch nicht übel, ich hatte Sie vergessen. Vergessen? sagte mein alter Adam, vergessen? das hat er nun ganz gewiß nur zu deinem Kleide gesagt, denn wenn er wüste, was für ein groß Genie du bist – was für ein schlechter Kerl du bist, fiel ihm mein Gewissen in die Rede, und mein Gewissen hatte Recht. Denn, m. H.! wenn wir bedenken, was heutigs Tags ein grosses Genie heißt und sagen will, heurig, da die Bedürfnisse und Hülfsmittel der Geister so hoch gestiegen sind, da sie so viel genossen haben, so schwer mehr zu kitzeln sind, so große Kitzelungen schon in allen Zungen und Sprachen passirt haben, da wir Schriftsteller andern Seits, so erstaunende Quellen und Vorrath zubereitet vor uns liegen haben, und mit nichts mehr beynahe beschäftigt sind, als die Sachen, mit denen wir unsere lieben Zuhörer speisen wollen, mit ein wenig Citronensäure oder so etwas anzumachen – adieu! groß Genie! wie viel kommt die Mahlzeit? packe dich!

Nun denn zu unsern moralischen Idealen zurück! und laßt uns mit Ernst abwechseln, sonst haben die Berge geboren, und eine Ratte ist zwischen ihnen durchgelaufen. Unausgemacht also, ob ein allgemein moralisch Ideal möglich war, könnten Sie mir *secundo* so antworten:

Alles zugestanden in Absicht des allgemeinen Ideals: ist es darum nicht lobenswerth, nicht heilsam, für gewisse Nationen in gewissen Zeitläuften, unter gewissen Umständen partikularallgemeine moralische Ideale zu empfinden, um den Geist zu ihrer Nachahmung zu erheben. Ich behaupte hier, daß solche Ideale nicht allein nicht heilsam, sondern auch schädlich seyen, wohl zu merken aber, daß sich von meinem hochweisen Ausspruche noch immer appelliren läßt, und daß ich selbst davon zu dem Ausspruch des ersten besten meiner Gegner in *re* und in *spe* appelliren werde, wenn sie mich eines bessern belehren werden.

Mein erster Grund ist der gewöhnliche, den alle aufrichtige Kunstrichter der Fieldingschen und Richardsonschen Romane schon fast abgebraucht haben, daß der gemeine Böswicht oder auch blos sinnliche Thiermann durch solche so weit über ihn erhabnen Gemählde vom wahren Guten abgeschreckt und muthlos gemacht wird, jemals so etwas aus sich zu machen. Es geht ihm wie dem treuherzigen Deutschen, der mit einem Gascogner auf Schwimmen gewettet, und, da er hörte, daß der andre sich schon mit Fourage nach Ostindien versorgt hatte, sogleich abtrat, und ihm den Preiß der Wette gern cedirte. Doch auf den Grund ist schon viel von andern nicht so aufrichtigen Kunstrichtern geantwortet worden, und doch, wie mich deucht, noch nicht genug. Mein zweyter Grund ist, daß der andere Theil des Publikums, der die Ideale so begierig auffängt, es deswegen thut, weil mit ein klein wenig Mühe die Aussenseiten dieses Ideals so halbweg gut in seinen Charakter übertragen werden können, und er also in der ganzen christlichen und honetten Welt für das gelten kann, was dem Halbkenner die Ideale selbst gelten, unbesorgt, ob das innere des Charakters dem Kern des Ideals entspreche, denn wer wird mich auf der Goldwage abwägen, genug, daß ich das Bild und die Ueberschrift trage, und untersteht sich einer, mir so nahe zu kommen, der nehme sich vor mir in acht, ich mag nun fechten oder prozessen gelernt haben, in der Feder oder im Degen stark seyn, er soll mir meine Reputation oder guten Namen nicht abschneiden, oder der Teufel und das Wetter −− so machten denn die moralischen Ideale aus dem andern Theile des Publikums einen großen Haufen Heuchler, und das wär, deucht mich, noch schlimmer als das erste.

Nun aber diese beyden Gründe bey Seite gesetzt, gesetzt auch, es wäre nicht so, und wir strebten mit aufrichtiger Seele aus wahrer herzlicher Neigung nach diesem wunderschönen Ideal, in welches wir uns so schmerzlich verliebt hatten – wär das gut? m. H.! und gewönnen wir dabey? Allerdings, werden Sie mir alle einhellig zurufen – Geduld, nicht so hastig, lieben Herren und Freunde, lassen Sie mich erst Athem holen, meine Flügel, meinen Rüssel und alle meine Fliegenwaffen putzen und in Vertheidigungsstand setzen, eh ich zum andernmale auf die moralischen Ideale lossumme und steche. Was war denn das moralische Ideal, als das Resultat aller unsrer Betrachtungen und Spekulationen über die Tugend, der Ruhepunkt, auf den wir mit der ganzen Karavane unserer Weltkenntniß, (Notabene, ich rede hier von dem besten Ideal, das jemals ist gemacht worden), Erfahrungen, Beobachtungen und Vernunftschlüsse gekommen sind, und wo wir uns nun, wie der müde Wanderer unter dem Schatten des Ahorns nach überstandner Tageslast und Hitze hinwerfen, und

sanft zu entschlummern gedenken. Ist aber ein solcher Ruhepunkt
möglich, ist er nöthig und nützlich, ist er einem endlichen Wesen unter irgend einem Vorwande anzurathen, zu empfehlen, auch nur zu
verzeihen? Ihm, dessen ganze Existenz Streben ist, ihm, dessen Streben, so sehr er es auch zu unterdrücken suchen wird, nie nachläßt,
als bis diese himmlische Flamme in ihm ausgelöscht ist, die ihn streben macht, die eben durch dieses Streben seinen Körper, seine ganze
Maschine empfindbar, fähig macht, das sich erstrebte Glück zu genießen, und durch Nachlassen dieses Strebens eben wieder in die vorige
Unempfindbarkeit, in die vorige Indolenz zurück sinken läßt. Vergebens sucht er alsdenn sich die vorhin einmal versuchten und ge-
schmeckten Eindrücke von Wollust und Vergnügen zurück zu rufen,
sobald die Ursache weg ist, fehlt die Wirkung, oder reverberirt wenigstens in immer schwächerer Progression, je nachdem die wieder
angewandte Kraft stärker oder schwächer ist. Und sollen wir denn
ruhen, meine Herren? — Verflucht sey die Ruhe und auf ewig ein In-
ventarium der tauben Materie, aber wir, die wir Geist in Adern fühlen, ruhen nur dann, wann wir zu noch höherm Schwunge neue Kräfte sammlen, wenn wir freywillig zu sinken scheinen, um weit über
den Gesichtskreiß der gewöhnlichen Sterblichen empor zu steigen.

Schon wieder deklamirt er, das ist nicht auszuhalten. Deklamation,
wo Vernunft gelten soll. Aber verzeihn Sie mir, m. H.! ich bin jung,
und eh das Holz recht angebrannt ist, pflegt es immer stark zu rauchen, besonders wenn es vorher feucht oder gar naß gewesen war.
Aber mit alle dem hören Sie noch ein paar kaltblütigere, aber wie
mich dünkt, nicht minder wichtige Zusätze oder vielmehr Folgerun-
gen aus meinem vorigen Argument. Ich setze die aufrichtigste Absicht, die idealischen Forderungen eines noch so gut ausgedachten,
abgedrechselten Moralsystems im gemeinen Leben anzuwenden und
auszuüben, werden sie uns nicht eben dadurch, daß sie uns bey der
Qualität unserer Handlungen zu lang aufhalten, an der Quantität,
an der größern Anzahl unserer guten Handlungen Schaden thun?
Wird der Reisende weiter kommen, der seinen Schritt nach dem Ziele
rasch fortgeht, oder der seinen Fuß manierlich setzt, und die Schritte
dahin abzählt? Ich will nicht untersuchen, welches schöner und artiger, sondern welches schneller zum Ziel führt. Wird der, um nicht
immer verblümt zu seyn, der, wenn er einen Hülfsbedürftigen sieht,
vorher untersucht, wie nah oder fern die Hülfe, die er ihm leisten
könne, von dem Ideal abstehe, das er sich von Mildthätigkeit und
Menschenliebe in den Kopf gesetzt, besser handeln, als der ohne Raisonnement und schnell hilft, ohne daß die Rechte weis, was die Linke
thut? Sie werden mir zum Theil hier herzhaft Ja antworten, weil der
eine gewiß weis, wo und wie die Wohlthat angewandt ist, welche
Wirkung sie thut, welchen Nutzen sie stiftet: ich bitte aber, auf der
andern Seite zu beherzigen, daß der andere in der Zeit drey, vier Tha-

ten gethan hat, in welcher jener nur noch zu seiner ersten den Entschluß faßte, daß er also mit weit mehr Geschwindigkeit und folglich auch mit größerer Kraft sich auf dem Wege zum Guten fortbewegt hat, als der erstere – zu beherzigen, daß selbst diese lang überlegte gute Handlung, ein gewisses Gefühl derselben und des Werths, den sie uns giebt, mit sich führt, welches nicht allein sehr gut zu loben, sondern auch die einzige wahre Glückseligkeit der guten Geister unter dem Himmel ist, daß dieses Gefühl aber durchaus so zart, geistig und spirituös ist, daß, wenn eine Minute, eine Sekunde über die ihm vorgesteckte Zeit hinaus währt, es schon verraucht ist, und gemeiniglich nichts als eine abgedämpfte saure Grundsuppe von Selbstgefälligkeit zurück läßt, die zuletzt in Eigenliebe und Hochmuth ausartet, Empfindungen, die auch den besten Herzen nur darum noch in dieser Welt von Gott gelassen zu seyn scheinen, um sie wegen ihren Sünden zu strafen: Empfindungen, die so wenig von Trost, so wenig von Glückseligkeit in sich enthalten, daß ohne sie der Mensch ein frölich emporschwebender und herabsteigender Engel seyn würde, da er mit ihnen oft bis zum Teufel herunter arten kann. Ich schreibe hier so grad weg vom Herzen ab, wie ichs selbst oft nach meiner Proportion erfahren habe, und nicht mehr zu erfahren wünsche, wie Sie auch mit mir thun werden, wenn ich mich anders Ihnen recht verständlich zu machen gewußt habe.

Alle das wirft den anderweitigen Nutzen und wahren Werth der moralischen Ideale noch nicht um, es sind nur Einschränkungen derselben, Angriffe, gegen welche sich in Vertheidigungsstand zu setzen, ich Ihnen überlasse. Eine Hauptbatterie haben Sie noch, gegen welche ich heute meine müden Truppen anzuführen, nicht wage, der Reiz, der diesen Idealen so eigenthümlich ist, der Hang, den alle Menschenkinder zu allen Zeiten dafür gespührt haben, der Effekt, den sie gethan haben, da sie Philosophen und Platone so gut als Künstler und Zeuxesse hervorgebracht, denen wir doch die Hochachtung unmöglich absprechen können, die alle Welt ihnen von jeher bezeugt hat. Ein andermal, m. H.! vor heute rasten wir –

Nun kehr ich zur Bergpredigt Christi zurück. Ob er uns ein solches Ideal in seiner Lehre habe aufstellen wollen, denn von seinem Leben, in sofern es Ideal für uns ist, reden wir ein andermal. Und da zerfällt der strittige Punkt von selbst wieder in zwey Fragen. Ob er seinen Zeitverwandten ein solches Ideal habe vorstellen wollen? Ob das, was ihnen Ideal war, auch uns als Ideal gelten könne und solle?

Mich deucht immer, die Hauptabsicht der Lehre Christi liegt in dem einen Worte, das schon Johannes auf Ihn deutend, und er, als der Herr dieser Predigerstimm' in der Wüsten Johanni nach – dem Menschengeschlechte einmal über das andere zugerufen: Μετανοειτε μετα, μετα !! und weiß ich nicht, wie man grad darauf gekommen ist, das durch *resipiscite* und thut Buße zu übersetzen, warum nicht lieber, erhebt euern Sinn, welches freylich die Umkehr von allen Sünden, die Busse, voraussetzt, aber μετα! μετα! überweg über alle eure vorigen Meynungen von Vollkommenheit und Glückseligkeit, überweg über euer *non plus ultra*, über euer Ideal selbst, und unaufhörlich überweg, so lang ihr noch weiter könnt. Das Heraufsehen ist nicht gefährlich, nur das Heruntersehen ists, da könntet ihr anfangen zu schwindeln und zu purzeln.

Ein Zweck, wie der, ist einer Gottheit würdig, wann sie in Menschengestalt unter uns auftritt.

Aber nun wegen der Ideale, wie bleibt es damit. Musten nicht gewisse Stäbe zu dieser unabsehbaren Reise als Merkzeichen eingesteckt, und zwischen ihnen gewisse Länder der Glückseligkeit genau ausgemessen, begränzt und mit Farben illuminirt werden, wenn diese hohe und erhabene Lehre für menschliche Geister brauchbar werden sollte?

Gern zugegeben – und ein jedes solch illuminirtes Land wäre dann ein Ideal für sich, und unter diesen Idealen selbst eine gewisse Stufenordnung. Ob aber Christus uns in seiner Lehre ein solch moralisch Ideal habe ausmahlen wollen? das ist meine Frage, und die sollen Sie mir beantworten.

Ob er das in der Bergpredigt gethan, da er ins Detail der alten Gesetze und Traditionen der Juden, oder vielmehr eigentlich nur der Schriftausleger und Pharisäer gieng, oder noch vielmehr, vielmehr, da er eigentlich nur die Naktheit und Mängel des pharisäischen Moralideals, ihrer δικαιοσυνη auseinander setzen, und durch den Kontrast seiner höher getriebenen edlern moralischen Forderungen in ihr rechtes Licht stellen wollte.

Ob diese moralischen Forderungen die höchsten sind, die gemacht werden können?

Ob sie zusammen gestellt ein moralisch System heraus bringen, oder ob sie nur mit Fleiß so nachläßig hingeworfen scheinen, um dem Menschenverstande einen Wink zu geben, es sey für freye Geister, die in ihrer Wirksamkeit immer fortschreiten und fortschreiten sollen, kein allgemeines Moralsystem möglich, oder wenigstens müsse es so weit und groß seyn, daß alle mögliche Modifikationen, wenn sie nur nach der Analogie der angegebenen Grundlinien gezogen sind, hinein passen, um das Gemählde abwechselnd und dadurch desto anmuthiger und vollkommener zu machen?

Ob Christus das vergeblich gesagt: Ich bin gekommen, die Sünder zur Erhebung ihrer Seele zu Gott zu rufen, nicht die Gerechten, die nemlich alles schon sind oder zu seyn glaubten, was sie seyn sollen?

Ob das πληροω ausüben, *implere,* oder vervollkomm[n]en, *supplere,* oder alles beydes zusammen heiße, und ob die Absicht der Zukunft Christi mehr gewesen, uns die leichteste Art zu zeigen, wie wir die Gebothe Gottes erfüllen können, oder mehr, uns das höchste Ziel

zu stecken, wie weit die Gebote Gottes und seine Foderungen an uns
gehen können, denn das müste das Ideal Christi seyn, wenn er uns
in Ansehung unserer Moral eins hätte vorschreiben wollen?

Endlich, ob es das rathsamste, schlecht und recht wie Hiob vor dem
Herrn zu leben, ganz unsere Schönheit und Vollkommenheit zu vergessen, und nur das Schöne außer uns bis zu Gott hinauf, aufzusuchen und zu empfinden, so aber, daß wir in dieser Beschäftigung nie
müde werden, oder – hier habe ich noch nicht recht überlegt, was ich
fragen wollte, der Abend tritt herein, meine Geister legen sich, die
Feder sinkt mir aus der Hand – nehmen Sie vorlieb, und glauben
nur ja nicht alles, was ich Ihnen gesagt habe –

Dritte Stimme

Eine der hauptsächlichsten paradoxen Fragen, die ich Ihnen, meine
Herren! in meiner letzten Abhandlung vorlegte, war die: ist ein a l l -
g e m e i n e s M o r a l s y s t e m m ö g l i c h? In der heutigen tret ich
mit einer eben so paradox scheinenden Antwort auf: E s i s t n i c h t
a l l e i n m ö g l i c h, s o n d e r n e s i s t a u c h d a. Seit Anfang
der Welt ists da gewesen, in allen Welttheilen, unter allen Völkerschaften. Lassen Sie uns diesen Satz erst als Philosophen, dann als
Theologen ohne alle vorgefaßte Meynungen untersuchen.

Als Philosophen – denn das wollen doch alle aufgeklärte Menschen seyn, und sinds auch in gewissem Grade. Viele aber sind es,
ohne es seyn zu wollen, und ohne zu wissen, daß sie es sind, und zu
diesen habe ich mehr Zutrauen als zu den erstern, und auch zu den
ersten in denen Sachen mehr Zutrauen, wo sie philosophiren, ohne
sich dessen bewußt zu werden, als in andern, worinn sie wunder wer
weiß wie hoch vorgedrungen zu seyn glauben, und doch oft nur am
Boden schweben.

Woher kommen die überall angenommenen stummberedten Lehren des Natur- und Völkerrechts? woher die daraus erzeugten überall eingeführten Empfindungen? woher die Sehnsucht nach einem
Wesen, das höher als wir, vor dem wir knien, von ihm höhere Glückseligkeit, als wir wirklich besitzen, hoffen können? Die Götterey,
sey sie nun Abgötterey oder wahre für uns, ist das hier gleichgültig?
Woher die Namen Vater, Mutter, wenn sie nicht von einer gewissen
Empfindung der Pietät, der Erkenntlichkeit für Daseyn und Erziehung uns wären unvergeßlich gemacht worden? Das hindert mir hier
nichts, daß diese Pietät in wer weiß was ausartet, ich habe mit dem
Walde hier nichts zu thun, sondern mit den Keimen dazu. Woher
bey den mehr policirten Völkern auch nur die erste Idee von einem
ehelichen Leben, wo sich zwey oder mehr Individuen in eine Gesellschaft zusammen thaten, um den von ihnen erzeugten Menschen eine

bequemlichere Entwickelung zu verschaffen, als sie wie rohe Kinder
der Natur in den wilden Wäldern erfahren hatten; woher dies, wenn
der Keim dazu nicht in der menschlichen Natur gelegen, Liebe zu seiner Gattung, Liebe zu seinen Jungen, die ja auch die Thiere schon
fühlen, aber blos als eisernen Instinkt, ohne daß sie ihre Vernunft,
ihr Raisonnement in Bewegung setzt. Woher nachmals die Grenzen,
die diese blos sich selbst gelassenen Nationen um ihre eheliche, häus-
liche, bürgerliche Gesellschaften absteckten, woher bey den alten
heidnischen Deutschen das Verbrennen der Ehebrecher, der Infrak-
toren dieser Gränzen, bey allen Völkern die strafende Gerechtigkeit
gewisser dazu bestellter Personen, die über die Beybehaltung und
Sicherheit dieser verabredeten Gränzen wachten? Ja, werden Sie sagen, das allgemeine Beste, die allgemeine Glückseligkeit — aber ich
frage, wer lehrte die Leute grad die allgemeine Glückseligkeit auf die
und die, so und so eingerichtete, ihr untergeordnete Privatglückse-
ligkeit der Individuen festsetzen?

Lassen Sie uns doch aus Kuriosität einen Blick in die Staats- und
Kirchenverfassung einiger uns am bekanntesten heidnischen Nationen thun, nemlich, so viel sie in unsern Kram dienen, lassen Sie uns
hier bey den Wurzeln stehn bleiben, den Sand ein wenig auf die Seite räumen, und eine moralisch-botanische Untersuchung derselben
anstellen, unbekümmert, was der über uns rauschende schattende
Gipfel des Baums dazu sagt, der uns gern mit seinem lärmenden Pomp
vergessen machte, daß er langsam und klein aus der Erde aufgewach-
sen. Wir finden bey allen den Dienst gewisser *Numinum* an Macht
und Verstand über sie erhaben, bey allen ein gewisses *Supremum
Numen*, dessen Name hoch, hehr und heilig gehalten, und nur in
wichtigen, und seiner Beyhülfe würdigen Ereignissen, *dignis vindice
nodis* angerufen ward. Wir finden bey allen richterliche Gewalt der
Aeltern über die Kinder, Klienten, Ehrfurcht der Kinder gegen die
Aeltern, Scheu und harte Strafen für Todtschlag und körperliche Beleidigungen, Eigenthumsrecht der Ehemänner auf die Gunst ihrer
Frauen, Eigenthumsrecht auf die unter einem gerechten Tittel uns
verschafften zeitlichen Güter alle, und Bestrafung der Usurpateurs —
woher kam ihnen das? ja, werden Sie sagen, die allgemeine Glückseligkeit. Aber wie kamen die Individuen darauf, daß grad ein Zustand wie dieser, und kein anderer ihre allgemeine Glückseligkeit geben würde? daß sie so und nicht anders zusammen passen müßten,
und daß die Portion, die jeder aus dieser gemeinen Masse von Glückseligkeit heraus heben würde, grade für ihn die befriedigendste werden würde. Das muß doch wohl in der Einrichtung ihrer Natur gelegen haben.

In der That — warum wollen wir aus Liebe zum Sonderbaren, uns
ein ander System erklügeln, als uns aus allen Zeiten und Orten, aus
der ganzen Natur zuwinkt. Jeder Mensch bringt sein Maaß von Be-

gierden und Kräften, seine Harmonie und Uebereinstimmung von
Begierden und Kräften, sein Moralsystem mit sich auf die Welt, und
nach Maasgabe des Gebrauchs, den er von denselben macht, erhöhet
und verbessert sich dasselbe unaufhörlich. Wer werden alle gut geboren, und das bessere und schlimmere unserer Handlungen und unse-
res Zustandes hängt lediglich von uns selber ab.

Ich rede jetzt als Philosoph, das heißt, ich reiße Sie mit meinem
System fort, schwimmen Sie eine Weile mit mir, hernach sollen Sie
Ihre Freyheit wieder haben. In der Einrichtung unserer Natur lagen
die *stamina* zu allen unsern heutigen Gesetzen, woher würden wir
sie sonst bekommen haben? Ja die Vernunft – ja nun die Vernunft
hebt sich keinen Zoll, keine Linie über den Kreis der allgemeinen Erfahrungen, das heißt der verglichenen besondern Erfahrungen, zieht
Schlüsse daraus, die dem ungeübtern Auge über diesen Erfahrungs-
kreiß heraus zu gehen scheinen, die aber eben so wenig wirklich drüber herausgehen können, als ein Stein höher fliegen kann, als ihn
die angewandte Kraft oder Stoß bestimmt. Es mußte also die allgemeine Menschenerfahrung überein kommen seyn, daß Vater Vater, Weib
Weib heißen müsse, daß ein Gott sey, und heilig gehalten, über alles
gewöhnliche hinaus gesetzt werden müsse, daß ein Eigenthum
an seinem Besitzer ankleben, und ohne allgemeine Gefahr ihm nicht
entrissen werde könne, kurz, daß überall Ordnung und Verhältniß
stabilirt seyn müsse, um ·alle in einer gewissen Proportion gleich
glücklich zu erhalten, und das Gefühl dieser Proportion heißt die Gerechtigkeit, die jedem Erdenbürger angeboren wird. Sie liegt in seiner
Natur, sie entwickelt sich mit derselben, verschlimmert oder verbessert, erweitert oder verengt, erhöht oder erniedrigt sich, lebt oder
stirbt mit ihm, sie begleitet ihn in alle Zeiten, in alle Oerter, in alle
Umstände, läßt sich auf alles anwenden, stimmt alle die Gegenstände
um ihn herum, oder vielmehr seine Empfindungen für alle die Gegenstände um ihn herum, die denn beständig Musik in ihm machen
würden, mit all ihren Konsonanzen und Dissonanzen, wenn seine Gerechtigkeit nur aufrichtig gestimmt hätte. Unbeschadet dessen, daß
diese Musik ihre Stuffen und Grade und individuelle Mannigfaltig-
keit beybehält: so ist sie immer Musik, und diese gleichmäßige Vibra-
tion aller unserer Empfindungen macht uns immer glücklich, wenn
wir Herzhaftigkeit oder Einfalt genug haben, es zu seyn. Aber da liegt
der Fehler, wenn wir ihn anders so nennen wollen, da eben er uns
der Sporn zur Bereitwilligkeit wird, einer höhern Offenbarung Ge-
hör zu geben. Wir finden ein Leeres in uns, unsere Kräfte, unser
ganzer Geist, elastisch wie die Luft, dringt ihm nach und erweitert
sich die Sphäre. Sie kann aber nicht erweitert werden als mit Hülfe
der Offenbarung, alle sonstige anscheinende Erweiterungen sind es
nicht in der That, wir verlieren an der andern Seite, was wir an der
einen gewinnen, und selbst durch den Effort, den wir uns geben, zu

gewinnen, wird der Verlust im Ganzen größer als der Gewinnst, und da wird denn in der Progression Tod draus. Eben diese anscheinenden Erweiterungen sind die Ausartungen der menschlichen Moralität, oder der natürlichen Moralität, wie Sie sie nennen wollen, daher haben von jeher alle wahre Philosophen so viel auf die Einfalt geschryen, gepredigt, losgestimmt, zurückgestimmt wollt' ich sagen, und noch neuerlich haben wir an einem der größesten unter ihnen, an dem hartnäckigen Genfer Diogen, der den Deutschen ein Aergerniß und den Franzosen eine Thorheit ist, ein ganz frisches Exempel.

Ob mit aller der Einfalt wir aber nun glücklich genug seyn – dieses können wir alle in der Theorie geschwind zugeben – aber in Praxi giebt es kein Mensch zu, und da stehen wir wieder –

Komm, komm uns zu Hülfe, göttliche Offenbarung, himmlisches Licht, dem Aufrichtigen eine neue trostvolle Erscheinung, die ihm Glanz über die ganze Erde wirft, und seinen Geburtsort, auf den er voll Ueberdruß, Langerweile, Indolenz und Trostlosigkeit wie ein Wurm auf seinem verwelkten Blatte umher kroch, ihn mit neuem unerwartetem Reiz stempelt, komm, himmlischer Frühling, gieb mir meine Flügel, zu denen ich den Ansatz in mir fühle, gieb dem Blatt, auf dem ich krieche, dem Baum, an dem das Blatt hängt, der Erde, der Luft um mich herum neue Säfte, neuen Kolorit, neuen Azur – zum Himmel mache mir sie, und mich zum fliegenden Engel darin. – Fragen Sie sich, m. H.! ob Sie diese Stimme nicht in sich hören, sobald Sie sich eine göttliche Offenbarung an frey vernünftige Geschöpfe denken? Was denn angefesselt, was denn vom Körper gehindert – ist der Körper nicht das einzige, wodurch alles Glück zu uns kommt? Und haben wir nicht Gewalt über diesen Körper? Können wir nicht so viel Glück und solcherley Glück zu uns lassen, als es uns gefällt? Die Schleußen aufziehn und fallen lassen wenns uns gefällt? Nein, nicht immer – sagen Sie das einem Kinde. Wer solls denn können, wenn wir nicht. Grad in der schlechten Meynung, die wir von uns haben, liegt die Ursach, daß wirs nicht können. Immer Herzhaftigkeit oder Einfalt, die uns verläßt, wo wir sie am nöthigsten haben. Aber der Apostel Paulus sagt auch so. Der Apostel Paulus sagt nicht so, sondern er klagt so, klagen ist [nicht] sagen, klagen heißt unzufrieden mit sich selber seyn, und da will er wahrhaftig nicht, daß wir ihm in dem nachahmen sollen, sonst würd' er seinem eigenen ganzen Briefe an die Römer widersprechen. Eben finde ich auch bey näherer Ansicht der Stelle, daß er dort bloß von seinem natürlichen fleischlichen Zustande redt, und denselben im folgenden Kapitel im 2ten Vers seinem itzigen geistlichen Zustande kontrastirt.

Zur Hauptsache. Die Offenbarung konnte nichts weiter thun, als das in uns liegende Naturgesetz näher bestimmen, die Linien höher ausziehn zu dem Hauptzwecke der in uns gelegten Wünsche und Verlangen nach größerem Umfange von Glückseligkeit. Die Grund-

linien aber sind immer dieselben, können nicht verändert werden,
oder Gott müßte seiner Schöpfung widersprechen. Es ist also die Offenbarung des göttlichen Willens oder des Gesetzes, denn das ist einerley, nichts als eine Fortsetzung der Schöpfung, Regeln, nach welchen Gott uns geschaffen, weiter ausgedehnt, nach welchen wir uns
itzt selber fortschaffen und unsre Existenz erhöhen können. Abweichung von diesen Regeln ist Abweichung von unsrer wahren Existenz,
und das Final derselben die Aufhebung von unsrer Existenz. Weh
mir! das ist eine harte Rede! wer mag die hören.

Aber der Beweis! der Beweis liegt in der Sache selber. Selbst die
Fähigkeit, den göttlichen Gebothen Recht zu geben, die Richtigkeit
derselben einzusehen, ist der Beweis. Beweist, daß die Anfangsbuchstaben dazu in unserer Seele liegen, daß die Saiten schon in uns sind,
und daß wir sie nur höher spannen dürfen, um uns bewußt zu werden, daß sie höher gespannt sind und mächtigere Thöne angeben.

Ich frage Sie, ob Ihnen eine Welt nicht gefallen würde, wo jedermann die zehen Verbothe, denn es sind nur drey Gebothe drinn, vollkommen hielte. Vielleicht schütteln Sie noch die Köpfe – lassen Sie
mich aber mit lebendigern Farben mahlen. Ich wähle hier die zehen
Gebothe, weil dies die bekanntesten und allgemein angenommen-
sten Gesetze Gottes sind, ich muß Ihnen aber aufrichtig gestehen, daß
ich noch vorher, weit vorher, ja sogar vor der Sündfluth schon, und so
durchgehends im alten Testamente, viele eben so wichtige Bestim-
mungen des Naturgesetzes von Gott angetroffen habe, die wir billig
in unsern Katechismusbüchern auf eine bessere Art aufreihen sollten,
als bisher geschehn ist. Fühlen Sie nicht, daß es recht ist, unsere Er-
zeuger zu ehren, daß es edel ist, ihnen auch in Dingen zu gehorchen,
wobey wir etwas von unserem Vortheile aufopfern, daß es schön ist,
für sie zu arbeiten, zu schwitzen, sie zu nähren, ihnen das aus f r e y e m
W i l l e n mit doppeltem Maaß zurückzugeben, was sie halb aus Instinkt an uns verwandt? Also lag das Geboth in Ihrer Natur, das vierte
Gebot hat diese stumme Empfindung, die in Ihrer Seele schlief, nur aufgenommen und weiter ausgeführt, die Saite, die da war gespannt
oder vielmehr, das vierte Gebot hat nur angefangen sie zu spannen,
Exempel, eigene Erfahrungen, Geschichte, die biblische zuerst, und nach
ihr die profane, die aber vor Gott eben so wenig gemein ist, als die
unreinen Thiere in dem Zipfeltuch Petri, draus gezogene Schlüsse,
Nachahmungen und also neue Erfahrungen, und wieder draus neu
abgezogene Schlüsse haben weiter gespannt oder wieder nachgelassen, bis endlich der Thon herauskam, der itzt in Ihrer Seele klingt.
Wem aber haben Sie nun diesen Ton zu danken, als demselben, der
zuerst die Saite gab und hernach zuerst zu stimmen anfieng?

Ich verliere mich zu sehr im Detail, und aus Liebe zur Deutlichkeit
werd ich undeutlich. Haben Sie Geduld mit mir, von neuem laßt uns
emporsteigen.

Ob Gott uns die Offenbarung gegeben, um eins von unsern Naturgesetzen aufzuheben — Nein. Kann denn die Linie außer ihrem Anfangspunkte anfangen — oder ihrem Anfangspunkte widersprechen? Untersuchen Sie also die Offenbarung, in wie weit sie mit Ihren Grundtrieben übereinstimmt — und Sie werden sie nicht allein mit denselben vollkommen übereinstimmend finden, sondern auch als das einzige Mittel anbeten und verehren, alle Ihre Grundtriebe, keinen einzigen ausgenommen, vollkommen zu befriedigen, denn dazu ward sie uns gegeben. Sie ist die höchste Position — also Leben, Weg, Wahrheit und Leben, und von wem konnten wir dies auch anders erwarten, als von Gott selbst.

Recht aber muß sie freylich verstanden werden — und nun frägt sichs: liegt diese göttliche Vorschrift unserer Erbauung, Erweiterung und Erhöhung zu ewigem Genuß und Leben in den Buchstaben der durch Mosen publicirten Gesetze, in den Buchstaben der an Patriarchen und Propheten indirekt ergangenen göttlichen Befehle, in den Buchstaben der Reden Christi selbst, die unter gewissen Umständen, zu gewissen Zeiten an gewisse so und so charakterisirte Personen gehalten wurden, oder in dem Sinne, in dem Geiste dieser gesammten Reden, verglichen mit ihrer Ursache und Wirkung, verglichen mit der Gemüthslage und ganzem Wandel und Verhalten der Redenden selbst?

So kommen wir denn mit einem Fluge wieder ins neue Testament, in unser Testament, zu den Reden unsers Gottes, der uns auf eine andere Weise erscheinen mußte, als er den Alten erschien, der andere Stimmungen der Empfindungs- und Vorstellungskräfte bey uns antraf. Andere Fähigkeiten, andere Leute, Leute mit hundert tausend Neigungen, ungewiß, zitternd, unbestimmt, auf welche Blume von Wonne und Vergnügen zuerst zu fallen und sich daran den Tod zu saugen. Μετα μετα! esset von allerley Bäumen im Garten, aber vom Baume des Erkenntnisses Gutes und Bösen sollt ihr nicht essen, nicht von den alten uralten Regeln abgehen, die ewig wie die Welt sind, aber wohl herauf! empor! da ihr höhern Genuß habt, höhere Freuden, auch höher die Kräfte gespannt! Und wie natürlich ist das? Brauch ich denn nicht höhere Kräftenspannung, um höher zu genießen? höhere Stimmung, um höhern Ton anzugeben? Wenn ihr kein Weib ansehen könnt, ohn ihr zu begehren, Theekessel! reißt euer Auge aus, es ist besser, ihr geht einäugig zum Himmelreich ein, als mit zwey Augen in den Tod. Wenn ihr keinen Schlag verschmerzen könnt, ohne für Begierde zu bersten, ihn wieder zu geben, so berstet, ihr mögt ihn wiedergeben oder nicht. Eins zieht euch neue Schläge zu und das andere zerreißt eure Gallenblase und strömt giftige Krankheit über euer Leben aus. Könnt ihr in einer Welt denn nicht leben, wo es Stösse giebt? wo es aber auch Arien von Galuppi und Pergolese giebt?

Und wie glänzend wird mir die Bergpredigt! ha hier ist gut seyn, hier auf diesem heiligen Berge, hier am untersten Saum des Berges, wo Staub von den Schuhsolen meines Jesu herabrollt. Wallt über mir Heilige, wallt hoch über mir Apostel, ich will in euerm lichten Schatten stehen und glücklich seyn. Ja glücklich seyn in einer Welt, die Gott zu betreten werth hielt, glücklich unter Geschöpfen, zu denen Gott hinab zu rufen würdigte, selig! selig! achtmal hintereinander. Noch sind viel solcher Seligen da, verborgen, versteckt, dem großen Haufen unbekannt. Kommt, meine Brüder, daß ich euch umarme, daß ich mich an der himmlischen Ruh in euern Gesichtern letze und ganz die Wonne fühle, d a z u s e y n.

Lassen Sie uns aber ins Detail der Bergpredigt Christi zurück gehen. Ich habe neulich gesagt: ich zweifle, daß Christus dazu erschienen, uns ein neues allgemeines Moralsystem zu geben. Denn wozu ein neues? ist doch das alte da, liegt es doch in unserer Natur. Daß er aber das aus der Bibel und Tradition zusammen knetete und dann zierlich und künstlich herausgedrehte neue Moralsystem der Pharisäer und Schriftausleger habe zu Schanden und zu Nichts machen und auf das uralte System der Natur r e d u c i r e n wollen, das glaubte ich, und das glaube ich noch. Und zugleich unsere natürlichen Triebe und die Gesetze ihrer Wirksamkeit n ä h e r b e s t i m m e n, das nicht ausgeschlossen, oder vielmehr bey der jetzt veränderten Umständen, Verwirrungen und Verwickelungen unserer Begierden uns die leichteste Art zeigen, dennoch der alten Regel, dem alten Gesetze Gottes, der alten ächten Natur treu zu bleiben, dennoch bey all den tausend Verfeinerungen unserer Wünsche, unserer Phantasey, unsers Gefühls von Ehre, unserer Zärtlichkeit gegen die Reize des Schönen, kurz, alles unsers Genusses von Glückseligkeit, weder Hurer, noch Ehebrecher, noch Todschläger, noch Diebe *et cetera* zu werden, so schwindlicht auch die Höhen, so eng auch die Treppen, so schlüpferig und mit Seife bestrichen auch die Stiegen dieser Treppen sind. Verdient das nicht Dank?

Und nun lassen Sie uns sehen, wie er das machte. Die Hauptsache war, daß er die Menge vom Sichtbaren aufs Unsichtbare wieß. Was ihr Glück nennt, ist nicht Glück, und was ihr Unglück nennt, nicht Unglück allein. Μετανοειτε, setzt euch drüber hinaus und glaubt an Gott, daß er euch Glück geben wird, das Himmelreich, euer glückseliger Zustand als Geister, als selbstständige von den äußern Umständen nicht abhangende Geister, ist nahe herbey kommen, wartet auf euch. Schon selig die, die sich wenig zutrauen, wenig Geist, wenig Kräfte, denn zu der Armuth des Geistes gehört viel Geist, viel Kraft, schon selig die, die Leid tragen, denn der in den Abwechselungen der Welt ihnen gewiß schon zubereitete Trost wird ihnen desto herrlicher schmecken, schon selig – doch hier fehlt mir der Raum zu kommentiren und paraphrasiren. Jeder von Ihnen wird das selbst auf die beste und seinem Individuo schmackhafteste Art thun können, wenn er sich nur die Mühe dazu geben will, und grad die Mühe die Anstrengung unserer Kraft ist, was uns die Religion oder die Kunst, glücklich zu seyn, verstehen lehrt. Grad die Mühe auf alles angewandt, was wir vor uns finden, sey es geistlich oder weltlich, irdisch oder himmlisch, denn vor Gott ist nichts gemein, ist Religion, ist Natur, ist beydes zusammen, ist Glück. –

Aber das Ideal, das euch die Pharisäer in ihrem Beyspiele und Lehre vorhalten, ist der Endpunkt eures Strebens nicht. Hier geht Christus ins Detail. Sie werden mir einwenden, daß unter dem: Ihr habt gehört, daß zu den Alten gesagt ist, – sich wahre Gebote Gottes selber befinden. Ich verweise Sie auf Michaelis und andere, die von der Sache umständlich sprechen, zeigen, daß Christus sich immer am nächsten bey den Traditionen und Zusätzen oder Verschönerungen des alten Gesetzes aufhalte etc. Ich gehe fort.

Ich frage: Ist das Ideal, das Christus dem falschen Ideal der Pharisäer substituirt, so ächt, wahr, ewig, himmlisch und göttlich es ist, das höchste, das gedacht werden kann, für alle Zeiten, Umstände und Individuen das höchste? Und hat es das seyn sollen? Ich nehme die Züge aus, wo Christus allgemein wird, der, zum Beyspiel, seyd vollkommen wie euer Vater im Himmel, das heißt, ahmt nach Maaßgab euers Individuums mit höchster Anstrengung ihm in seiner großen Weltökonomie nach – aber dort, wo Christus in specielle Umstände und Situationen geht – Auf diese Frage habe ich noch keine Antwort.

Ist aber ein Ideal für alle Umstände m ö g l i c h? Ist eines für gewisse U m s t ä n d e, aber zugleich für alle Individua, die in diese Umstände gesetzt werden können, möglich? –

Aber der G e i s t dieses Ideals – ja das ist was anders.

Bey der erstaunenden Steigerung unserer Begierden, Fertigkeit unserer Phantasey, sich Bilder zu erschaffen und auszuschmücken, Fertigkeit all unserer Konkupiscenz, sich für diese Hirngespinnste zu interessiren, sie mit Armen des Geists stärker zu fassen, als zwey verzweifelte Gladiateurs auf den Kampfplätzen zu Rom – könnte man das Gebot: Du sollt nicht ehebrechen, sollte man es, müßte man es für unsere Zeiten nicht näher bestimmen, als: wer dies, das Weib ansieht, ihr zu begehren – w e r d i e s, d a s P h a n t o m, w ä r e s a u c h e i n W e i b, d a s n i e e x i s t i r t, in seinem Gehirne erschaft und seiner begehrt z. E. – – Hat also Christus hiemit das A n s e h e n des Weibes zu Ehebruch verdammen wollen? Mit nichten, erforscht doch d e n G e i s t seines Ideals – wenn er das hätte wollen, so hätt' er weit mehr sagen können und sagen sollen – aber ihr zu begehren – d a s war die Sünde, und gräust die Umstände wie ihr wollt, ihr werdet keine Sünde herausbringen, wo keine Begier n a c h u n e r l a u b t e m Genusse da ist, eben so wenig, als ihr dieser Begier mit Schiffsladungen von Schminke das

Ansehn der Tugend zu geben vermögt. Mich deucht, Augustinus hätte hier etwas für seine Meynung finden können, da er die Christinnen, die bey der Uebergabe Roms an die Gothen, sich in die Tyber stürzten, um den viehischen Gewaltthätigkeiten der Soldaten zu entgehen, so sehr unter die heruntergesetzt, welche sich mit christlicher Gelassenheit nothzüchtigen lassen: welcher Meynung, so scheinbare Gründe er ihr auch zu geben weiß, ich aus andern Gründen doch gar nicht beypflichte, vielmehr die für größere und ächtere Christinnen halte, die den Tod der Schande vorzogen, und das eben aus obigem Grunde, – die in dem Augenblicke der Versuchung ihrer Begier nicht traueten und kein Wunder von Gott erwarteten, wie der heil. Augustinus ihnen hinterher so treuherzig anräth. Vielleicht liegt der Unterscheid unsers Urtheils in der zu geringen Meynung, die er vom menschlichen Körper und in der zu hohen, die er von dem Werthe dieses Lebens hatte. Besonders deucht es mich, daß er da, wo er sagt, wenn sie nach geschehener Mißhandlung nicht Ursache gehabt, sich umzubringen, so hätten sie es noch weniger vor derselben gehabt, weil bey aller eindringenden Gefahr doch noch das Gegentheil möglich gewesen, aus diesem Grunde für ganz unumstößlich hält, daß er da, sage ich, nicht hell genug vor Augen gehabt, (was Johannes in der ersten Epistel im fünften sagt: Es ist eine Sünde zum Tode: dafür sage ich nicht daß jemand bitte. Alle Untugend ist Sünde, und es ist etliche Sünde nicht zum Tode, verglichen mit dem 9ten Verse des dritten Ka[pi]tels: wer aus Gott geboren ist, der thut nicht Sünde, denn sein Saame bleibet bey ihm) nicht hell genug durchgeschaut, daß Ueberlassung ihres rein erhaltenen Lebens, dem Gott, der in den Tyberfluthen so gut gegenwärtig, als in der Atmosphäre der Luft, die sie in sich athmeten – besser war, als Ueberlassung dieses Lebens der Gefahr zu sündigen, der Gefahr, auf ewig geschwächt und getödtet zu werden. –

Weiter, ums Himmelswillen! auf was für Materien laß ich mich ein! Sie müssen diesmal mich nehmen wie Sie mich finden, m. H.! ich suche niemand zu gefallen, wo es drauf ankommt, der Wahrheit bis in die tiefsten Felsenritzen nachzuspüren, wo Licht durchfällt. Vielleicht liegt dort mehr Gold als Sie glauben.

Ist unter unsern heutigen Umständen die Regel noch für buchstäblich unveränderlich zu halten: so jemand dir einen Streich giebt auf den rechten Backen, so biete ihm den andern auch dar?

Bey dieser Gelegenheit muß ich die philosophische Untersuchung des Worts αντιστηναι τω πονηρω nachholen (so gut ich Philolog seyn kann) das Lutherus übersetzt: ich sage euch, daß ihr nicht widerstreben sollt dem Uebel. Mich deucht, er hat hier den Sinn ganz unrecht gefaßt, αντιστηναι heißt entgegen stellen, und mich deucht, es leidet hier der Text nicht die geringste Gewalt, wenn man hier eine grammatische Figur, die ich nicht mehr mit Namen zu nennen weiß, an-

nimmt, die aber, so viel ich mich erinnere, bey den Morgenländern
sehr üblich war, statt eines Worts in einer Enunçiation doppelt gesetzt, dasselbe Kürze halber nur einfach zu setzen, statt αντιστηναι
πονηρον τω πονηρω, αντιστηναι τω πονηρω allein, und hieße es alsdann nicht, wie alle Herren Uebersetzer hinschlendern, *non obsistere
malo*, sondern dem Uebel kein Uebel entgegen zu stellen, das Uebel
nicht zu erwiedern, und macht dies, mit Erlaubniß dieser Herren, einen gewaltigen Unterschied in dem ganzen Sinne dieses Spruchs.
Denn hätte unser Herr Christus grad zu verbieten wollen, dem Uebel
nicht zu widerstreben, gütiger Gott, was würde aus allen braven Leuten werden, die schon durch ihre herzhafte und muthige Widerstre-
bung so manches Uebel in der Welt abgewendet haben? Anfangs hab
ich das τω πονηρω erklärt: dem Uebelthäter, aber ich fand da auch
nicht Trost bey, denn ich will mit Hülfe meines Gottes jedem Uebelthäter fest widerstehen im Glauben bis in den Tod, und halte das für
die Pflicht jedes rechtschaffenen Biedermanns.

Aber nun näher zur Sache. Was wird denn nun aus der Erklärung
werden, die Christus dieser Thesi hinzusetzt, so dir jemand Ohrfeigen giebt, so halt ihm den andern Backen auch dar. Diese Erklärung ist gut, hehr und heilig, m. H., so übel sie uns auch beym ersten
Anblicke vorkommen mag.

Ey, erforscht doch den Sinn dieser Regel. Ein Volk strömte um den
Berg hin, das von nichts als Gewaltthätigkeiten, Aufruhr und Unruhe wußte, leßt den Josephus ihr werdets finden, was zur Zeit Christi für Leute waren *. Ein Volk, wo Schlag auf Schlag galt, und das
sich dazu von Gott authorisirt hielt, denn Gott hatte ihnen das Geboth gegeben: Aug um Aug, Zahn um Zahn, aber aus ganz anderm
Gesichtspunkte, unter ganz andern Umständen, damals sprach Gott
als Theokrat und Richter, hier als Mensch und Parthey. Indessen hatten die Pharisäer diese Satzung begierig in ihr moralisch Ideal aufgenommen, «schlägt dir einer den Zahn aus, sieh du, wie du ihn wieder um seinen Zahn bringst, sey es mit Gutem oder mit Bösem, je
nachdem du feige Memme oder handfester Kerl dazu bist»: und der
Pöbel glaubte, sprach und handelte den heiligen Leuten ganz sicher
und ohne einige Gewissensregung, ja gar mit Beyfall ihres Gewis-
sens nach. Was konnte Christus besser thun, um diesen Götzen um-
zustürzen und ein heiligeres, frömmeres, natürlicheres Ideal an dessen Stelle zu setzen, als ihnen eine Großmuth mit dem hellesten Kolorit schildern, zu der weit mehr Herzhaftigkeit, weit mehr Stärke des
Geistes gehört, als zum Wiederschlagen? Und was kann er auch für
uns besser thun? Nur der sich stärker als der andere fühlt, kann mit
kaltem Blute ihm den andern Backen auch darreichen. Jede Beleidi-

---

* Es ist aus dem Arvieux bekannt, daß die Araber und alle morgenländischen Völker sehr rachgierig sind. S. Michaelis Mosaisch Recht.

gung vergessen und einstecken, in so fern sie nur Beleidigung ist,
und keine weitere Folgen hat. Aber mit eisernem Arme dazwischen
schlagen wie G ö t z, wenns noth thut und der Adler mehr zu fangen hat als Mücken. O wie ist der Weg so eben, so grad, so kurz durch
die Welt und wie kläglich muß der Händelmacher daher stolpern, der
bey jedem Stein des Anstosses seine große Macht beweisen will. Er
wird in drey hundert fünf und sechzig Tagen keine Stunde machen,
und wie oft auf der Nase liegen, wie oft ausgelacht und nachgezischt
werden, wie Don Quischotte, wär es auch nur von einem Alltags
Sancho Panssa, der eben Vernunft genug hat, Schaafheerden und
Windmühlen aus dem Wege zu gehen. Auf der andern Seite aber hat
Christus hier die Feigheit eben so wenig authorisiren wollen, denn
wer stark genug ist, den andern Backen auch hinzuhalten, von dem
wird vorausgesetzt, daß er sich der Gefahr, einen Backenstreich zu erhalten, ausgesetzt, kühnlich entgegengestellt habe, durch eine dergleichen Gefahr sich von nichts in der Welt habe abschrecken oder
abhalten lassen, was recht, gut und brav war, denn zehnmal lieber
sähe ichs, einer erwiederte in der ersten raschen Jugendhitze, Wunden und Beulen (*NB.* besonders bey unsern veränderten, galanten,
polirten und schläfrigen Zeiten) als daß ers Unrecht billiget und seinen Herrn Christum in irgend einem seiner Glieder zu der Zeit ver-
leugnete, wenn er gefangen und gebunden vor der rasenden Gewalt
der Tyranney stünde.

So läßt sich die ganze Bergpredigt analysiren und verstehen, und
je länger man sie liest und sich mit ihrem Geiste bekannt macht, und
quod bene notandum den Anfang macht, sie a u s z u ü b e n, desto
herrlicher lernt man sie verstehen, desto mehr Trost findet man darin,
desto felsenfester wird das Haus, das man auf diesen Grund baut,
und trotzt allen möglichen und nicht möglichen Stürmen des Schicksals von Ewigkeit zu Ewigkeit.

Noch ein paar Worte zum Beschluß, m. H.! vom Glauben, und zwar
nicht vom historischen, noch vom theologischen, noch vom – ich weiß
nicht was: sondern vom christlichen einfältigen Glauben, der uns in
der Bibel überall so sehr angerühmt wird, sowohl im alten als neuen
Testamente. Ich lasse mich in keine Distinktionen ein, obschon ich
Ihnen ihren ganzen Werth gern zugestehe, ich möchte nur hier gern
wissen, was der Glaube sey, der eigentlich das Glück unsers ganzen
Lebens ausmachen soll, der uns in Unglück und Gefahr als Führerin
und Trösterin zur Seite schweben, der uns im Unglücke nicht weich
werden noch erschlaffen lassen, sondern immer zu neuem, höhern,
edlern, seligern Genuß gespannt erhalten soll – kurz, der Glaube,
der den wahren *honnet homme* macht, denn viel mehr oder viel weniger will die christliche Religion nicht aus uns machen, aber es ist
dem armen Worte, wie vielen französischen, gegangen, es ist so lang

und so oft in so vielen Mäulern herumgewälzt worden, daß man das wahre Gepräge kaum mehr erkennen kann.

Unsere Phantasey ist ein sehr gutes Ding, ich möcht' sie das paar Flügel oder Floßfedern unsrer Seele nennen, mit welchen sie schwimmt oder fliegt, und ohne dieselbe nicht aus dem Flecke kommt. Aber die hauptsächlichsten Dienste thut sie uns doch immer nur, wenn wir ruhig und zufrieden, des Glückes gar satt sind, denn da weiß sie uns neue Elasticität zu geben, neue Aussichten zu eröfnen etcetera. Im Unglücke thut sie freylich auch was sie kann, und oft mit doppelter Hitze und Anstrengung, sie sucht uns einen Flor über unsern ganzen unglücklichen Zustand zu werfen, sie befirnißt und bemalt ihn aufs beste, sie zeigt uns Aussichten, wo kein Sterblicher sie suchen möchte, sie macht uns aus Orkanen Zefire und wiegt, wie Shakespear sagt, allenfalls den verzweiflungsvollen Schiffer auf seinem Schiffsthau mitten unter heulenden Wellen in Schlaf. Aber mit alledem – was kann sie uns anders geben als Hofnungen? und Hofnungen, m. H.! sind n o c h n i c h t s w e s e n t l i c h e s, heben kein gegenwärtiges Unglück auf, flicken das Schiff nicht zusammen, wenns gescheitert ist, bringen uns keinen Schritt, keinen Zoll, keinen Nagel breit weiter, wenn wir auf einer Sandbank sitzen, oder zwischen zwey Eisschollen eingeklemmt sind. Wir müssen dran, wir müssen arbeiten, wir müssen losrammeln, Hoffen läßt den Leidenden leidend, Glauben setzt ihn in Bewegung, Hoffen ohne Glauben ist nur ein momentaner Aufschub des Leidens, durch welchen dasselbe neue Kräfte zu sammlen scheint, um mit verdop[p]elter Wuth auf uns einzudringen.

Aber Glaube ist ganz ein ander Ding, Glaube beschwingt, befacht, entzündet unsere Kräfte alle, wir fangen wie Encelados an, den Vesuv über uns zu schütteln, unterstützen *nisus* mit neuem *nisus*, eine Faust mit der andern, Sehne mit Sehne, Seele mit Seele, rammeln uns zum Marmorpfeiler unter der niederdrückenden Last ein, und versetzen am Ende glücklich den Berg – Dank sey es der Gottheit, die dem Glauben, dem anhaltenden Glauben allein mit ihren himmlischen Stärkungen nicht entsteht. Es ist also der Glaube eine gewisse Zuversicht des, das man hoffet – also mehr als das blos leidentliche faule hoffen – und nicht zweifelt an dem, das man nicht siehet – also aus diesem Gesichtspunkt denkt, thut und handelt – das wird denn der Glaube, der in der Liebe thätig ist. Ein thätiger Glaube ist aber ein ganz ander Ding als alle Seher, Philosophen, Theologen, Weise, Heiligen, und ich weiß nicht wer, vielleicht dafür halten, es ist nicht meynen, es ist nicht hoffen, wünschen, begehren, es ist nicht reden, träumen, dichten, predigen, Schriften heraus geben, sie mögen Meynungen oder Stimmen heißen – es ist thun.

Und es ist gar nicht übernatürlich, es ist ganz, ganz natürlich, *tout a fait*, pure, pure Natur, daß der Glaube uns ganz allein glücklich in der Welt machen kann, und daß derselbe Glaube, (denn es ist wahrhaftig immer derselbe), uns auch nach dem Tode glücklich machen kann: das giebt denn hernach die Virtuosen, die es in dieser jener Individualität weit gebracht haben, und ihrer Ernte so unbekümmert genießen können, mag die Welt sie nun mit Dreck oder Blumen bewerfen, sie auf und nieder zerren, die Länge und die Breite, sie – ich weiß nicht was? der Gerechte wird und muß s e i n e s Glaubens leben. Merken Sie wohl, s e i n e s – denn nach Maaßgabe seiner Individualität hat jeder seinen individuellen Glauben. Der c h r i s t l i c h e allgemeine Glaube ist nur der, der den Regeln seines alten Gottes getreu, *tête baissée* in alle Gefahr und Nichtgefahr geht, unbekümmert was da herauskommen, was da nicht herauskommen mag, immer besser, immer edler zu denken und zu handeln sucht, das heißt, seiner Natur treu bleibt. Denn die Natur ist es nicht, die uns auf krumme Wege führt, die Supernatur ist es, die schöne Natur, die das Ding besser verstehn will, als Gott und alle seine Propheten, die Kunst. Der Mensch ist nicht zur Kunst gemacht, (wie das Wort heut zu Tage mißbraucht wird), das heißt, viele Menschen sind nicht gemacht unter eine Kunst zu passen, oder es sind Flickhölzer, die allenthalben hinpassen, jeder Mensch hat seine Kunst in sich. Seine Kunst zu leben, seine Kunst andern Menschen nützlich zu werden, denn den Trieb fühlen wir doch alle in uns, und je unschuldiger wir ihm Tapfe vor Tapfe nachgehen, desto sicherer leitet er uns zum Ziel. Und sind wir noch ungewiß, zweifelhaft in unserer Bestimmung, so liegt es blos darinn, daß wir oder unsere Erzieher und Freunde diesen Trieb in seiner Entwickelung aufgehalten haben: auch wird unsere Bestimmung niemalen ganz dieselbe bleiben, sondern in Ewigkeit immer durch die Umstände modifizirt werden, welchen wir uns denn freylich stoisch überlassen müssen, wenn sie nicht zu ändern sind, und welchen wir auch ewig weder ge- noch verbieten können, nach unserm Gefallen ganz allein, sondern sie einem andern überlassen müssen, der uns oft dadurch nur unsere ganze Dependenz von ihm zu fühlen geben will.

Und wenn wir die fühlen und ihm trauen, und das können wir, wenn wir auf seiner Bahn gehen, die der Heide so gut gehen kann als der Christ, wenn er Motive genug hat, seiner Natur getreu zu bleiben: so brauchen wir die Stadt oder das Ziel wahrhaftig nicht immer zu sehen, um versichert zu seyn, daß wir dort ankommen werden. Ohne Allegorie zu reden, wir brauchen wahrhaftig keinen Anschein von Glück um uns zu haben, um versichert zu seyn, daß uns Rechtschaffenheit und Güte doch ganz gewiß glücklich machen wird und muß. Der Glaube versichert es uns, und der Glaube läßt sich allenfalls mathematisch demonstriren, wenn wir tiefe Mathematiker genug dazu wären. Eben hier bewundern Sie die Weisheit des Allmächtigen, die für alle ihre Geschöpfe in ihrer natürlichen Einrichtung so vortreflich gesorgt hat. Eben das uns anerschaffene Moralgesetz, die in allen Menschen liegende *stamina* und Anfangsbuchstaben der δικαιοσυνη legitimiren unsern Glauben aufs herrlichste, und machen ihn zur einzigen wahren Vernunft. Denn jede gute Handlung wirkt auf das Universum aller Menschenhandlungen auf dem Erdboden in unendlicher Progression, und reverberirt endlich auf uns zurück, wenn ⟨wir⟩ nicht hie, so doch da, ganz gewiß, das ist das Gesetz der Natur, eben so wahr als das metaphysische und physische, daß alle Bewegung unendlich ist. So auch jede böse Handlung — ja ein höherer Verstand als der meinige berechtigt mich, zu sagen, jeder böse Gedanke — kommt wieder auf uns zurück, und auf uns ganz allein — und so ernten wir schon hier den Lohn von unsern Werken. Aber der Säemann muß mit dem Korn in der Hand nicht stehn bleiben, und philosophiren bis Frühjahr und Sommer vorüber sind, denn in der Hand wird ihm nichts aufwachsen. Zu jeder gemeinsten Menschenhandlung gehört schon eine Portion Glauben, geschweige denn zu solchen, die uns Aussichten in lange Zeiten, Aussichten über alle Zeiten hinaus verschaffen sollen.

Das läßt sich nun alles gut sagen, aber in der Ausübung möchten sich Schwürigkeiten finden. Ja wohl, meine Herren, darinn bin ich völlig eins mit Ihnen, aber es muß im Vorbeygehen doch auch gesagt — auch auf gegenwärtige Fälle und Zeiten angewandt werden. Denn das ist eben der große Fehler in unserer gelehrten, besonders der schwarzen Welt, daß man mit allen Spekulationen, Erläuterungen, Zergliederungen und Schlüssen immer so hoch, hoch hinaus will, und drüber die Anwendung auf den gegenwärtigen Fall vergißt. Es ist immer die liebe Phantasey, die uns hebt, wir sind immer hie, da, dort, trinken froh erhitzt schon andrer Sonnen Glut, und bedenken nicht, daß wir arme federlose Keucheln sind, denen die Flügel erst wachsen müssen, die oft nicht gehen können, die oft nur pipen können. Liebe, liebe Führer, liebe Theoristen, liebe Spekulisten und Phantasten, Fressen her, Futter her, ich bitt euch um Gottes willen, pfropft mir doch meinen armen Kropf erst mit einem Hirsekörnchen voll, damit mir die Füsse wachsen, und ich auf den Grasspitzen tüpfen kann, zum Fliegen werd ich zu seiner Zeit, meyn' ich, auch schon kommen.

Statt des Hirsekorns möchte ich Ihnen, meine Herren! gern ein Senfkörnchen Glauben einpfropfen, und denn, meyn' ich, wollen wir am Ende Berge versetzen. Ist einer unter Ihnen, der seine ganze Bestimmung noch nicht fühlt — oder noch nicht zu fühlen Kourage genug hat, der bestimme sich für die Gegenwärtigkeit, für den heutigen Tag, auf das best' er immer kann. Die Aussicht in die Zukunft bleibt ihm unverwehrt, sie ist aber so vast, so immens, so dem allesumwölbenden Himmelsbogen ähnlich, daß dahin zu verweisen immer ein sehr trostloser Rath seyn würde. Jeder hat seine Situation — seine Si-

tuation ist ihm, sey ihm Himmel und Erde – nur glaub er nicht, daß
er dies Schneckenhäusgen eine Ewigkeit lang bewohnen werde, sondern lege sich ein, zwey Häutgen an, draus hervorzugehen, wenns
dem allgewaltigen Schicksal beliebt. Dieses Schneckenhäusgen kann
sich eben so gut in einen Thron verwandeln, als der Thron in ein
Schneckenhäusgen, wenn es das Schicksal so will. Jeder lege tausend
Haken, tausend Widerhaken an, um diese *molem immensam* in Bewegung zu setzen, oder fortzuschieben, jedesmal nach Maasgabe des
Nisus wird der Erfolg seyn, und er läßt sich gewiß und wahrhaftig
fortschieben, das wird jeden auch seine eigene kleine Erfahrung schon
gelehrt haben, und, m. H.! wir haben all insgesamt wahrhaftig noch
n i c h t   a u s e r f a h r e n. Das ist ein gefährlicher Irrthum, wenn
man es bey seinen alten Erfahrungen bewenden läßt, das ist ein jäm-
merlicher tödtender Irrthum. Die alten Erfahrungen geben uns freylich
eine Analogie, einen Kompaß in die Hand, nach dem sich fortschiffen
läßt, aber, behüte Gott, der unendliche Tröster! daß wir bey irgend
einer Erfahrung schon am Ende wären. Weh euch alsdenn, die ihr
euer ganzes Leben angewandt habt, gut zu seyn wie ein Kind, und
noch niemals von irgend einem Menschen würdiger seyd belohnt
worden als ein Kind! Uebersehn wie ein Kind, oft vergessen wie ein
Kind, oft gar ohne Ursach gestoßen und geschlagen wie ein Kind.
Weh euch, wenn ihr die ganze Schnellkraft männlicher, riesenhafter
Bedürfnisse in euch fühlt, die alle unbefriedigt in euch toben, und
euer Glück, eure Belohnung sollte da schon aufhören, wo sie noch
nicht angefangen haben. Wohl euch aber, wenn ihr starken Glauben
genug habt, auch ohne Glück glücklich zu seyn, selbst die kindisch
genossenen Augenblicke als selige Augenblicke dankbar zu erkennen, und sie euch in stockdüstern Begegnissen ins Gedächtnis zurück
zu rufen, um euch zu neuem *Nisus* zu stärken. Schon wird die Zeit
kommen, da der aufs höchste empor getriebene Berg in Millionen
ungeheuren Schollen über eure Schultern herab rollt, und ihr nun da
steht, und frey wie Herkulesse in der Göttin Armen ausruht.

Noch eine Anmerkung liegt mir auf dem Herzen, und dann möcht ich
wohl meine pseudotheologischen Abhandlungen schließen. Denn die
eigentliche Theologie beschäftigt sich mit unserm Zustande nach dem
Tode und unserer Bestimmung dahin, die weltliche Theologie oder
der Naturalismus, den ich Ihnen predige, beschäftigt sich mit unserer
Bestimmung in dieser Zeitlichkeit, und diese beyden Theologien müssen auf ein Haar zusammen passen, wenn sie ächt seyn wollen. Wir
müssen den Himmel weder ganz allein auf unsere Erde einschränken,
noch auch unsere Erde ganz und gar davon ausschließen wollen, mich
deucht, daß allenthalben, wo ein   G o t t   geschaffen hat, Himmel ist,
und daß vor Gott dem Herrn dem Allerhöchsten nichts gemein ist.
Daß wir uns so geschwind mit einem Orte familiarisiren und ihn

zuletzt unsrer Majestät gar nicht mehr würdig finden, was kann Gott dafür? würdigt er doch allenthalben allgegenwärtig zu seyn.

Bald hätt ich bey dieser Digression meine Anmerkung vergessen, welcher zu Gefallen ich doch eigentlich aufs Pferd gestiegen bin. Das war die, daß es gewisse Situationen unsers Lebens giebt, wo alles für uns verloren zu seyn scheint, wo wir uns sogar nichts mehr dünken, wo wir unsere ganze Unbestimmtheit, das traurige Loos der Menschheit, ich möchte das ihre Erbsünde nennen, aufs höchste fühlen. Es giebt Gemüther, die in diesen Augenblicken in einer halben Verzweiflung das erste beste Brett ergreifen, um zu einer gewissen Realität zu schwimmen, und grad diese Augenblicke sind die günstigsten fürs einladende Laster. Hier, hier ist Realität, ruft sie dem zerrütteten Schiffbrüchigen zu, und zieht ihn mit Syrenenarmen in Strudel, deren Mitte Untergang ist. Ich wünschte, o mein guter Genius! wenn ich ja einen habe, daß du in dergleichen Augenblicken mir schrecklich zur Seite stündest, und mich wie Bileams Esel zu tödten drohetest, wenn ich einen Schritt weiter machte. Und das wünsch ich allen meinen Freunden gleichfalls. Nichts als Mangel der Kourage ist diese Unbestimmtheit, Mangel des Glaubens, der einzigen Federkraft unserer Seele. Und was ist eine Seele, wenn sie schlaff wird? Gütiger Gott – soll ich Ihnen bey einer solchen Disposition, (und zu gewissen Zeiten findet diese sich häufig ein) soll ich Ihnen einen Rath geben, m. H.! so ist es der, daß Sie sich zu einer solchen Zeit unschuldige und zerstreuende Freuden nicht versagen, denn oft ist es nur ein Wink unsrer Natur, die durch zu viel Arbeit so sehr angestrengt war – daß Sie aber diese Freuden mit einer solchen männlichen Entschlossenheit und Freyheit der Seele wählen, daß nichts in der Welt im Stande ist, Ihnen Gift in Ihren Wein zu gießen, Ihnen Laster kosten zu machen, wenn Sie den Lohn der Tugend umfassen wollen. Denn grausam und Tyrann wäre der, der Ihnen Tugend anpriese, und belohnenden Genuß verböthe, da Tugend eigentlich nur das Mittel ist, edel und vortreflich zu genießen, nur das *resolvens* der allerhöchsten Position von Glückseligkeit. Aber glückselig seyn wollen, ohne tugendhaft zu seyn, ist ein Widerspruch, und Ruhe und Genuß erhalten ihren wahren Werth nur durch das Maas von Arbeit, das sie zu erhalten angewendet worden.

Und so hätt ich denn für heute genug geschwatzt, genug *locos communes* gemacht, wenn ich auch keine andere Satisfaktion dafür verdient hätte, als daß eine Menge von Männern, die vollkommen so aussehen als ich, mir aufmerksam zugehört, welchen Gegendienst ich Ihnen zu leisten eben so willig und bereit bin. Wenn Sie mir noch weit mehrere Satisfaktion geben wollen, so lassen Sie sich über ein oder andern Punkt mit mir in einen Streit ein, beantworten Sie mich, widerlegen Sie mich, recensiren, kritisiren, reformiren, und satyrisiren Sie mich, wo und wie weit ichs verdiene, so kann doch dies Geschwätz uns allen noch wozu nützlich werden, denn es war kein Buch so schlecht, das Pope nicht mit Nutzen zu lesen vorgab, und ich wollte auf die Rechnung gern mich zu schlechten Schmierern gesellen, wenn ich alle meine Leser zu Popen machen könnte.

1751   Am 23. I. (12. I. alten Stils) wird Jacob Michael Reinhold Lenz in Seßwegen (heute Cesvaine) in Livland als Sohn des Pastors Christian David Lenz geboren.

1759   Übersiedlung nach Dorpat (Tartu).

1765   Erste dichterische Versuche. ‹Der verwundete Bräutigam›.

1768   20. IX. Immatrikulation als Student der Theologie an der Universität Königsberg. ‹Die Landplagen›.

1771   Lenz reist im Frühjahr als ‹Mentor› der beiden Brüder Friedrich Georg und Ernst Nicolaus von Kleist über Berlin und Leipzig nach Straßburg. Erste Bekanntschaft mit Goethe. Mitglied der Straßburger philosophisch-literarischen Sozietät. Beschäftigung mit Shakespeare.

1772   Mai–Dezember: Abwesenheit von Straßburg in Begleitung Ernst Nicolaus von Kleists. Aufenthalt zunächst in Fort Louis (Besuche in Sesenheim; Friederike Brion), im Herbst in Landau. Briefwechsel mit Salzmann. Beendigung des ‹Hofmeisters›, erste Plautusübersetzungen.

1773   Theologische und moralische Vorträge vor der Straßburger ‹Sozietät›. Fertigstellung der ‹Lustspiele nach dem Plautus›, der ‹Anmerkungen übers Theater›, des ‹Neuen Menoza› und der ‹Meinungen eines Laien›. Beginn des Briefwechsels mit Goethe. Beschäftigung mit Ossian.

1774   Einseitiges Liebesverhältnis zu Cleophe Fibich (‹Tagebuch›), bis zum Herbst Gesellschafter Christoph Hieronymus Johann von Kleists, des jüngsten der drei Brüder. 3. IX. Immatrikulation bei der theologischen Fakultät. Lenz verdient sich den Unterhalt durch Stundengeben. Die jetzt im Druck erscheinenden ersten Werke machen ihn berühmt. Literarische Bekanntschaften (Lavater, Herder).

1775   Mai/Juni: Lenz trifft mit Goethe und den Grafen Stolberg zusammen, Reise nach Emmendingen zu Goethes Schwager Schlosser. Schwärmerische Verehrung für Cornelia Schlosser, Goethes Schwester (‹Moralische Bekehrung eines Poeten›), später auch für Henriette Waldner von Freundstein. Große dichterische Produktion: u. a. ‹Pandämonium Germanikum›, ‹Die Soldaten› (1776 gedruckt), ‹Freundschaft geht über Natur›. Literarischer Streit gegen Wieland (‹Die Wolken›, verloren). November: Gründung der Straßburger ‹Deutschen Gesellschaft›, Lenz ist maßgebend beteiligt. ‹Die Freunde machen den Philosophen› (1776 gedruckt), ‹Über die Soldatenehen›, ‹Zerbin›.

1776   März: Abreise aus Straßburg, 4. IV. Ankunft in Weimar. Aussöhnung mit Wieland. ‹Der Waldbruder›, ‹Der Engländer›, ‹Die Laube›. 27. VI.–10. IX. in Berka (‹Tantalus›), Sept.–Oktober als Gesellschafter von Charlotte von Stein in Kochberg. 26. XI.: Lenz begeht in Weimar eine für Goethe sehr verdrießliche «Eselei». 1. XII. Ausweisung durch den Herzog, Abreise nach Frankfurt a. M.

1777   Bis etwa Mitte April bei Schlosser in Emmendingen (‹Der Landprediger›), dann bei Freunden in der Schweiz (Basel, Zürich, Schaffhausen). Im Juni Reise in die inneren Kantone, dann nach einem kurzen Abstecher nach Emmendingen (Cornelias Tod!) Plan einer Italienreise; Lenz kommt aber nur bis Lausanne und muß umkehren. Vom August bis November meistens bei Lavater in Zürich, dann bei Kaufmann auf Schloß Hegi (bei Winterthur). Anfang November erste Anzeichen von Verwirrung.

1778 Auf einer Reise mit Kaufmann nach Emmendingen und ins Elsaß erneuter Ausbruch der Erkrankung. Vom 20. I. bis Anfang Februar in Waldersbach, dann in Straßburg, von Ende Februar bis Mitte April wieder bei Schlosser in Emmendingen; schwere Anfälle von Raserei, Selbstmordversuche. Schlosser bringt den Kranken schließlich bei einem Schuhmacher in Emmendingen, später in Hertingen (bei Basel) unter.

1779 Juni: Lenzens jüngster Bruder Karl Heinrich Gottlob holt ihn ab; Fußreise über Frankfurt und Weimar nach Lübeck. 23. VII. Ankunft in Riga. Erste Versuche, in Livland Fuß zu fassen und schriftstellerisch zu arbeiten. Der Vater ist jetzt General-Superintendent von Livland.

1780 Lenz wird Hofmeister, Aufenthalt in Estland und St. Petersburg. Beiträge zu literarischen Zeitschriften, u. a. ‹Die Haselnußschale›, ‹Der Tod der Dido›.

1781 Lenz zieht nach Moskau. Von hier aus Veröffentlichung weiterer Arbeiten: ‹Die sizilianische Vesper›, ‹Myrsa Polagi›.
In den folgenden Jahren ist er eine Zeitlang Erzieher in einer Pensionsanstalt. Die Anzeichen geistiger Verwirrung nehmen wieder zu, er wird von Freunden unterstützt. Trotzdem weitere literarische Tätigkeit, Beschäftigung mit ökonomischen, pädagogischen Fragen. Übersetzungen aus dem Russischen.

1792 3./4. VI. (23./24. V. alten Stils): Lenz stirbt auf einer Moskauer Straße.

ZUR AUSWAHL UND TEXTGESTALTUNG

Unsere Auswahl beschränkt sich auf einige Werke, die die Position Lenzens abstecken können. Im Hinblick darauf, daß die Texte der wichtigsten Gedichte, des ‹Hofmeisters› und der ‹Soldaten› verhältnismäßig leicht zugänglich sind, wurde nur ein großes Stück (‹Der Hofmeister›) und ein Dramolett, das als Gedicht anzusprechen ist (‹Tantalus›), ausgewählt. Diese und die übrigen dramatischen Werke, die hier angeboten werden, sollen einen Einblick in die Entwicklung Lenzens zwischen 1771 und 1776 geben, wobei auch auf formale Polarisierungen zu achten war. Der Prosaschriftsteller Lenz ist weithin noch unbekannt; es wird darum eine seiner Erzählungen abgedruckt und, als Beispiel für theoretische Prosa, die ‹Meinungen eines Laien›. Dieses Werk, das der Verfasser als den «Grundstein meiner ganzen Poesie» bezeichnete und das seit 1775 erst ein einziges Mal (1910) und zwar wenig sorgfältig abgedruckt worden ist, wird hier zum erstenmal exakt wiedergegeben, nachdem ein Exemplar des sehr seltenen Originals aufgefunden werden konnte.

Die vorliegenden Texte sind Nachdrucke bzw. Vorabdrucke aus meiner im Erscheinen begriffenen großen Lenzausgabe (s. Literaturverzeichnis). Allen liegen die ersten Drucke zugrunde, mit Ausnahme des ‹Pandämonium Germanikum›. In diesem Fall wurde die ältere Fassung der in Berlin befindlichen Handschrift wiedergegeben. Für die Textgestaltung, die sich eng an die Vorlagen hält, und die Anmerkungen ist darum auf die große Ausgabe zu verweisen. Abweichend von den dort festgelegten Prinzipien wurde hier allerdings darauf verzichtet, die Regieanweisungen bei den Dramen in kleinerem Schriftgrad zu bringen. Sie erscheinen dafür jetzt kursiv und in Klammern. Ein Punkt grenzt Person gegen Rede, bzw. Person und Regieanweisung gegen Rede ab.

LITERATURVERZEICHNIS

Werke und Briefe (Gesamt- und Einzelausgaben)

J. M. R. Lenz, Gesammelte Werke in vier Bänden. Mit Anmerkungen hg. von RICHARD DAUNICHT. Bd. I [Dramen I], München 1967

J. M. R. Lenz, Werke und Schriften. Hg. von BRITTA TITEL und HELLMUT HAUG. Bd. I [Gedichte, Prosadichtungen, Theoretische Prosa], Stuttgart 1966; Bd. II [Dramen] 1967

J. M. R. Lenz, Gesammelte Schriften. Hg. von FRANZ BLEI, 5 Bde. München und Leipzig 1909–1913

J. M. R. Lenz, Gesammelte Schriften in vier Bänden. Hg. von ERNST LEWY. Berlin 1909

Gedichte von J. M. R. Lenz. Mit Benutzung des Nachlasses Wendelins von Maltzahn hg. von KARL WEINHOLD. Berlin 1891

Dramatischer Nachlaß von J. M. R. Lenz. Zum ersten Male hg. und eingeleitet von KARL WEINHOLD. Frankfurt a. M. 1884

J. M. R. Lenz, Briefe über die Moralität der Leiden des jungen Werthers, aufgefunden und hg. von L. SCHMITZ-KALLENBERG. Münster 1918

J. M. R. Lenz, Über die Soldatenehen. Nach der Handschrift der Berliner Königlichen Bibliothek zum ersten Male hg. von KARL FREYE. Leipzig 1914

Briefe von und an J. M. R. Lenz, gesammelt und hg. von KARL FREYE und WOLFGANG STAMMLER, 2 Bde. Leipzig 1918

Allgemeine Literatur

GARLAND, HENRY BURNAND, Storm and Stress. London 1952

KINDERMANN, Heinz, J. M. R. Lenz und die Deutsche Romantik. Ein Kapitel aus der Entwicklungsgeschichte romantischen Wesens und Schaffens. Wien und Leipzig 1925

KOHLSCHMIDT, WERNER, Geschichte der deutschen Literatur vom Barock bis zur Klassik (= Gesch. d. dtsch. Lit. v. d. Anfängen bis z. Gegenwart, Bd. 2). Stuttgart [1965]

KORFF, HERMANN AUGUST, Geist der Goethezeit. Versuch einer ideellen Entwicklung der klassisch-romantischen Literaturgeschichte, Tl. 1: Sturm und Drang. Leipzig 1923, [6]1962

PASCAL, ROY, The German Sturm und Drang, Manchester 1953, [2]1959; Dt. Ausgabe u. d. T. ‹Der Sturm und Drang› von D. Zeitz und K. Mayer. Stuttgart 1963

ROSANOW, M. N., J. M. R. Lenz, der Dichter der Sturm- und Drangperiode. Sein Leben und seine Werke. Deutsch von C. von Gütschow. Leipzig 1909

SCHMIDT, ERICH, Lenz und Klinger, zwei Dichter der Geniezeit. Berlin 1878

SCHNEIDER, FERDINAND JOSEF, Die deutsche Dichtung der Geniezeit. Stuttgart 1952

WALDMANN, F., Lenz in Briefen. Zürich 1894

Spezielle Literatur

BURGER, HEINZ OTTO, J. M. R. Lenz: ‹Der Hofmeister›. In: Das deutsche Lustspiel, I. Teil, hg. von Hans Steffen, Göttingen [1968], S. 48–67

DAUNICHT, RICHARD, J. M. R. Lenz und Wieland. Dresden 1942

DWENGER, HEINZ, Der Lyriker Lenz. Seine Stellung zwischen petrarkistischer Formensprache und Goethescher Erlebniskunst. Diss. Hamburg 1961

FRIEDRICH, THEODOR, Die ‹Anmerkungen übers Theater› des Dichters J. M. R. Lenz (= Probefahrten, hg. von Albert Köster XIII). Leipzig 1908

GENTON, ELISABETH, Lenz-Klinger-Wagner. Studien über die rationalistischen Elemente im Denken und Dichten des Sturmes und Dranges. Diss. Berlin (F. U.) 1955

–, J. M. R. Lenz et la Scène Allemande (= Germanica 8). Paris 1966

GIRARD, RENÉ, Lenz 1751–1792. Genèse d'une dramaturgie du tragicomique. Paris 1968

GUTHKE, KARL S., Lenzens ‹Hofmeister› und ‹Soldaten›. Ein neuer Formtypus in der Geschichte des deutschen Dramas. Wirkendes Wort 9 (1959), S. 274–286

–, Geschichte und Poetik der deutschen Tragikomödie. Göttingen 1961 [über Lenz S. 51 ff]

HAUSDORFF, GEORG, Die Einheitlichkeit des dramatischen Problems bei J. M. R. Lenz. Diss. Würzburg 1913

HEINRICHSDORFF, PAUL, J. M. R. Lenzens religiöse Haltung (= Germanische Studien 117). Diss. Frankfurt/M. 1931

HINCK, WALTER, Das deutsche Lustspiel des 17. und 18. Jh.s und die italienische Komödie. Commedia dell'arte und Théâtre Italien. Stuttgart [1965] [über Lenz S. 326–348]

HÖLLERER, WALTER, J. M. R. Lenz: Die Soldaten. In: Das deutsche Drama vom Barock bis zur Gegenwart, hg. von Benno von Wiese, I, Düsseldorf 1958, S. 127–146

MATTENKLOTT, GERT, Melancholie in der Dramatik des Sturm und Drang. Stuttgart [1968] [über Lenzens ‹Hofmeister› S. 122–168]

NAHKE, EVAMARIE, Über den Realismus in J. M. R. Lenzens sozialen Dramen und Fragmenten. Diss. Berlin (Humboldt-U.) 1955

SCHÖNE, ALBRECHT, Säkularisation als sprachbildende Kraft. Studien zur Dichtung deutscher Pfarrersöhne (= Palaestra 226). Göttingen 1958 [über Lenz S. 76–115]

SOMMERFELD, MARTIN, J. M. R. Lenz und Goethes Werther. Auf Grund der neu aufgefundenen Lenzschen ‹Briefe über die Moralität der Leiden des jungen Werthers›. Euphorion 24 (1922), S. 68–107

STAMMLER, WOLFGANG, ‹Der Hofmeister› von J. M. R. Lenz. Ein Beitrag zur Literaturgeschichte des 18. Jh.s. Diss. Halle a. d. S. 1908

TITEL, BRITTA, ‹Nachahmung der Natur› als Prinzip dramatischer Gestaltung bei J. M. R. Lenz. Diss. Frankfurt/M. 1962

WEICHBRODT, R., Der Dichter Lenz. Eine Pathographie. Archiv für Psychiatrie und Nervenkrankheiten, 62. Bd. (1920), S. 153–187

WIEN, WERNER, Lenzens Sturm- und Drangdramen innerhalb seiner religiösen Entwicklung. Diss. Göttingen 1935

INHALT

Texte deutscher Literatur 1500–1800

Herausgegeben von Karl Otto Conrady

Johann Gottfried Schnabel Insel Felsenburg

Komödien des Barock

Flugschriften des Bauernkrieges

Die vorliegenden Bände sind Bestandteil einer in «rowohlts klassikern» erschienenen Reihe, die für Studenten der Germanistik, für Schüler sowie für alle Freunde deutscher Literatur herausgegeben wurde.

Der Edition sind nach Möglichkeit Drucke der Zeit zugrunde gelegt, die kritisch durchgesehen worden sind. Über die Textgestaltung wird in jedem Band Rechenschaft gegeben. Wenn aus einem umfangreichen Werk nur eine Auswahl geboten wird, sind Auslassungen gekennzeichnet, und die Lesbarkeit ist durch eingefügte Erläuterungen des Herausgebers gewährleistet. Jedem Band ist ein Anhang beigegeben, der auch über die wichtigste Sekundärliteratur informiert.

Die «Texte deutscher Literatur 1500–1800» erscheinen als geschlossene Edition im Rahmen der «rowohlt klassiker». Die bisherige Planung umfaßt etwa 40 Bände.

Es liegen bereits vor:

rowohlts monographien

GROSSE PERSÖNLICHKEITEN IN SELBSTZEUGNISSEN UND
BILDDOKUMENTEN · HERAUSGEGEBEN VON KURT KUSENBERG
JEDES TASCHENBUCH MIT 70 ABBILDUNGEN

Deutsche Literatur

rowohlts deutsche enzyklopädie
Literaturwissenschaft